科学出版社“十四五”普通高等教育本科规划教材

医学心理学

主　编　秦　竹

科学出版社
北　京

内 容 简 介

本教材系科学出版社“十四五”普通高等教育本科规划教材之一，立足当代社会心理危机加剧的全球性挑战，以中医“形神一体”思想为核心，系统构建中西医融合的医学心理学理论体系。全书直面现代快节奏生活引发的焦虑、抑郁等心理障碍高发现状，融合《黄帝内经》“天人相应”智慧与前沿心身医学研究成果，形成“溯源经典—创新理论—实践应用”三位一体的知识框架，共分十一章，既涵盖主流心理学学派、心理评估与治疗方法，又系统整合中医“形神合一”“五脏情志”等核心理论，为培养“懂心理、通人文、精医术”的复合型医学人才提供全新范式。第 1 ~ 4 章搭建学科基础框架，从医学心理学发展简史切入，解析行为主义、精神分析、人本主义及认知学派的理论精髓，第 5～10 章聚焦临床应用，覆盖心理评估、心身疾病、异常心理、心理治疗等核心领域。第 11 章“中医心理学理论基础与实践”为教材精华，阐释“形神合一论”“阴阳睡梦论”等六大理论支柱，剖析郁证、不寐等情志病证的“肝郁脾虚”病机。

教材对接 ICD-11/DSM-5 标准，涵盖肿瘤心理干预等前沿内容，适用于中医院校教学与临床医师培训，助力实现“治人治病更治心”的整合医疗目标。

图书在版编目（CIP）数据

医学心理学 / 秦竹主编. -- 北京 : 科学出版社, 2025. 3. --（科学出版社“十四五”普通高等教育本科规划教材）. -- ISBN 978-7-03-080947-6

Ⅰ. R395.1

中国国家版本馆 CIP 数据核字第 2024D0H810 号

责任编辑：李 杰 / 责任校对：刘 芳

责任印制：徐晓晨 / 封面设计：蓝正设计

科学出版社 出版

北京东黄城根北街 16 号

邮政编码：100717

http://www.sciencep.com

固安县铭成印刷有限公司印刷

科学出版社发行 各地新华书店经销

*

2025 年 3 月第 一 版 开本：787×1092 1/16

2025 年 3 月第一次印刷 印张：13

字数：340 000

定价：68.00 元

（如有印装质量问题，我社负责调换）

本书编委会

主　编　秦　竹

副主编　马定松　倪安琪　马凤丽　孙雪萍　王　臻

编　委

计岳龙	北京大学	马凤丽	云南中医药大学
王　臻	北京中医药大学	孙雪萍	云南中医药大学
徐　薇	首都医科大学	贺婷婷	云南中医药大学
刘阳婵	江西中医药大学	于　睿	云南中医药大学
李　翔	福建中医药大学	杨玉芹	云南中医药大学
刘志梅	山东中医药大学	王志静	云南中医药大学
李　燕	贵州中医药大学	陈妍廷	云南中医药大学
刘倩倩	昆明医科大学	马　丽	云南中医药大学
矣晓飞	云南艺术学院	李艳清	保山中医药高等专科学校
秦　竹	云南中医药大学	李　瑞	云南中医药大学
马定松	云南中医药大学	倪宏敏	云南中医药大学
倪安琪	云南中医药大学	薛　艳	云南中医药大学

前　言

随着社会经济和文化的飞速发展，人们的工作节奏不断加快，为生存和发展而引起的激烈竞争所带来的压力越来越大，人群中心理障碍的发病率在逐年增加。过去严重威胁人类健康的以传染病、营养不良等为主要因素的疾病已逐步得到控制，取而代之的是由心理、社会、文化背景等导致的过度紧张与适应不良性疾病。联合国世界卫生组织的专家曾经预言，从现在起到 21 世纪中叶，没有任何一种灾难能像心理危机那样带给人们持续的痛苦！

医学，守护着人类的生理健康；心理学，洞悉着心灵的奥秘。二者相遇，碰撞出了医学心理学这一意义非凡的学科，它宛如一座桥梁，横跨在躯体与精神的沟壑之上。当下，临床诊疗现场每天都在印证着身心关联的紧密性。医学心理学并非新兴概念，其滥觞可追溯至久远岁月，早期开拓者们怀揣着对未知的好奇，试探性地揭开心理与生理关联的神秘面纱。彼时，每一项细微发现，都似微光，渐次汇聚，让学界意识到心理状态绝非身体机能的无关附庸，二者深度交织、互为因果。历经无数前辈的钻研雕琢，医学心理学从模糊雏形蜕变至体系完备，成为横跨基础医学、临床医学、心理学多领域的关键枢纽学科，串起看似分立的知识群岛。

当医学的精准技艺遇上心理学的深邃洞察，医学心理学应运而生，在当代健康科学的苍穹下，绽放出独特且耀眼的光。回首过往，医学心理学历经漫长的发展旅程。早期萌芽时，学者懵懂探索心理因素对病症的微妙影响；如今，它已是集多领域智慧大成的复杂体系。新的科研成果持续涌现，犹如点点繁星照亮前路：前沿神经影像技术能精准捕捉情绪波动瞬间大脑的变化；人工智能深度融入心理评估，让诊断更高效精准；积极心理学更是带来全新视角，引导我们聚焦患者内心的希望与韧性，挖掘对抗病魔的内生力量。

中医学作为世界医学心理学最古老的源头之一，历经了上千年的沧海桑田。可无论世事如何变迁，时至今日，我们仍能从“恬淡虚无，真气从之，精神内守，病安从来”的深邃体验中，感受祖国医学心身一体、天人合一的博大精深。自《黄帝内经》开始，华佗、张仲景、孙思邈、张子和、张景岳等历代伟大医家的学术思想与治疗方法，不仅卓有成效地维护了国人的身心健康，其充满智慧与深刻洞见的辩证观、阴阳互变思想还推动了西方荣格分析心理学等的发展，从而在兼容并蓄的包容对话中惠及世界各地。五千年悠久历史和灿烂文化早已内化为中国人独具魅力的、开放的、包容的民族个性，表现为与西方世界不同的社会历史、民族习俗、生活习惯。西方心理学思想与治疗方法在占世界人口 1/5 的中国移植，必然存在诸多排异反应，很多观点与技术既难以被国人接受，也不适应国情和当下社会发展的需要。但以中医学理论为指导所首创的“移精变气”“顺志从欲”“言语疏导”“情志相胜法”等独特疗法，受历史原因的限制，又缺乏具体程序、可操作性及疗效的量化评定。这种客观、冷静的认识恰好反映了在中医学指导下，国人追求人与自然、心理与躯体和谐发展的高度开放性、接受性与包容性，与西方人本主义心理学所倡导的、在有限生命历程中寻求精神超越的理念不谋而合。

本教材从篇章架构搭建，到字句斟酌打磨，均以培育卓越医学人才、赋能专业从业者为导向。理论铺陈力求扎实严谨，为知识大厦夯实地基；实例穿插确保鲜活实用，带您直触临床百态；编排设计遵循学习规律，配图、注释相得益彰，让晦涩知识灵动亲和。它不仅是知识载体，更是专业共同体递向未来的接力棒，旨在引领新一代医界栋梁，洞悉心身整合奥秘，在救死扶伤征途上，融合心理关怀与医疗施治，为全民健康福祉添砖加瓦，让医学心理学的温热，润泽每一个生命的角落。在医学与心理学深度交融的时代，我们满怀热忱地将这本《医学心理学》教材呈现在您的面前。

这本教材承载着学科的厚重沉淀与前沿展望，交付到各位手中，盼能化作知识的薪火，照亮健康守护之路。本教材汇聚全国专业学者、临床精英之力，悉心淬炼而成。以差异性为动力，跨文化交流为平台，医学心理学的相关性为基础，中医心理学思想的包容性为桥梁，促成中西医医学心理学在中国的结合具备了坚实、科学、可行的学科基础和社会条件。限于编者水平，书中难免有不足之处，恳请同仁及学习者不吝赐教，以便我们不断改进，日臻完善。

编　者

2025 年 1 月 6 日

目　录

第1章 绪 论

学习目标

1. 知识目标：领悟医学心理学的定义及医学模式的转化过程，理解各种医学模式的内容，能够熟练说出医学心理学的分支、相关学科及研究方法。

2. 技能目标：以学生为中心，引导学生系统牢固地学习医学心理学的概念，清楚心理学知识在现代医学中的作用及医学心理学的任务，以及现代医学心理学发展和特征，培养学生一定的临床思维能力，引导学生将所学的心理学知识应用到临床中去。

3. 思政目标：通过理论联系实际，激发学生的学习动机和兴趣，让学生树立正确的人生观和价值观，提升专业认同感。

第1节 医学心理学概述

心理小课堂 什么是健康？

现代健康的含义并不仅是传统所指的身体没有病而已。根据世界卫生组织的解释：健康不仅指一个人没有疾病或虚弱现象，而是指一个人生理上、心理上和社会上的完好状态。这就是现代关于健康较为完整的科学概念。

现代健康的含义是多元的、广泛的，包括生理、心理和社会适应性3个方面，其中社会适应性归根结底取决于生理和心理的素质状况。正是因为“健康”观念的转变，医学心理学也越来越受到重视。

一、医学心理学的定义、范围性质和研究目的

（一）定义

目前，医学分为基础医学、临床医学、预防医学和康复医学四个部分。无论哪一部分，它所研究的都是有关“人”这一有机体的健康和疾病问题。所以，人的心理活动也同其生理活动一样，必然会反映在健康和疾病的问题上。

医学心理学是一门将心理学理论和方法应用于医学领域的学科，是心理学和医学相交叉的一门新兴学科，研究人的心理行为因素在健康和疾病及其相互转换过程中的作用。

医学心理学兼有心理学和医学的特点，它研究和解决人类在健康或疾病以及两者相互转化过程中的一切心理问题，即研究心理因素在疾病病因、诊断、治疗和预防中的作用。医学心理学的研究旨在理解心理因素在健康和疾病中的作用，以及如何通过心理干预来促进健康和治疗疾病，不仅具

有重要的理论意义，而且有着更大的实践意义。

（二）范围性质

医学心理学是一门涉及医学和心理学的交叉学科，它与心理学的其他分支学科（如教育心理学、社会心理学等）一样，不仅有自然科学基础，也有社会科学基础，因此医学心理学属于自然科学和社会科学相结合的边缘性学科，同时是一门理论与实践相结合的学科，既是一门基础理论课程，也是一门应用课程。这门学科具有交叉学科的性质，融合了心理学、医学、生物学、社会学等多个学科的知识和方法。

1. 医学心理学的范围

（1）研究疾病和健康的心理行为因素：探讨心理、社会因素与疾病的发生、发展、转归和防治的关系。

（2）研究心理评估和心理诊断：对个体的心理状态进行评定，为临床诊断和治疗提供依据。

（3）研究心理咨询与治疗：包括为患者及家属提供心理支持和指导，提供各种心理治疗方法在医疗实践中的应用。

（4）研究医患关系：关注医患之间的沟通、互动和信任。

（5）研究不同类型人群的心理问题：如心身疾病患者、变态心理人群等。

2. 医学心理学的性质

（1）交叉性：是医学和心理学的交叉学科。

（2）客观性：基于科学的方法和证据。

（3）实践性：强调在临床实践中的应用。

（4）个体化：考虑个体的差异和特殊性。

（5）发展性：随着医学和心理学的发展而不断更新。

（6）综合性：综合运用多种方法和技术。

（三）研究目的

医学心理学是一门将心理学原理和方法应用于医学领域的学科。其研究目的涵盖多方面，对医学和健康领域具有重要意义。

医学心理学的首要目的是促进身心健康，通过研究心理因素与身体健康之间的关系，了解心理状态对疾病的发生、发展、预防和治疗的影响，有助于医生更好地理解患者的身心状况，提供更全面的医疗服务。其次，医学心理学另一个重要目的是了解疾病的心理因素，研究表明，心理因素如情绪、压力、性格等在许多疾病的发生和病程中起着重要作用，医学心理学有助于识别这些因素，并制定相应的干预策略，以促进疾病的预防和治疗。最后，帮助患者应对疾病也是医学心理学的关键目标之一，疾病不仅对身体造成影响，也给患者的心理带来巨大负担，医学心理学可以提供心理支持和应对技巧，帮助患者更好地应对疾病带来的压力和情绪困扰，提高患者的心理适应能力和治疗依从性。

总之，医学心理学的研究目的是多方面的。它致力于促进身心健康，理解疾病的心理因素，帮助患者应对疾病，改善医患沟通，实现个性化医疗，并关注医疗团队的心理健康。通过这些努力，医学心理学有望为提高医疗质量和患者的整体健康水平做出重要贡献。

二、医学心理学的分支及相关学科

医学心理学涵盖了很多内容，包括对健康和疾病的心理过程的研究、患者的心理评估和心理治疗、医生和医疗团队的沟通技巧和职业心理健康等。它还涉及临床医学、预防医学、康复医学等多个领域，与医学的各个方面都有着密切关系。广义的医学心理学研究内容十分广泛，分支也很复杂，随着心理学知识和技术广泛应用于医学，医学心理学便逐渐形成了如下一些分支学科。

（1）临床心理学：又称诊疗心理学，它研究在医疗过程中有关诊断、治疗、护理中的心理问题，并且应用心理诊断和心理治疗的理论与技术为临床实践服务。

（2）病理心理学：又称变态心理学，它是研究病态的心理现象，包括人的认识活动、情感活动、意志活动和人格等方面的异常表现，探讨病态心理的发生、发展的规律。

（3）心理生理学：它不以单纯某一器官或系统的疾病为研究对象，而是从“心身相互作用”研究心理、躯体及社会因素与健康、疾病的整体关系，探询疾病发生、发展和转归中的共性模式，进而为治疗和预防以心理社会因素为主要病因的躯体疾病提供依据。

（4）心身医学：主要研究心理-社会因素引起的心身障碍，重点研究心身疾病的发病机制、治疗和预防的问题。

（5）神经心理学：研究高级神经活动机能与行为之间的相互关系和相互作用，采用神经心理学的测验方法为测定和诊断脑的局部病灶提供依据。

（6）心理诊断学：是研究如何用心理测量技术和医学心理学的有关知识，检查、分析人的心理及行为活动，做出评估的科学。它不仅是临床诊断的有效辅助技术，而且为临床治疗提供疗效监测的客观指标，是临床诊疗必须具备的基础知识。近年来，其工作范围已经延伸到职业培训、人员考评和就业指导等诸多领域。

（7）心理治疗及心理咨询学：心理治疗及心理咨询学均是研究如何采用心理学技术，通过良好的医患交往与人际沟通，帮助来访者或患者调整心态，改变不良认知和行为习惯，以更好地适应环境的科学。虽然两者都以解除来访者情绪困扰、发展潜能、重建行为和完善人格为目的，但两者在服务对象、工作方式和治疗时间等方面不同。

（8）心理卫生：又称精神卫生，它是探讨培养健全人格，提高心理健康水平，防止心理疾病的心理学问题。

（9）健康心理学：又称卫生心理学，是研究生活方式、行为习惯与心身健康的关系，进而为如何保持心理和社会功能完满状态，提供矫治方法的科学。它主要用教育心理学技术，并借助医学理论通过培训和训练，消除影响心身健康的各种不利因素，提高环境适应能力，以防治疾病，促进人类健康。例如，研究吸烟、饮酒成瘾的社会心理因素，为戒烟、戒酒等机构提供行之有效的治疗模式。

（10）缺陷心理学：是研究躯体缺陷人群所出现的各种心理行为问题的科学。旨在通过心理指导，帮助残疾者（例如，盲、聋、哑、肢体残疾、重型精神疾病等等）重新认识社会，接纳自我，消除自卑、退缩、抑郁等不良心理，并通过行为训练，使之尽量做到生活自理，参加力所能及的社会生活，使残疾患者能较好地整合到社会中去。

（11）护理心理学：是研究护理过程中的心理学问题，指导护理人员根据不同疾病及不同病程中的心理行为特点，做好护理工作的科学。它以心理学理论和技术为指导，深入研究患者心理，通过支持和良好共情等方法降低患者过强的心理应激反应，以提高疗效。

总的来说，医学心理学的范围广泛，性质多样，对于提高医疗质量、促进患者的身心健康和医生的职业发展都具有重要意义。

三、医学心理学的发展简史

心理学虽然是一门较年轻的科学，但就其基本概念的形成而言，却可以追溯到远古时期。“心理”这一概念早在公元前的古希腊哲学中就已经出现了，其集大成者是亚里士多德（公元前 384～公元前 322 年）的心理学专著《论灵魂》，在《论灵魂》中，亚里士多德把“心理”这种东西理解为有机过程，并把它分为“植物的”“动物的”和“理性的”三种。古希腊的西方医学之父希波克拉底提出了“四体液病理学说”，他提出人体内有 4 种体液：黏液（脑）、黄胆汁（肝）、黑胆汁（胃）、血液（心），认为人体由血液、黏液、黄胆汁和黑胆汁四种体液组成，这四种体液的不同配合使人们有不同的体质。

哲学的思辨虽然不断加深人们对心理活动的理解，但心理学作为一门实证科学，如果不摆脱纯哲学的思辨便无法充分发展。当然，这种摆脱不是无条件的，它必须借助于自然科学的力量。20 世纪后期的物理学、数学、生物学和生理学的发展成就，事实上就是近代心理学诞生的助产士。19 世纪自然科学发展的伟大里程碑——达尔文的进化论，为理解人类心理的起源和进化提供了依据，而生物学和生理学的其他成果为建立心理学的实验方法提供了可能性。于是，一部真正的实验心理学著作于 1834 年问世，这就是韦伯 · E.H.用拉丁文写的《触觉论》。1861 年法国神经科学家白洛嘉（Paul Broca）的研究与发现，把人类的精神活动直接地和实证地与大脑联系起来，这一发现使以往若干天才的猜测黯然失色。为此，也加强了人们为研究心理现象而采取的观察和实验的方法，医学心理学得到了诞生的土壤。

（一）国外医学心理学发展简况

国外医学心理学的发展主要经历了四个阶段。

1. 初创阶段（19 世纪 80 年代至 20 世纪 20 年代） “医学心理学”一词最早是由德国格丁根大学哲学教授洛采（Rudolf Hermann Lotze）提出的。他在 1852 年出版了一本名为《医学心理学》的著作，洛采在书中虽然列举了较多的生理学事实，但他的哲学观点是形而上学的，因而他的心理学也是形而上学的心理学，在理论上影响不大。

把生理学和心理物理学资料加以汇集并且以实验的方法对人的心理活动加以考察和分析，这就是早期的心理学，而把关于心理活动的哲学思考放到实验室里进行验证，这是德国生理学家冯特的贡献。首先，他在 1867 年出版了《医学物理学手册》一书，论述了用实验方法研究人在医疗过程中的心理学问题，为医学心理学发展开拓了道路；其次，冯特于 1879 年在莱比锡大学创立了世界上第一个心理学实验室，用客观的实验方法说明人的高级心理现象，使心理学脱离了哲学的范畴，进入了科学的行列。因此，他被公认是现代心理学的开创人，科学心理学历史应从他写起，而且人们至今仍把冯特在莱比锡大学建立实验室的时间定为心理学的诞生日。

此后，师从于冯特的美国心理学的先驱者霍尔（G. S. Hall）、卡特尔（J. M. Cattell）、韦特海默（Max Wertheimer）等回到美国，在他们的推动下，美国心理学得到了迅速发展，医学心理学也得到了推动。

霍尔是冯特的第一个美国学生，也是第一个获得心理学博士的美国人，他的博士学位论文是《关于空间知觉的研究》（Studies of Space Perception）。1881 年，他到约翰斯 · 霍普金斯大学教授心理学，并于 1883 年在该校创立了美国第一个供研究用的实验室。他的兴趣是对儿童心理的研究，大规模地使用问卷方法研究儿童的认识范围。美国的儿童心理学和教育心理学由于他的推动而得到发展，他是美国心理学会的奠基人和首任会长。

卡特尔曾是霍尔在约翰斯·霍普金斯大学的学生，1883 年到德国莱比锡大学师从冯特并兼做冯特的助手。1888 年卡特尔学成回国，于 1890 年首先提出了“心理测验”（mental test）这一术语，用于探查个人间的差异。他所谓的心理测验不仅指智力测验，而且包括自感觉敏锐度到解决难题的一切能力的测验，测定人的能力的广度和变异，并编制了第一套特殊能力的心理测验。第一次世界大战时，心理学家制定的心理测验被用来鉴定应征入伍的人，并对数以百万计的人进行测验，人们对测验有了进一步的了解，使心理测验受到重视。

真正应用心理学于医学临床实际，解决临床问题，推动医学心理学发展的，应首推美国的韦特海默。1892 年，他获得了冯特的博士学位，并于 1896 年在宾夕法尼亚大学建立了第一个临床心理治疗所，专门诊断治疗有情绪问题或学习困难的儿童。他在美国心理学会讲授心理学中的“临床方法”，首次创造了“临床心理学”这一术语。他认为心理治疗所的使命应该是开展基础研究和培训人才，为社会服务。这位用心理学知识为医学临床服务的心理学家被后人尊称为美国的“临床心理学之父”。总的来说，医学心理学的初创阶段为该领域的发展奠定了基础，为后续研究和实践提供了重要的理论支持。

2. 应用阶段（20 世纪 20～50 年代） 第二次世界大战期间，由于战争带来的身心创伤和压力，对临床心理学家的需求急剧增加，临床心理学家在军队中提供心理评估、心理治疗和心理咨询服务，帮助士兵应对战争带来的心理问题。第二次世界大战后，退伍军人管理局成为临床心理学家的主要雇主之一，这些心理学家致力于帮助退伍军人重新适应社会生活，处理战争创伤和心理障碍。除了军事领域，医学心理学在其他领域的应用也不断扩展。例如，在医院和诊所中，医学心理学家参与患者的心理护理和治疗；在工业和职场中，他们关注工作压力和职业健康。医学心理学家与医生、护士、社会工作者等其他专业人员密切合作，共同为患者提供全面的医疗护理。

在这一阶段，医学心理学的专业组织逐渐壮大，如美国心理学会（APA）成立了专门的医学心理学分会，为该领域的研究和实践提供了更多的支持和指导。应用阶段见证了医学心理学研究与实践的紧密结合，研究成果被应用于临床实践，如心理评估工具的开发和心理治疗方法的改进。

总的来说，医学心理学的应用阶段是一个快速发展和多样化应用的时期，为医学心理学领域的成熟和发展奠定了基础，这些发展不仅对个体的心理健康产生了积极影响，也为医疗保健系统的完善做出了贡献。

3. 发展阶段（20 世纪 50～80 年代） 20 世纪 50 年代以后，医学心理学发展迅速。1977 年，美国成立了行为医学研究组。行为医学是一门将行为科学的知识和技术应用于医学领域的学科，旨在改善人类健康和预防疾病。1978 年，美国出版了《行为医学杂志》，同年出现了另一门新的学科名称——健康心理学。健康心理学实际上是公共卫生学或预防医学向前发展，重视群体和个体心理健康的必然结果。1979 年，美国心理学会健康心理学分会建立，同年中国心理学会成立医学心理学专业委员会。当医学注意到健康人在未病或将要患病的心理问题，为保持健康或防止心身健康水平进一步下降而采取某些心理或行为措施时，也必然会促使健康心理学的形成。健康心理学汲取了当代各学科研究的科技成果，为心理卫生事业提供了先进的观点和理论指导，是今后医学心理学工作者大显身手的一个领域。

医学心理学的发展十分迅速，现在不仅在精神病院、康复诊所、普通医院等医疗性机构中，而且在心理健康服务部门、职业指导部门、行为指导部门，甚至学校、军队、政府机关和工业部门都有医学心理学工作者参与工作。

4. 成熟阶段（20 世纪 80 年代以后） 20 世纪后期，医学心理学逐渐走向成熟，涉及的领域不断扩大，包括心理卫生、心理咨询、心理治疗等。例如，1980 年，《健康心理学》杂志在美国创刊；1984 年，成立中华医学会医学教育专业委员会；1987 年，《中国心理卫生杂志》创刊；1993 年，《中国临床心理学杂志》创刊。

此外，这一时期认知神经科学、心理生理学等领域得到发展，医学心理学逐渐成为一门成熟的学科。这一时期，医学心理学与其他相关学科的合作更加紧密。例如，医学心理学与神经科学、遗传学、免疫学等领域的研究相结合，更加关注跨学科合作和研究，探讨心理因素在疾病发生、发展和转归中的作用机制，以及如何运用心理学理论和技术促进个体和群体的身心健康。深入探究了心理因素与身体健康之间的关系，为疾病的预防和治疗提供了更全面的视角。

另外，在研究方法上，医学心理学也不断创新和发展。先进的研究技术，如神经影像学、生理心理学测量等为研究心理因素对健康的影响提供了更精确的手段。大数据和人工智能的应用也为医学心理学的研究和实践带来了新的机遇。

这一阶段的医学心理学还广泛应用于临床实践和医学研究，如心理治疗、心理评估、健康教育等领域，为促进人类身心健康做出了重要贡献。心理治疗方法如认知行为疗法、正念疗法等被广泛应用于各种心理障碍和身体疾病的治疗中，取得了显著效果。此外，医学心理学还在健康教育、疾病预防、医疗决策等方面发挥着重要作用，帮助人们培养健康的生活方式和应对压力的能力。

成熟阶段的医学心理学在理论研究、实践应用和跨学科合作等方面都取得了显著的进展，此阶段的医学心理学不仅关注个体的心理健康，也更加注重社会因素和环境因素对健康的影响。研究者们开始探讨社会支持、生活环境、文化因素等如何影响人们的心理和身体健康，以及如何制定相应的干预措施，为提高人类的身心健康水平做出了重要贡献。

以上四个阶段反映了医学心理学从无到有、从简单到复杂、从单一到多元的发展历程。未来，随着科学技术的不断进步和社会对健康的关注度不断提高，医学心理学将继续发展和完善，发挥重要作用，为人类健康事业贡献更多的智慧和力量。

（二）国内医学心理学发展简况

1. 古代医学中的心理学思想 我国是世界上医学心理学思想最早的发源地之一。早在远古时期，人们就意识到心理因素在疾病中的意义，并通过祝由等心理疗法治疗疾病。在中国提出与“心理”有关的思想比古希腊还早，孔子（公元前 551～公元前 479）在《论语》中已经广泛论述教育心理学的某些问题。然而，数千年的人类认识史证明，认识心理活动及其本质绝非容易之事。人类为了认识自身的精神活动，曾经历过多次反复，走过许多弯路，这样的经历至今被记载在哲学史中，因为心理学的思想一直是寄生在哲学之中。

先秦两汉时期，在先秦诸子及汉初古籍中，情志心理致病的思想已有不少记载。在一些文学作品中也涉及心理学方面的知识，如《管子・内业》说：“忧郁生疾，疾困乃死”；《九章・抽思》说：“心郁郁之忧思兮，独永叹乎增伤”，洪兴祖注：“哀悲太息，损肺肝也”，提到了心理与疾病的关系。《左传》在“六情”病因、心理病机、心理卫生等方面都有较明确的表述，涉及医学心理学的一些主要问题。

最早的中医学著作《黄帝内经》的问世，标志着医学心理学的理论体系初步形成，它不仅论述了我国古代医学家的精辟的医学哲学思想，而且对疾病的防治提出了全面、系统的论述，尤其对人的心理作用的阐述贯穿在该书的各章中。

《黄帝内经》首先提出了“五志说”“五神说”“体质人格说”等心理现象的全部内容，观察到人具有不同类型，并根据阴阳归类的法则，分为“太阳之人”“少阴之人”“太阴之人”“少阳之人”“阴阳和平之人”五种类型。强调情志致病特点是伤及脏腑气机，指出不同的情志刺激可引起不同性质的气机紊乱，在疾病的发生和症状的表现上可以看到“怒伤肝……喜伤心……忧伤肺……恐伤肾”(《素问·阴阳应象大论》)。《黄帝内经》诊治疾病更强调心身相关，要“不失人情”(《素问·方盛衰论》)，尤其重视患者的经济状况、生活起居习惯、饮食嗜好、是否存在思想顾虑、性情是否勇敢或胆怯等，提出“诊有三常”(《素问·疏五过论》)，即兼顾贵贱、贫富、苦乐等人伦因素等，从而确立了一些心理治疗的法则，如《素问·移精变气论》的移精变气法、《素问·阴阳应象大论》的情志相胜法、《素问·调经论》的暗示疗法、《灵枢·师传》的说理开导法、《素问·刺法论》的气功疗法等。

另外，“防患于未然”是中医学一贯强调的观点，从而形成了一套具有中国特色的、行之有效的摄生方法。精神摄生，修心养性是其中一个重要的内容，指出人如果清心寡欲，精神保护得好，就不会生病。如“夫上古圣人之教下也，皆谓之虚邪贼风，避之有时，恬淡虚无，真气从之，精神内守，病安从来”(《素问·上古天真论》)，提出“恬淡虚无”、“志闲少欲”、“少思”及“勿怒”等调畅情志的养生防病之道。

张仲景在《黄帝内经》理论的指导下，对心身疾病的诊断、心理疾病和心身疾病的治疗，如脏躁、梅核气、奔豚气、百合病、失眠症、阳痿等病证提出了具体的证治法则。

隋唐时期，对七情、心理、社会因素的致病做了进一步的阐释，并对心理疾病、心身疾病的辨证论治研究更加广泛而深入。《备急千金要方》除主张“十二多”及“十二少”外，还提出众多心理治疗的方法。此阶段医学心理学的理论与实践均有较大发展。

宋金元时期，陈无择提出著名的“三因学说”，将情志内伤列为三大病因之一。张子和对心身病证的研究颇有建树，进一步扩大了心身病证的范围。如发现乳汁不下多因悲怒郁结，小产亦与忧恐暴怒密切相关等。另外，张子和提出并运用许多心理疗法使顽疾在哭笑间不药而愈，堪称杰出的心理治疗大师。

明清时期，当时西方的科学技术也随之涌入中国，冲击着中国的传统科学技术，医学也同样受到了很大影响，但中医学的理论体系仍完整地保存下来。此时期擅长心理疗法的医家有明代的张景岳、龚廷贤、万全等，以及清代的喻嘉言、徐洄溪、叶天士等。此时期，中医学对心理疾病、心身病症的证治，尤其是对“郁”的论述十分详尽，提出了许多有价值的理论和有效的方剂。

2. 现代医学心理学在中国的发展 心理学比医学年轻，传入中国的时间比较晚。在中国，心理学和医学心理学的引入与传播主要发生在 20 世纪初，北京大学等高等教育机构开始开设心理学课程。1917 年北京大学哲学系开设了心理课，并首次建立了简单的心理学实验室。1920 年，北京高等师范学校（现北京师范大学）筹建了心理学实验室，南京高等师范学校筹建了心理学系。1921 年 8 月成立了中华心理学会，1922 年创办了中国第一本心理学杂志《心理》。1958 年医学心理学工作者开始与精神病科医生合作，心理治疗工作得到一定程度的开展。“文化大革命”期间，由于政治环境的影响，心理学和医学心理学的发展受到了限制，医学心理学的事业正要兴旺发展，却受到了冲击，心理学和医学心理学都遭到严重的摧残，我国唯一的科学研究机构心理研究所被解散，医学心理学的工作被迫停顿达 8 年之久。

直到 1976 年末，医学心理学的工作才如雨后春笋般地在全国各地陆续开展起来。1979 年卫生部颁发的新教学计划中提出在有条件的院校开设医学心理学课，1980 年通知各医学院校和中级卫生护士学校开设心理学和医学心理学的课程，把医学心理学事业的发展纳入医学教育之中。在高等医学院校设立医学心理学教研室和开设医学心理学课程，是我国医学教育史上的一件大事。从理论上讲，它标志着一个医学思想体系的转变——从生物医学模式转变为生物-心理-社会医学模式；从实际上讲，它标志着医学教育适应了现代科学发展的需要，并将满足当前实际的需要。目前，跨学科合作成为医学心理学发展的重要趋势，如与神经科学、心理学、计算机科学等领域的结合，推动了精神疾病的精准诊治和心理健康服务的创新。

医学心理学在应用方面，如同教育心理学、工业心理学和运动心理学一样，把心理学的系统知识，包括理论、技术、方法和研究成果，结合医疗实践，应用到医学各个部门，如综合医院、专科医学、精神病院、诊所、疗养院、康复医院；工厂、学校和机关的保健室、基层卫生院、各级卫生防疫机构、儿童行为指导中心、青少年健康服务中心；也应用到海底、高空、远航、沙漠、矿山等作业的特殊职业群体，以及职业学校、盲聋哑学校、特殊儿童学校、专门学校和监狱等群体。总之，医学心理学要解决各种影响人们心身健康的心理学问题。

第 2 节　医学模式的转变

医学模式是指在医学实践的基础上产生的，是人类在与疾病抗争和认识自身生命过程的无数实践中得出的对医学的总体认识。医学模式是对人类健康和疾病的总体看法和观点，它概括了医学对健康和疾病的理解、诊断和治疗的方法。

医学模式的形成和演变是一个历史过程，不仅同医学自身的发展密切相关，而且与社会政治经济、科学、科技、文化密切相关。医学模式的形成受到多种因素的影响，如科学知识、文化观念、社会需求和技术发展等，不同的医学模式在不同时期和文化背景下具有不同的特点。它的核心是医学观，包括人体观、生命观、健康观、疾病观、诊断观、治疗观、预防观和医学教育观。它是由各个时期医学发展水平、医学研究的主要方法和思维方式决定的，与各个时期社会、经济和科学发展的总体状况及哲学思想紧密联系。它形成以后，又反过来对各个时期的医学研究、医疗卫生工作、临床诊治及医学教育产生强大的能动作用，成为其指导思想和工作方针的理论基础。

随着社会经济、文化、科学、哲学和医学的发展，医学模式经历了一系列的转变，从远古时代的神灵医学模式到古代的自然哲学医学模式、近代的生物医学模式，再到 20 世纪 50 年代以后才逐步形成的生物-心理-社会医学模式。医学模式的选择会影响医生的诊断和治疗方法，以及对患者的关怀和治疗效果，也反映了医学科学的发展和对健康的全面理解。

1. 神灵主义医学模式　远古时代，由于社会生产力水平低下，与医学相关的科学技术知识非常贫乏，加之人类的认识和实践能力也非常有限，对人体结构、生命活动、疾病现象和本质的认识都非常肤浅，因而，不可能对人体的生命和疾病现象做出科学合理的解释。于是，就根据直观的医疗经验和想象，用神话、宗教和巫术进行解释，对于疾病产生的原因，常看作是神灵惩罚或恶魔作祟，对疾病的治疗则是祈祷神灵的保佑和宽恕，或驱鬼，或避邪，或祝由，或多者兼施。总之，认为人的生命与健康是上帝神灵所赐，疾病和灾祸是天谴神罚，因此为人治病基本上由巫祝所为，人们主要依赖求神问卦、祈祷，通过语言、行为、舞蹈等方式为人治病，开始由亲近的人随意而作，慢慢地从家族、部落、地区中涌现出威望较高的长者，或者由知识较多、能说会道、经验丰富的人担任，这就是巫医的萌芽，“巫医”由此诞生。在这种基础上，逐渐形成了神灵医学模式。

神灵医学模式虽然原始、粗糙甚至荒谬，但它毕竟是早期人类艰难探索和智慧的结晶，体现了人类的探索精神及其与疾病作斗争的理念。它在实践中对医者的思想和行为都产生了重要的指导作用，指引医者从不同的角度、用不同的方法，去探求人体生命活动与疾病的原因及本质的知识，其对医学发展的重要性和积极意义是不容忽视的。

2. 自然哲学医学模式 古代医学，无论是中医学还是古希腊医学，都深受自然哲学思想和学术传统的影响。随着生产活动的深入和医疗实践的积累，医学家们基于医疗实践经验的总结和天才的思辨，解释人体的生命、健康和疾病，寻求治疗疾病的方法，实现了医学与巫术的分离，针药治疗开始出现了。在这一过程中，逐渐形成了自然哲学医疗模式。

自然哲学医疗模式的方法论是直观观察和思辨的整体论，其理论基础是自然哲学，其基本的医学思想是朴素唯物主义的。但在社会生产力和科学技术都不甚发达、人类的认识和实践能力也受到局限的情况下，自然哲学医学模式所提供的只能是笼统的、模糊的观点，其理论阐述也只能是总体的说明。尽管如此，自然哲学医学模式对于指导当时的医疗实践和医学研究都是必要的，并且也确实发挥了积极的作用。但也正因为自然哲学医学模式对人体结构和功能、健康和疾病的许多细节认识不清，又在一定程度上给宗教神学留下了可乘之隙，甚至使医学在欧洲中世纪被宗教神学歪曲利用，又客观上妨碍了医学的发展和进步。宗教是对自然力屈服，并将其神秘化的结果；医学是对自然力的征服，并将其明朗化的结果。逐渐认识自然现象，并努力用自然主义的观点解释疾病的病因病机，经验医学时代就是自然哲学医学模式，如古希腊医学，中医学等对疾病有了较为深刻的认识。

3. 机械论医学模式 15 世纪以后，欧洲文艺复兴推动了自然科学技术的进步，带来了工业革命的高潮和实验科学的兴起，机械论有了长足发展，出现了机械论医学模式。机械论医学模式是指基于机械唯物主义观点，以机械运动来解释一切生命现象的医学观和方法论，把医学引向实验医学时代，对医学进步发挥了重要作用。

机械论医学模式认为“生命活动是机械运动”，把健康的机体比作协调运转加足了油的机械。这一机械论的思想，统治了医学近两个世纪，直到 18 世纪，机械论的医学思想对医学的发展出现双重性，一方面认为机体是纯机械的，从而排除了生物、心理、社会等因素对健康的影响，而常用物理、化学的概念来解释生物现象。另一方面机械论又使解剖学、生物学获得了进展，极大推动了医学科学的发展。机械论医学模式可被视为生物医学模式的初级阶段。

4. 生物医学模式 随着科技的进步，无菌术、血型、显微镜的发明，抗生素、疫苗、杀虫剂的应用等，产生了生态医学模式：“宿主、环境与病原体相互作用的生态平衡”。人们对生命、健康与疾病有了新的认识：健康就要维持宿主、环境和病原体三者之间的动态平衡，破坏平衡就会生病。这就是符合以传染病为主的疾病谱的著名“流行病学三角模式”。人们运用生物与医学联系的观点认识生命、健康与疾病。对于健康与疾病的认识，人们认为健康是宿主（人体）、环境与病因三者之间的动态平衡，这种平衡被破坏便发生疾病。这种根据维持生态平衡的医学观形成的医学模式就是生物医学模式。

生物医学模式即是疾病（disease）模式，是指从生物学角度认识健康与疾病，反映病因、宿主和自然环境三者内在联系的医学观和方法论。在近 300 年中，生物医学模式已经深入医务人员的思维习惯中，已形成的思维定式难以改变。在医疗实践活动中，总是从人的自然属性—生物学特性上进行思考、认识健康、认识疾病、进行防治；习惯地、不自觉地撇开心理、社会因素。这种习惯一旦养成，往往不能“自拔”。如果一个医务工作者的头脑里“生物医学模式”概念根深蒂固，使医务人员思考范围总是局限在这个领域中，养成了孤立地、片面地考虑问题的习惯，在诊治疾病时，总是试图在器官、细胞或生物大分子上寻找形态上、生物化学上的变化，以确定疾病诊断，用手术、药物、理疗等方法改变病理变化。

生物医学模式在医学史上发挥了巨大作用，为人类的健康事业作出了伟大贡献，但是随着社会的发展，科学技术的进步，逐渐发现生物医学模式只注重生物医学方面的诊治，在其结构内没有给心理和社会的行为方面留下诊治、思维空间，这是主要缺陷。另外，生物医学模式只从生物学的角度和还原方法分析研究人，就必然抛弃了人的心理、社会因素；日常工作中，由于注重生物学因素，忽视心理、社会因素而造成的诊治错误、工作失误，屡见不鲜。关心患者，了解患者的伦理观念也淡漠了，医患关系不如从前，在某种程度上倒退了，这些都给人们的思维活动带来一些消极影响。

5. 生物-心理-社会医学模式 随着疾病谱改变，从以单纯生物病原因素明显的急性传染病过渡到社会、心理等多因素作用或影响明显的慢性疾病，加上人们对健康需求提高，需求多样化，以及对健康和疾病的研究不断深入，人们逐渐认识到心理、社会和环境因素对健康的重要影响。因此，生物-心理-社会医学模式应运而生，它将生理、心理和社会因素综合考虑，认为健康是身体、心理和社会适应的良好状态。

美国罗切斯特大学医学院精神病学和内科教授恩格尔（G. L. Engel）在 1977 年《科学》杂志上发表了题为《需要新的医学模式，对生物医学的挑战》的文章，他尖锐地批评了现代医学即生物医学模式的局限性，指出这个模式已经被教条化，不能解释并解决所有的医学问题。为此，他提出了一个新的医学模式，即生物-心理-社会医学模式。他认为今天占统治地位的疾病模式是生物医学模式，分子生物学是它的基本学科，这种模式认为疾病完全可以用偏离正常的、可测量的生物学（躯体）变量来说明。在它的框架内没有给病患的社会、心理和行为方面留下余地。生物医学模式不仅要求把疾病视为独立于社会行为的实体，而且要求根据躯体（生化或神经生理）过程的紊乱来解释行为的障碍。因此，生物医学模式既包括还原论，即最终从简单的基本原理中推导出复杂现象的哲学观点，又包括心身二元论，即把精神的东西同身体的东西分开的学说。

恩格尔的生物-心理-社会医学模式实现了对生物医学模式的超越。生物-心理-社会医学模式的提出是以人类的疾病谱以及健康观念的变化为依据的。该模式认为，人体是由生物因素、心理因素、社会因素三者共同构成的一个统一整体，生物因素、心理因素、社会因素三者共同制约着人的健康和疾病，有时其中某个因素起主导作用，但三者总是相互影响的。在这种新的医学模式中，健康的概念发生了变化，即“健康不但是没有身体的疾病和缺陷，还要有完整的生理、心理状态和社会适应能力”。健康和疾病是一种互相延续的状态，在一定条件下可以互相转化。因此，要维持和促进健康，治疗疾病，除了注重生物因素外，绝不可忽视心理因素和社会因素。因而治疗方法除了传统的生物学方法以外，还应当包括社会科学法和心理学方法。

生物-心理-社会医学模式的研究对象不仅是自然的人，还要研究人的状态和人所处的环境。医学必须建立在人与其生存环境的和谐适应基础上，改善人的生存状态，而不仅仅是简单的治病、防病和促进健康。生物-心理-社会医学模式强调了心理、社会因素在医学研究系统中应有的位置，更加准确地肯定了生物因素的基础性和价值，全方位探求影响人类健康与疾病的因果关系。

第 3 节 医学心理学的研究方法

心理小课堂 什么是心理健康？

心理健康通常是指心理的各个方面及活动过程处于一种良好或正常的状态。心理健康的理想状态是保持性格完好、智力正常、认知正确、情感适当、意志合理、态度积极、行为恰当、适应良好的状态。

心理健康者通常能保持积极发展的心理状态，能深切感受生活的美好和乐趣，积极憧憬美好的未来；能在生活中充分发挥自己各方面的潜力，不因遇到挫折和失败而对生活失去信心；能正确对待现实困难，及时调整自己的思想方法和行为策略，以适应不同的社会环境。

一、按研究所涉及的时间特点分类

医学心理学作为一门多学科相结合的交叉学科，既有自然科学属性，又有社会科学属性，其研究分类方法很多：根据研究目的分为基础研究和应用研究；根据研究性质分为描述性研究和控制性研究；根据研究所涉及的时间特点分为横断研究、纵向研究、前瞻性研究、回顾性研究；根据研究所使用的方式可分为观察法、实验法、测验法、调查法和个案法。下面简要介绍最常用的研究方法。

1. 横向研究　又称横断研究，是对某一事物或社会现象进行的“横截面”的研究，指的是在某个时间点上围绕研究课题，收集有关资料，并描述研究对象在该时间点的基本性状或探讨有关不同变量之间的关系。所谓“某个时间点”并不是指具体的时刻，而是相对比较短的一段连续的时间，如一个星期、一个月或事物发展的某个阶段等。在实践中，横向研究是最为常见的一种研究方式。例如，人口普查、民意测验等描述性研究大多采用横向研究的方式。横向研究的主要特点是调研的时间点统一、调查面较广、指标体系统一、调查研究的标准化程度高，因而可用于各种不同类型的研究对象的描述和对比分析。横向研究的主要优势是省时且费用少，可以设计为有代表性的大样本研究，短时间内获取大量资料。但是由于所涉时间跨度较短，故调查指标不宜太多，且调查内容的广度和深度也受到一定程度的限制，从而难以对某些现象的发生、发展过程等进行具体分析，故其缺点是研究欠系统、较粗糙，不能完全反映心理行为的发展变化过程。而且选择的对照组具有可比性，但在实际中难以找到完全相似的两组被试，降低了研究结论的效度。

2. 纵向研究　也称追踪研究，是指在比较长的时间内，对同一个人或同一组被试进行追踪研究，观察、测量和评定被试在一段时间内所发生的变化。纵向研究要求在规定的时间内对同样对象的心理活动及其特点进行反复测查，因而能系统、详尽地了解心理发展的连续过程和量变、质变规律。例如，在一项自尊的纵向研究中，研究者可能检验一个 2 年级学生群体的自尊，然后在这些学生 4 年级的时候再次评估他们的自尊，然后在 8 年级时再次评估。德国儿童心理学家普莱尔是最早运用系统追踪研究观察法研究儿童智慧发展的心理学家。瑞士著名儿童心理学家皮亚杰也大量采用纵向研究的方法观察儿童智慧的发展进程。纵向研究的最大价值之一是研究者可以评估个体随着年龄增长是怎样发生变化的。其缺点是周期长，必须考虑被试的心理行为的成熟程度、样本丢失、研究工具信度和效度、自然发生波动等因素的影响。

3. 回顾性研究法　是以现在为结果，回溯到过去的研究，是目前医学心理学最常见的研究方式之一。回顾性研究的对象是根据其在过去某时点的特征或暴露情况而入选并分组的，然后从已有的记录中追溯从那时开始到其后某一时点或直到研究当时为止这一期间内，每一样本的情况，其性质上相当于从过去某时点开始的前瞻性研究的随访，但实际做的是在现在调查过去的既成事实，这时暴露于疾病或死亡均已成事实，而前瞻性研究的随访则是查寻在过程中新出现的样本结果。这一研究方式由于条件限制较少，有其优点，但其缺陷是被试目前的心身状态会影响对过去资料报告的真实性和准确性。例如，一位患严重疾病者往往将目前的病况归因于自己的过去，结果可能会报告较多的既往负性生活事件，对负性事件的严重程度的估计也可能偏高，从而造成了生活事件与现患疾病有关的假阳性结果。

4. 前瞻性研究法 是以现在为起点追踪到将来的研究方法，即在研究对象选定，研究方式预定好的条件下，去做研究追踪，最后在原定计划的时间内评估，把符合原来设计的方法的所有患者都要列入统计，将全部结果呈现出来。前瞻性研究注重对对象的牵连性、影响性、可发展性的把握，对研究对象的本质（潜在性）的挖掘。在当今社会科技迅猛发展下，能够提前把握具有潜力的对象是异常重要的，因而可弥补回顾性研究的缺陷。在研究过程中，研究人员通过加强对该对象动态的理解，从而延伸出一些新的理论，再作用在该对象上，形成一个新的体系。例如，在临床心理实验中，对一批A型行为类型者使用自我行为管理策略指导，并追踪此后整个行为干预策略实施过程中对A型行为的改变情况，从而证明这种治疗技术的实际效果。但由于前瞻性研究条件限制过多，因此实施比较困难，使用并不是很普遍。

二、按研究方式分类

（一）观察法

观察法是指通过观察患者的动作、表情、言行和姿势等外显行为，判断其心理活动的一种方法。观察法在心理评估、心理咨询和心理治疗中被广泛应用，即使在主要采用其他研究方法时，观察法也是不可缺少的，通过各种方法搜集来的资料也常常需要用观察法加以核实。根据观察主体或情境不同，又可以分为以下几类。

1. 主观观察法与客观观察法

（1）主观观察法：是个人对自己的心理活动进行观察和分析，传统上称作内省法。这种方法存在较大的局限性，因为只有当事人自己的体验，往往影响对结果的验证、推广和交流。有时对研究的对象不可能进行直接的客观观察，也可采用听口头报告（或录音报告），查看书信、日记、自传和回忆录的形式进行间接的主观观察与分析。

（2）客观观察法：是研究者对个体或群体的行为进行观察和分析研究。科学心理学广泛采用客观观察法开展研究工作。这种方法要求按严格的客观规律真实地记录，以正确反映实际情况，并对观察获得的资料进行科学分析，以解释心理活动变化的本质。

2. 自然观察法与控制观察法

（1）自然观察法：是在自然情境中对被观察者的行为进行直接观察、记录，然后分析研究，其优点是不改变被观察者的自然生活条件，所获取的资料比较真实。

（2）控制观察法：是在预先设置的某种情境下进行的直接或间接的观察，这样能较快地、集中地取得观察资料，但由于人为设置的情境可能会对被试产生影响，因此不易反映真实情况，而且观察的质量在很大程度上依赖于观察者的能力。

3. 临床观察法 是通过医学临床的观察记录来获取资料进行分析研究的一种方法。临床观察在医学心理学研究中十分重要，它可以借此探讨行为变异时人的心理现象的病理生理机制和深入研究患者的内心冲突与心理创伤所造成的心理障碍、心身疾病及精神疾病等。

（二）实验法

实验法是指有目的地控制或创设一定的条件，引起某种心理活动变化，以研究变量之间因果关系的方法。根据实验方式的不同，可分为实验室实验、现场实验和临床实验。

1. 实验室实验 是在实验室的条件下，借助各种仪器设备，在严格控制实验条件的情况下进行的实验。它不仅便于观察某一操作变量引发的行为反应，而且可通过仪器精确记录所致的生理变化。

实验室可以实现程序自动化控制的各种模拟环境，借此可以研究特殊环境中的生理机制、心理现象和健康情况，故具有实际应用价值。

2. 现场实验 是在工作、学习或各种社会生活情境中，通过实验技术上的改进，尽量使现场条件单一化，分析研究其中的规律的实验方式。现场实地研究可避免由于过度改变习以为常的环境条件而对被试造成的心理活动误差。但现场实验对实验设计的要求很高，期限长，一般成本较高。

3. 临床实验 是现场实验的特殊形式，对医学心理学研究更为重要。例如，神经外科曾经为人的心理学研究提供大量的宝贵资料，美国神经心理学家罗杰·斯佩里（Roger W. Sperry）关于割裂脑患者的研究为大脑优势半球学说做出了重大修正。临床实验对心身疾病的生理与心理、病理与心理交互作用的研究，不仅可通过仪器等手段探讨病因、确立诊断，还可通过反馈系统进行治疗。随着现代医学技术的进步，临床实验将取得更为重大的发展。

（三）测验法

测验法又称心理测量，是指以心理测验或评定量表作为心理或行为评定的主要依据，使用经过信度、效度检验的现成测验工具或量表，包括人格测验、智力测验、症状量表等。目前，我国多采用的是经过修订的韦克斯勒（韦氏）智力测验、明尼苏达多相人格测验、艾森克人格测验等。由于个体的心理特性极为复杂，心理测验的量表种类繁多，因此要有针对性地选择适宜的测验量表，严格按照心理测量规范实施，正确看待并解释测量结果，不要草率地作出结论。

（四）个案法

个案研究是对个体单一案例的研究，一般是由训练有素的研究者实施，依据被试者的历史记录、晤谈资料、测验或实验所得到的观察结果，构成一个系统的个人传记。这种深入的、发展的描述性研究，非常适用于医学心理学中心理问题的干预、心身疾病或心理障碍的疗效分析、进行心理行为疗法的前后自身比较研究等。个案法特别适用于一些少见案例，例如对“狼孩”“猪孩”等进行全面、深入的考察、研究。个案法十分重视研究结果对于样本所属整体的普遍意义，有时作为大规模抽样研究的准备阶段。

（五）调查法

调查法是指通过会谈、问卷、调查、访问等方式获得资料，并进行分析研究的方法。此方法一般在不能用直接手段获得可靠资料时使用，调查范围包括家庭、学校、工作单位，有时还包括医学和司法档案。调查获得的信息，要特别注意其真实程度，应细致地加以分析、取舍，以科学的态度作出结论。

综上，医学心理学根据研究的方式、对象、时间不同可分为多种方法。实际工作中，往往根据具体问题，选择其中一种或几种方法进行研究，选择时应注意比较各种方法的优缺点，做到相互弥补，最优搭配，以提高研究的可行性、客观性和科学性。

本章习题

1. 医学心理学的概念是什么？
2. 医学心理学性质具有什么特点？
3. 医学心理学的研究目的是什么？
4. 如何理解医学模式？
5. 医学模式的演变历程包括哪些阶段？
6. 医学心理学的研究方法主要有哪些？

第 2 章　主要理论学派

学习目标

1. 知识目标：能够阐述行为主义学派、精神分析学派、人本主义学派、认知学派的主要理论观点，并领悟各理论流派核心理论；能够说出各理论在心理学发展过程中产生的影响和贡献。领悟各理论流派的具体技术和核心理念，能够描述各学派的不同之处，知晓各学派的应用价值和意义。

2. 技能目标：结合各流派的核心理念和技术进行自我探索，具备运用心理学主要理论学派解释、分析心理现象的能力；理解各流派的核心理论在心理咨询临床工作中的运用。

3. 思政目标：培养学生心理学科思维，启发学生用辩证的思维分析心理学历史发展脉络。

第 1 节　行为主义学派

行为主义心理学派诞生于 20 世纪初的美国，是心理学的主要流派之一，也是对西方心理学影响最大的流派之一。1913 年，美国心理学家华生（J. B. Watson）发表了《行为主义的心理学》一文，标志着行为主义学派的诞生。

行为主义认为异常行为和正常行为一样，是通过学习而获得，其关注的是异常行为的改变，其治疗也是围绕异常行为进行。根据行为主义的发展被分为早期行为主义，新行为主义和新的新行为主义。早期行为主义以华生为主要代表，其他代表人物还有霍尔特（Edwin Bissell Holt）、拉什利（Karl Lashley）、亨特（Walter Samuel Hunter）和魏斯（Albert Paul Weiss），新行为主义的主要代表人物则为斯金纳（Burrhus Frederic Skinner）等，新的新行为主义则以班杜拉（Albert Bandura）为代表。

一、早期行为主义主要理论

（一）经典条件反射理论

生理学家伊万·彼得罗维奇·巴甫洛夫（Ivan Petrovich Pavlov）提出经典条件反射理论（classical conditioned reflex，CCR），又称反应性条件反射，以无条件反射为基础而形成。当狗看到食物时就会分泌唾液，食物刺激和唾液分泌之间就构成了一个反射。而当食物和铃声同时出现多次后，即便没有食物刺激，只听到铃声，狗也会分泌唾液，说明狗把铃声这种“中性刺激”变成了无条件刺激。

经典条件反射理论认为人的行为是经由第一信号（如声、光、物等具体刺激物）、第二信号（如语言文字等）与非条件刺激物结合所引发的反应。通过“实验性神经症”模型，把食物作为非条件刺激（unconditioned stimulus，UCS）引起狗唾液分泌的反应过程称为非条件反射（unconditioned reflex，UR），由铃声引起狗唾液分泌的反应过程称为条件反射。

提出心理行为障碍是因为建立了不良条件反射的结果，通过一定的训练去学习新的行为模式，就能在大脑中重新建立良性条件反射，以获得调控心理及生理活动的习惯和方法。

以经典条件反射理论为基础产生了多种心理治疗理论，包括厌恶疗法、系统脱敏疗法、阳性强化疗法等。

（二）行为学习理论

华生（J. B. Watson）提出行为学习理论，他认为，人的正常和异常心理、行为都是经由学习所形成的条件反射，情绪反应是我们对环境中某种特定刺激的条件反射。心理学作为一门自然科学，只能应用客观观察的方法来进行研究，而只有行为才是可以直接观察并进行科学研究的对象。他主张心理学采用“黑箱作业”的方法忽略刺激与反应之间的中间环节。

华生提出的行为学习理论强调人类行为的后天习得性，从而否认遗传的作用，环境决定了一个人的行为模式，无论是正常的行为还是病态的行为都是经过学习而获得的，也可以通过学习而更改、增加或消除，认为查明了环境刺激与行为反应之间的规律性关系，就能根据刺激预知反应，或根据反应推断刺激，达到预测并控制动物和人的行为的目的。他认为，行为就是有机体用以适应环境刺激的各种躯体反应的组合，有的表现在外表，有的隐藏在内部，在他眼里人和动物没什么差异，都遵循同样的规律。他通过实验，研究婴儿恐怖症行为的学习过程，几经修改提出了行为的公式，即刺激（S）→ 机体（O）→反应（R）。

他曾说：“给我一打健康的婴儿，并在我设置的特定环境中教育他们，任意挑选其中的一个婴儿，不管他的才能、嗜好、性格和神经类型等种种因素如何，我都可以把他训练成我所选定的任何专家、医生、律师、艺术家、商人乃至乞丐和小偷。”

知识链接　华生的恐惧试验

华生为了证明通过人为控制外界环境刺激的变化使人建立起新的情绪行为反应，设计了一个周密的试验，试验被试者是一名 11 月龄的婴儿，名叫艾伯特，试验中的条件刺激是一只小白鼠。试验开始阶段，艾伯特对小白鼠是好奇、被吸引并主动接触。试验中的无条件刺激是用铁棒击打发出巨大声响，这种噪声会引发艾伯特恐惧、哭泣和回避。在随后的试验中，小白鼠和巨大声响同时出现，也就是当艾伯特刚伸手摸向小白鼠时就发出巨大声响，艾伯特被刺耳的声音吓了一跳，迅速把手缩了回来，这次他没有哭。但是重复试验后，艾伯特被吓哭，并且情绪非常不稳定。一周后，试验再次实施多次后，艾伯特对原本一点儿都不害怕的小白鼠开始产生极大恐惧情绪。不仅如此，这种情绪还出现了泛化，艾伯特对带毛的物品，如狗、兔子、海豹皮衣和棉花等都会产生不安情绪，不敢用手触碰并赶紧逃开。

该试验严重违反伦理道德，可能对孩子造成心理伤害。多年后其他心理学家想追踪试验对艾伯特后来生活的影响，却发现孩子在 6 岁时死于脑水肿，该研究告终。

二、新行为主义理论

（一）操作性条件反射理论

操作性条件反射的概念是美国心理学家斯金纳（B. F. Skinner）提出的新行为主义学习理论核

心观点。斯金纳用他自己设计的“斯金纳箱”对动物进行了一系列研究，箱内安装有一个食物托盘和一个按压杆装置，如果按动压杆装置就会有食物落入托盘内，小白鼠在箱内活动时偶然按动了按压装置，获得了食物，如果这种偶然行为被多次重复强化，小白鼠就学会了通过主动按压而获取食物。通过该试验产生了操作条件反射（operant conditioning）的理论。

斯金纳将行为分成两类：一类是应答性行为，是由特定的、可观察的刺激引起的反应。如狗看见食物就流唾液的行为；另一类是操作性行为，是有机体自身发出的反应，与任何已知刺激物无关。代表着有机体对环境的主动适应，由行为的结果所控制。这种操作性行为的形成过程就是学习，其关键是强化的作用。

与这两类行为相应，斯金纳把条件反射也分为两类。与应答性行为相对应的是应答性反射，称为 S（刺激）型；与操作性行为相对应的是操作性反射，称为 R（反应）型。S 型条件反射是强化与刺激直接关联，R 型条件反射是强化与反应直接关联。斯金纳认为，人类行为主要是由操作性反射构成的操作性行为，操作性行为是作用于环境而产生结果的行为。在学习情境中，操作性行为更有代表性。斯金纳很重视 R 型条件反射，因为这种反射可以塑造新行为，在日常学习和临床治疗过程中尤为重要。在操作性条件反射实验中，食物就是强化物，运用强化物来增加某种行为频率的过程就叫强化。当行为不能得到强化时，则会逐渐消退。在心理治疗中可以通过主动地施加奖励或惩罚等手段，控制或改变强化物，巩固积极行为或消除不良行为。

（二）托尔曼的新行为主义观点

华生的机械主义观点不久后便受到新行为主义者的改良，以托尔曼（E. C. Tolman）为代表的新行为主义者们修正、发展了华生的极端观点。他们指出在个体所受刺激与行为反应之间存在着中间变量，这个中间变量是指个体当时的生理和心理状态。托尔曼提出了目的、欲求、动机、内驱力等概念，证实了它们在刺激与反应之间所起的中介作用，认为它们是行为的实际决定因子，包括需求变量和认知变量。需求变量本质上就是动机，它们包括性、饥饿以及面临危险时对安全的要求。认知变量就是能力，它们包括知觉、运动技能等等。托尔曼用公式表述为：B=f（S、P、H、T、A）。其中，B 为行为，S 为环境刺激，P 为生物内驱力，H 为遗传，T 为训练和过去经验，A 为年龄。也就是说，行为是环境刺激、生理内驱力、遗传、过去经验或训练以及年龄等这些实验变量的函数，而不仅仅是由环境刺激所决定的。

托尔曼对行为主义的贡献在于他强调了刺激反应的中介变量，并假设“认知地图”的存在，以便解释行为操作的中介因素。在他看来，学习导致一种新的认知即认知地图的形成，这种认知组织反过来调节随后的行为。他认为学习是一种认知过程，可以在没有强化的条件下产生。托尔曼的观点展现了行为主义向认知方向的转变，为“新的新行为主义”的产生奠定了基础。

（三）新的新行为主义理论

20 世纪 60 年代末 70 年代初认知革命席卷西方心理学领域，直接导致行为主义的主导地位岌岌可危。认知心理学的壮大发展，逐渐取代行为主义开始在西方心理学中的优势地位。部分新行为主义心理学家尝试把行为主义与认知主义进行结合，导致了新的新行为主义的诞生。新的新行为主义的代表理论主要是美国心理学家班杜拉（Albert Bandura）提出的观察学习理论。

观察学习理论（social learning theory）把观察学习过程分为注意、保持、动作复现、动机四个阶段，简单地说就是人的行为是因观察和模仿而学得的，个体观察学习须先注意榜样的行为，然后将其记在脑子里，经过练习，最后在适当的动机出现的时候再一次表现出来。因此，通过再学习可使符合社会道德规范的良性行为内化，从而消除异常心理行为。

（四）行为主义理论评述

行为主义因其客观严谨的研究方法奠定了心理学的科学地位。促进了心理学在动物心理学、儿童心理学、学习心理学和实验心理学等领域的基础研究。在 20 世纪初在各个领域得到了广泛应用：有效的学习方法和教学策略在教育领域产生了积极影响；以行为主义理论为基础产生的厌恶疗法、系统脱敏疗法等行为主义疗法具有操作性强、易学习掌握、高效能等优势，同时为生物反馈技术的出现打下了基础，极大丰富了心理治疗手段。行为主义中的联结主义观点近年来还被应用到人工智能、社交软件交互模型构建和电子游戏用户黏度提升方法构建等领域。1986 年，在行为主义理论的指导下第一个基于感知—行为模式的轮式机器人诞生。它在不需要中枢控制的情况下分别实现了避让、前进、平衡等功能。经过 10 余年的发展一些前沿技术理论不断地渗透到行为主义人工智能的研究中。

另外，斯金纳按照操作强化原理制成能够帮助教师为每个学生安排有效的程序学习的教学机，在美国教育界很快推广，曾波及世界各国。20 世纪 70 年代以来，由于计算机和有关信息加工技术的发展，原先应用在教学机中的程序设计已在计算机辅助教学（CAI）技术中被广泛应用。

但是传统行为主义只注重刺激与反应的联结，忽略了中枢产生的高级心理过程，不能反映个人心理、行为的整体性，极端地将人类等同于动物，否认了人的主观能动性，缺乏对生命的人本主义关怀的认可。

此外，行为主义一味强调环境的作用，完全忽视了人类的遗传生物学因素，对人格的看法过于简化，因而不可避免会忽略许多重要心理现象。行为主义者虽然也曾谈及思考、情绪以及意识水平等，但对这些因素的关注微乎其微。

第 2 节　精神分析学派

精神分析学派是 19 世纪末由奥地利著名精神病学家西格蒙德·弗洛伊德（Sigmund Freud）创立的心理学派。主要代表人物有艾里希·弗罗姆（Erich Fromm）、阿尔弗雷德·阿德勒（Alfred Adler）等。经典精神分析理论主要理论包括潜意识理论、人格结构理论、人格发展理论、心理防御机制理论、释梦理论五个部分。

一、心理结构理论

弗洛伊德把人的心理活动分为意识、潜意识和前意识三个系统。其术语不同于医学和哲学的相关术语。它们各具特定含义和作用。

1. 意识系统　意识（consciousness）是指人们在清醒状态下所注意到的，由外界刺激引起的所思、所想。其特点是：所思所想可通过语言表达，符合社会道德规范。其作用是排除人们先天具有的本能和欲望。

2. 潜意识系统　潜意识（unconscious）是指被社会道德和理智压抑在心理深处的本能和欲望。其特点是：这些本能、欲望并非安分守己地待在潜意识中，它们总在不断寻找出路，试图渗透到意识中以得到满足。其作用是：储藏“生物本能”，使人的大部分心理活动都在其中进行。例如，人们在过分紧张时，大脑并未发出有意出现“口误”的神经指令，但却不知不觉地出现了“口误”。

3. 前意识系统 前意识（preconsciousness）又称下意识，是指经过提醒或集中注意力回忆才能在清醒状态下被人所认知的心理活动。其特点是：前意识是意识和无意识间的边缘部分，是心理活动的监察者。其作用是：使适当本能被满足的同时，阻止与现实相冲突的欲求进入意识领域，使之被压抑在潜意识中。例如，做梦时，由于前意识功能降低，无法监测清醒状态下难以表述的欲望，因此，使各种心理冲突通过梦境表现出来。

弗洛伊德认为，被压抑在潜意识中的欲望与个体幼儿时期的生活经历有关，特别是性心理发展过程中的创伤性经验，这些未获满足的欲求与成人期的现实困境结合便产生各种潜意识心理冲突，表现出心身障碍。

二、人格结构理论

弗洛伊德把人格分为本我、超我和自我三个部分。三个部分各具特征，相互作用。

1. 本我（id） 是指由生物本能所支配的动物式活动，奉行"快乐原则"。它不顾及条件、时机，甚至不计后果地追求本能欲望满足。生物本能包括性本能和攻击本能。其中性本能又称"力比多"（libido），但有学者反对这样的说法，认为性本能与攻击本能无法截然分开，提出攻击本能不是攻击行为，温柔的性爱中也包含有攻击能量的释放，因此"里比多"即生物本能。弗洛伊德认为本我属潜意识，不被自己和他人所发现，对人格的发展起推动作用。

2. 自我（ego） 是指调节本我与超我，奉行"现实原则"。弗洛伊德认为自我是通过对内满足合理欲望，对外调整超我要求所形成的心理结构，是人格的执行部门，在执行心理活动的过程中，自我为了调动防御机制对抗本我，消耗了大部分心理能量。

3. 超我（superego） 是指符合社会道德规范和行为准则，奉行"至善原则"。弗洛伊德认为，超我是人格的监督机构，是经过长期受教育而在意识系统内，使道德规范内化的结果，是人格中最文明、最理想的部分。

综上所述，本我是动力，超我是准则，自我是调节。三者的均衡发展是人格健康，行为合理的基础。虽然，三者会出现短暂的对抗，表现出暂时性的焦虑，但只要自我功能完善，具备一定调节能力，就可以重获平衡。如果三者长期对立，就会使人在冲突所形成的负性情绪中无法自拔，进一步导致认知能力、逻辑思维能力，甚至人格结构受损，产生心理障碍。

三、心理防御机制理论

（一）心理防御机制的概念

弗洛伊德认为心理防御机制（psychological defense mechanism）是一种防卫功能，指个体在面对挫折或冲突的紧张情境时，自觉或不自觉地解脱烦恼、减轻内心不安、恢复心理平衡与稳定所采用的心理策略。弗洛伊德认为心理冲突、挫折以及对个体造成威胁的情况，都会引起焦虑状态，即焦急、忧虑、紧张、恐怖的不愉快情绪。人不能长时间容忍焦虑，人有强烈动机要减轻焦虑，每个人会形成各种对付焦虑的方法。对本能欲望冲动的控制和改造的过程，就是心理防御机制的应用。这种策略的应用，能使个体减轻由于心理压力或挫折所引起的紧张不安、焦虑和痛苦。弗洛伊德提出了压抑、否认、合理化、投射、补偿、退行等心理防御方式。

当个体遭受超过本身忍受力的心理压力或挫折时，往往会应用一些自己并未意识到的心理策略。稍微调整与"现实"之间的关系，让这些心理压力或挫折变为自己容易接受的东西。不至于使自己在情绪上过于痛苦和不安。

有些防御策略是用来曲解事实的，弗洛伊德用“防御机制”来说明人的一种无意识的心理过程。它通过曲解现实的方式保护个人，对抗焦虑。这只是简单改变对问题的看法，并没有改变客观条件，含有自我欺骗的成分。心理防御机制的应用普遍，几乎每个人都在不知不觉应用它。它是一种适应环境的方式。但过多或不适当地使用就会导致这些防御机制作用失效，从而丧失调节能力，造成病态。

防御机制一方面可以暂时解除内心痛苦，对人的精神起一定保护作用；另一方面防御机制是一种自我欺骗，因为过多逃避现实会带来更大的挫折。

（二）心理防御机制的分类及主要类型

弗洛伊德最早提出 9 种防御机制，后来安娜·弗洛伊德（Anna Freud）发展了防御机制理论。不少学者试图将防御机制系统化分类，其中有一种方法把心理防御机制分成自恋型、不成熟型、神经症型和成熟型四大类。

1. 自恋型 婴幼儿时期人格发展处于自恋阶段，以自身为中心处理与他人关系，所以把个体以自我为中心应对心理压力和挫折的方法称为自恋的防御机制。正常人多暂时采用，精神病患者常采用。又称精神病性防御机制。自恋型包括否认、歪曲、投射等。

（1）否认（denial）：否认那些已经发生的、令人痛苦的事实是根本不存在的，从而避免心理上的痛苦和不安。这是较原始和简单的心理防御机制。如在临床上面对某些严重疾病诊断，如癌症等，常会予以否认，以保持暂时的心理平衡。成语“眼不见为净”“掩耳盗铃”都生动体现了否认机制。否认可以暂时得到心理的平衡，减少心灵的苦恼，但只是一时“自我欺骗”，最终必须承认现实。

（2）歪曲（distortion）：是一种将外界事实加以曲解、变化以符合内心需要的心理防卫术，属于精神病性的防御机制。个体用夸大的想法来保护其受挫的自尊心，为了适合内心需求而重新塑造一个外界现实形象。例如，顽固地认为配偶对其不忠，而事实并非如此。把他人的讽刺当成表扬以保持自尊心不受伤害。

（3）投射（projection）：又称推诿、外射。个体将自己不喜欢的和不能接受的性格、态度、观念和欲望等转移到他人身上，说是他人有这种性格、恶习，以减轻自身内疚心理和焦虑不安的情绪。“以小人之心，度君子之腹”就是典型表现。

2. 不成熟型 多发生于幼儿期，但也被成人采用，在一般患者之中也常采用。表现为情感的退化，沉湎于自我之中，无选择地接受各种信息，包括退行、幻想、内射等。

（1）退行（regression）：个体在遇到压力和挫折时，倒退到一个更早时期的人格发展阶段。个体面对巨大压力和痛苦时，采取过去适宜，但现在较为幼稚的方式应对，以获得需要和欲望的暂时满足。如小孩要逃避读书，就借口头疼、肚子痛或手足发麻之类逃学。又如在经历过意外伤害、危重病、大型手术等抢救脱险后，有患者不愿离开监护室，或康复后仍不愿出院。因为经历死里逃生后，心理发生退化，为避免承担成人责任和随之而来的压力和不安。另外，某人哭得像小孩一样，夫妻闹别扭，女方生气回娘家等都是退行的表现。

（2）幻想（fantasy）：在现实中遇到难以实现的愿望和困境时，人们以幻想满足自己的欲望。灰姑娘、白日梦等都是幻想的写照。如被欺负的小孩想象自己成为某动作明星，把对手打得求饶。对于小孩来说这种以幻想方式处理心理问题，一般来说是正常现象。但成年人常采用这种应付方式，并分不清现实与幻想内容时就是病态了。

（3）内射（injection）：又称摄入，与外射（投射）相反，指将外界因素吸收到自己的内心，成为自己人格一部分的一种心理防御机制。从本质上讲，内射作用是一种模仿。作为一个正常的发展过程，内射使主体的自主性逐渐增强。作为一个防御过程，内射减轻了自我的分离焦虑。内射的对象往往是所爱、所恨和所怕的人和事。“近朱者赤，近墨者黑”“临渊羡鱼”“孟母三迁”都是内射的表现。

3. 神经症型　多见于轻度心理障碍者的表现，包括合理化、反向作用、转移、隔离等。

（1）合理化（rationalization）：又称文饰。最典型的是“酸葡萄心理和甜柠檬心理”，即把得不到的东西说成自己不喜欢或不好的东西，这是酸葡萄心理。与此相反，得不到葡萄只有柠檬时，认为柠檬是甜的，这是甜柠檬心理。指个人遭受挫折或无法达到自己所追求的目标时，以各种“理由”为自己辩解以原谅自己而摆脱痛苦。“舍财免灾”“知足常乐”“比上不足，比下有余”等，都是遇到挫折时自我安慰的合理化解释。又如阿 Q 的“精神胜利法”。

（2）反向（reaction）作用：生活中常有表里不一的现象，即外显行为和情感与内在动机正好相反。即以“矫枉过正”的形式来处理一些不被现实允许的念头和行为。这是由于内心有欲望和冲动，因表现出会引起不良后果，所以加以控制，不敢表现反而特意向相反方向去表现。例如，过分表现自己的人往往存在自卑感。另外，“此地无银三百两”就是反向作用的描述。

（3）转移（displacement）：个体由于某种原因无法对某人或某事发泄感情，而转向发泄到弱小、较可靠，或能接受的其他对象上。“迁怒于人”“迁怒于物”就是明显表现。如丈夫在单位被领导指责，不能向领导发泄，回家对妻子发脾气，打孩子。又如某青年因恋爱失败，被对方抛弃，无法报复，便将恨转向异性，认为“男（女）人都不是好东西”，拒绝重新开始。

（4）隔离（isolation）：为了避免精神上痛苦和不愉快，把不愉快的情感与事件分开。如人“死”了，说成“仙逝”“归天”“过世”，可以避免和减轻负性情绪。

4. 成熟型　属于较有效的、成熟的环境适应方式，易被社会接受，包括幽默、升华、压抑等。

（1）幽默（humor）：个体处于尴尬境地时，采用笑话等方式进行自我解嘲，处理问题不伤大雅，又可解除难堪局面。人格较成熟的个体常懂得在适当场合，使用巧妙幽默，把一些难堪情景转化。据说，苏格拉底有位性格暴躁的妻子，妻子当着他的学生的面大骂他，并将一桶水从他头上浇下时，他仅付之一笑，说道：我知道，打雷之后必然会下雨。

（2）升华（sublimation）：个体把不容易实现的欲望转变为能被社会所接受的高尚行为目标和方向，既满足本身欲望又有益于社会和他人。升华作用一方面发泄，满足原有情感，达到内心平衡，同时又创造积极价值。例如，一个艺术家可能将内心的痛苦和挣扎转化为创作灵感，创作出具有深刻内涵和艺术价值的作品。同样，一个经历挫折的运动员可能将失败转化为更强烈的斗志，通过更加刻苦的训练和比赛来实现自我超越。

（3）压抑（repression）：个体为了保持安宁的心境，尽量抑制那些不能忍受或会引起内心痛苦的念头、情感或行为，不去主动思虑和回忆，将那些会引发痛苦的想法和感受排除在知觉范围之外。压抑是所有的心理防御机制的最根本机制。人们常见的压抑是将痛苦经历“遗忘”，常以“不知道”“记不得”来避免回忆而保持心理平衡。那些被压抑的观念、欲望和冲动并没有消失，只是暂时潜伏下来，有机会就活跃，并影响个人的日常行为，如失言、笔误、失误都属于被压抑在无意识的内容进入意识而引起心理上轻微的、短暂的扰乱现象。通过压抑以免在心理上承受痛苦，但由此造成的焦虑不安在无意识中依然存在，并以异常行为表现出来。

精神分析学派认为，心理现象与我们的躯体现象一样，没有任何心理现象是偶然或碰巧发生的。其间存在有一种个人自己并不知道的心路历程，即潜意识，这造成一种假象，似乎我们的心理过程互不联系，其实，每一个心理事件的产生，都与一些先前的事件有所关联。它们积极活跃于潜意识领域而无法通过意识表达，产生各种心理冲突，曲折转换后就成为心理障碍的症状。其基本反应过程被弗洛伊德描述为：童年压抑的欲望＋现实心理冲突→焦虑→联用不恰当的心理防御→退化到童年的认识和行为中→出现各种心身症状。要消除这些症状，必须通过精神分析的方法让患者认识这些心理冲突，获得发泄和领悟。

四、人格发展理论

精神分析学派所言的性欲是指所有能引起身体快感的欲望。以生育为目的的成熟两性性生活仅是其中一部分。弗洛伊德在《性学三论》中认为，性欲与生俱来，是潜意识本我结构中欲望的主要方面，因此，它是人格发展的基本动力之一。只是由于每个阶段有不同的心理行为表现。为了证明此观点，他把人从出生到成年的人格发展分为五个时期。每个阶段性欲对象不同，所以每个阶段有不同的心理行为表现。

1. 口欲期（出生至 18 个月）　又称自恋期，是指从出生至 18 个月幼儿通过吸吮，以刺激口腔黏膜获得快感的时期。其特点是：幼儿从吸吮中获得的快感，并倾向于把任何物体都放入嘴中，这是幼儿取乐的主要方式。在这个时期内给予幼儿适当的满足，可培养信任与安全感，如满足感缺乏则容易变得敏感多疑，不愿与人交往，出现自恋倾向，形成心理行为障碍，但过度满足，又易形成依赖人格。

2. 肛欲期（＞18 个月至 3 岁）　是指＞18 个月至 3 岁的婴儿通过延迟排尿、排便获得快感的时期。其特点是：婴儿在自主控制排便后，得到了成人的表扬，于是，粪便刺激肛门黏膜成了取乐的主要方式。此期的婴儿获得表扬可增加自信，受挫（如尿床）而遭受批评，则会导致强烈失败感、自卑，出现强迫性的自我控制，造成心理行为障碍。

3. 性器期（＞3～6 岁）　是指＞3～6 岁的儿童开始关注两性差异，把性欲转向生殖器的时期。其特点是：出现了明显的性别分化，并把异性父母作为恋爱对象，即恋父情结（electra complex）和恋母情结（oedipus complex）。这种情结涉及父亲、母亲与孩子的三角关系，三者在冲突与平衡之间互动，如果三角关系平衡和谐发展将有利于个体的成长和成年期人际关系的构建，如果发展不平衡可能为人格缺陷与社会化困难埋下潜意识“祸根”。使儿童产生了对同性双亲的嫉妒。这种情结是人类心理发展正常阶段，处理不当才会变成“症结”。若表现过分会使男性过高评估自己性器的价值，力求向异性证明其男子汉的特征，一旦成年后的现实情况与之相反，就会出现诸如露阴癖等性心理障碍。

4. 潜伏期（＞6～12 岁）　又称同性恋期，是指＞6～12 岁的儿童把性欲升华为学习、游戏、交友等外界活动能量的时期。其特点是：儿童学会了压抑对异性的欲望，初步尝试按照社会规范的要求放弃性活动的兴趣，把自己局限于同性群体之中，排斥异性，以获得社会的认可。其快感主要来源于成人的赞美，这是良好人格发展的关键期。

5. 生殖期（12 岁以上）　是指 12 岁以后至成人期的青少年通过正常两性间的性行为获得快感的时期。其特点是：父母以外的异性成了主要恋爱的对象，学会通过两性间成熟的性行为和性高潮满足欲望，这种专一而局限的欲望满足方式可以使成年人将精力更加有效地投射到所爱的事业，以期能得到社会的进一步认可，获得满足。

弗洛伊德认为性欲如果能顺序发展到第五期，则形成正常的人格，如果停滞或倒退至某个阶段，则分别称为“固着”和“退行”。这是形成某些神经症和性心理障碍的根源。

五、释梦理论

弗洛伊德认为梦是潜意识欲望的表达，是对被压抑的愿望的表达，是一种原始的心理防御机制。

人为了避免本能冲突在意识层面引起焦虑和痛苦，只有在梦中用象征、转移的方式曲折地表达出来。精神分析学派咨询师认为对梦的多功能思辨，可以促进来访者发现、认识自己，是一种治疗工具。1900 年，弗洛伊德出版了《梦的解析》，书中指出梦的表达分为隐梦和显梦。显梦是指醒来后能清晰回忆其内容的梦境；隐梦是指显梦背后所隐藏的不能回忆的本能欲望。分析隐梦是通往潜意识领域的有效途径。这种观点虽然稍显狭隘但是给客体关系、格式塔等咨询取向提供了富有创造性的工作思路。

六、精神分析理论评述

精神分析理论是现代心理学的奠基石，它的诞生和发展具有里程碑式的意义。开创了无意识心理的研究新纪元。其产生的影响不仅限于临床心理学领域，对性心理学、动力心理学和变态心理学的研究开启了新思路，对整个心理学界乃至西方人文科学中的哲学、精神病学、文学、历史、艺术、社会学等领域均发挥着不可替代的作用，为解释个人、文化和社会历史现象提供了全新的视角，目前广泛存在的诸多心理咨询取向也都从中获益。

但是他的许多概念和理论缺乏实证支持，有的过于主观臆想，有时被称为心理玄学。他的泛性论受到心理学界的多重质疑。

因此，他的弟子们在经典分析理论基础上不断发展分化重组，在近代发展中形成了多个分支。以弗洛伊德的经典理论和后续发展一般统称为心理动力学理论。以梅尔尼·克莱因（Melanie Klein）、费尔贝恩（W. R. D. Fairbairn）、奥托·克兰伯格（Otto Klineberg）为主要代表的客体关系理论，重视客体关系和自体的研究，强调母亲和婴儿的亲密关系对成年后心理状态的影响；以科胡特为代表的自体心理学理论，核心思想来源于对自恋型人格障碍的分析；以霍妮、弗洛姆、沙利文为代表的新精神分析理论，将人格的影响因素研究重心从性本能转移到文化、社会环境和人际关系等因素上。

21 世纪心理学家将神经科学与精神分析学的理论和方法相结合以实现精神分析科学化的新学科，形成了神经精神分析学，是一种精神分析研究的新范式。有时也称作“深度神经心理学”。目前该学科正处于快速发展阶段，其研究涉及多种主题，如意识与潜意识、情绪与记忆、本能与动机、压抑与防御、冲突与创伤、睡眠与梦等。该取向旨在将神经科学“第三人称”的客观实验研究范式与精神分析学“第一人称”的主观经验研究范式相整合，为心理学提供一个统一的理论。

知识链接 客体关系学派

精神分析的客体关系学派是以弗洛伊德对“本能对象”的相关论述为基础，把客体关系放置于理论和临床领域，形成独特的对象关系。20 世纪 60 年代，英国客体关系理论通过南美洲传播到北美地区，与美国的精神分析自我心理学由对立逐步走向融合。

客体关系主要存在于潜意识中，是个体在成长过程中形成的内部客体—自体对象关系，不仅为个体构建了一个丰富的精神世界，而且深刻影响其人际关系的建立和交往方式。人生最重要的现实客体是生命早期的主要照顾者（父母），对现实客体的感知、体验和判断内化为心理意向，即客体表象，与客体表象形成的人格的总称，属于自己各类经验的总和。在精神分析的治疗过程中，来访者的内部客体投射到咨询师身上，构成移情的基础，同时也在咨访关系中部分移植了内部客体关系的特征。

第 3 节　人本主义学派

20 世纪 60 代，人本主义心理学（humanistic psychology）在美国迅速兴起，成为现代心理学的第三势力（third force）（也称第三思潮）。人本主义重视研究人的本性、动机、潜能，关注人的价值与尊严，反对精神分析的性本能决定论和行为主义的环境决定论。代表人物是卡尔·罗杰斯（Carl Ransom Rogers）和亚伯拉罕·马斯洛（Abraham Harold Maslow），马斯洛强调自我实现的人性论，即主张人性本善，并指出人的潜能具有建设性地成长和实现的倾向。罗杰斯认为每个人都有与生俱来的积极的，乐观的人性观。

一、基本理论观点

（一）人性观

马斯洛认为人的本性是善良的，个体在良好的环境下都会希望表现出好的品质，如友善、仁爱、诚实等，每个人都有对美、真理、正义等的本能需求。这一点与我国古代思想家孟子的“性善论”较为接近。

不同于精神分析将研究对象集中于精神类疾病患者，人本主义在进行心理研究时，从一开始就关注那些健康的，具有极大潜能的积极向上的个体，后来作了杰出人物的研究分析工作。该理论强调个体具有积极向上的本能，这种本能容易受到习惯、社会风俗、文化压力或者不恰当态度的抑制和受到学习的影响，但也会不断地努力发展。暴力及破坏性的行为并非人的天性，而是人的天性被不好的环境所扭曲和阻挠的结果，糟糕的环境并不一定使人出现精神疾病，因为人的本性有一种积极、向上的倾向，若能有一个适宜的环境，一个人将有能力指导自己，调整自己的行为，控制自己的行动，从而达到良好的主观选择与适应，实现个体身心的健康发展。

（二）“需要层次”理论

马斯洛强调个体行为是由需要引起的，而不是由性本能引起的，基于该观点提出了需要的层次理论（hierarchy of needs）。他认为人类是由一系列具有生命意义的和满足内在的需要所驱动。马斯洛把人的需要分为两类：基本需要（basic needs）和心理需要（psychological needs）。基本需要是一种缺失性需要（deficiency needs），这些需要是人的基本生存需要，长期处于缺失状态中的人会产生心理疾病，而缺失性需要的满足则可以避免疾病。心理需要（psychological needs）又称成长性需要（growth needs），可以产生成长性动机，是一种超越了生存需要之后，所产生的发自内心的希望发展和实现自身潜能的需要，它不受本能的支配，为人类所特有。

马斯洛这两类将需要分为五个层次，即生理的需要、安全的需要、爱和归属的需要、尊重的需要和自我实现的需要（图 2-1）。马斯洛认为这些需要是有层次的，是一种由低到高的逐级上升的过程呈金字塔形式排列。处于最底层的是生理的需要，依次上升的是安全的需要、爱和归属的需要、尊重的需要，

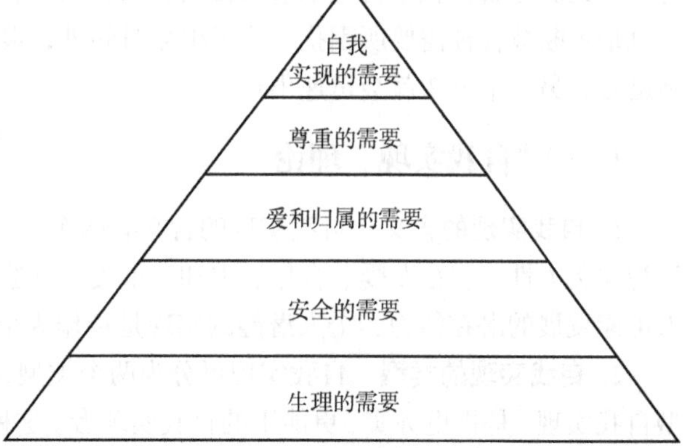

图 2-1　马斯洛需要层次理论

最高层次是自我实现的需要。马斯洛认为在满足较高层次需要之前，必须先满足部分较低层次的需要。只有低层次的需要满足之后，才能产生高层次的需要。

1. 生理的需要 个体生存必不可少的需要，具有自我和种族保存的意义。其中以饥饿和渴的需要为主。生理的需要在人类各种需要中占有最强的优势，当一个人被生理的需要所控制时，其他的需要均会被推到次要的地位。

2. 安全的需要 当人的生理需要获得一定程度满足之后，随之便产生新的需要，即安全的需要（包括对生命安全、财产安全、职业安全和心理安全的需要），以求免受威胁、免于孤独、免受别人的侵犯。当这一需要获得满足之后，才会有安全感。

3. 归属和爱的需要 随着上述需要获得满足后，人类就会产生进一步的社会性的需要，即归属和爱的需要。归属的需要就是参加一定的组织，依附于某个团体等。爱的需要包括接受他人和给予他人爱的需求。马斯洛指出，这一层次的需要缺失就像机体缺乏维生素一样，会抑制人的健康成长和影响到人的潜力的发展。

4. 尊重需要 是个体对自身价值的认同。前三个层次的需要获得满足后，尊重的需要才会充分地发展起来。尊重的需要包括自我尊重和他人尊重两个方面。尊重的需要包括渴望实力，获得成就、独立和自由，以及渴望名誉或声望，希望受到他人的尊重，受人赏识。一个人在人际交往中，如果得到社会认同，受到他人尊重，就会产生自信、自强的心理体验，反之则会产生自卑、虚弱和无能的感受。

5. 自我实现需要 是最高层次的需要，是人类所特有的需要，这种需要使个体具有积极的、奋发向上的、自我肯定和无限发展的潜能，促使个体成为他所能成为的人。自我实现的需要是实现生命价值的需要，其目的是扩展经验，充实生命，而不是补偿不足。马斯洛指出，自我实现需要得到满足可以促进人的心理健康和个人成长；如果受挫，就会因“自我实现”受阻，而产生内心冲突，削弱成长潜力，从而表现出各种心理病态和适应困难，导致无意义感和空虚感；否认真理，易患妄想症；没有正义和秩序，人们会感到恐怖和焦虑；缺乏幽默感，人们会变得陈腐、僵化和忧郁。

在前四种需要获得满足的基础上产生的最高层次的需要，即个体的潜能和天赋得到充分的发挥。不同层次需要的发展进程，一般与人的年龄增长相适应，它与社会的经济背景、受教育的程度有关。对于多数人而言，自我实现的需要是人们追求奋斗的目标，只有少数人才能达到真正的自我实现。这些需要是相互联系的，并且组成了一个优势层次。一般来说，占优势的需要将支配人的意识，并自动组织、补充机体的各种能量；不占优势的需要就会被消减，被遗忘或者被否定。当一种需要得到满足后，就不再是积极的推动力量；另一种更高级的需要就会出现，并且支配人的意识。人总是不断被各种需要所困扰，除了少数时间外，很少能达到完全满足的状态。人的一个欲望得到满足后，另一个欲望就会迅速出现。

（三）“自我实现”理论

1. 自我实现的含义 自我实现的含义有两个：一是完美人性的实现，马斯洛将人类共性的潜能称为完美人性，包括友爱、合作、求知、审美、创造等特性。二是个人潜能的实现，个人潜能指个人可能发展的潜在能力，个人潜能的实现是指作为个体差异的个人潜能的自我实现。

2. 自我实现的类型 自我实现可分为两个类型，即健康型自我实现和超越型自我实现。①健康型自我实现：是指更务实、更能干的自我实现者。这种类型的人以实用的态度待人接物和处理问题，是实践家。②超越型自我实现：是指经常意识到内在价值、生活在存在水平或目的水平而具有丰富超越体验的人，他们除了具有一般自我实现的特征外，还具有超越特征，表现为：更重视高峰体验；能够从永恒的意义上观察和理解人和事；真善美的统一是其最重要的动机；更重视整体论的世界观；有更强的协同倾向；能超越自我、超越人我之间的分歧；更重视创新、创造和发现；更关心人类的命运；更尊重他人，更平等待人；更重视精神生活。

3. 自我实现的特征　马斯洛对达到“自我实现”境界的人刻画了 15 个特点：①能更有效地意识到现实；②认识自己和认识别人；③自发性；④集中处理问题；⑤独立性；⑥自立性；⑦有不断新鲜的鉴赏感觉；⑧有不受束缚的想象力；⑨对社会有兴趣；⑩与有同样自我实现需要的人有深厚友谊；⑪民主的性格；⑫能辨别目的和手段；⑬幽默感；⑭创造性；⑮有反潮流精神。马斯洛晚年在“自我实现”需要的基础上，又提出了“灵性需要”“超个人需要”等。在现实社会中，人的高层次需要是自我实现。人们通过工作实践，将自己的潜能现实化。现代人应该不断地希望、向往和有所追求，使自己成为一个比较完善的自我实现的人。

马斯洛强调要创建好的环境，因为他相信“近朱者赤，近墨者黑”，不好的环境会污染人的心灵，而良好的环境会使个体受到激励，并学会如何做正确选择。只要提供一个充满关怀、接纳与尊重的环境，促进正常人际交往和相互沟通，就能激发潜能，获得最大的发展，即满足“实现自我”的需求，达到社会生活的完美状态。所以要学会无条件地赞美他们人、尊重他人。

（四）“自我理论”和“来访者中心疗法”

罗杰斯在大量的临床实践中发现个体经常使用“自我”一词来表达内心的体验。罗杰斯将“自我”视为人格的主要结构，所以他逐渐接受了自我概念，并以此建立了“自我理论”。“自我理论”包含两个重要的概念，一个是自我（self），通常也称现实自我；另一个是理想自我（ideal self）。罗杰斯非常重视自我概念和行为适应之间的关系。一个成熟健康的人，他的自我概念应当是与他本身的情况相符，也就是与他的真实自我（real self）相符合或者相接近。这说明他对自己有比较准确的认识。相反，个体心理疾患产生的机制是由于社会环境不良，阻碍了个体的自我实现，使“理想的自我”和“现实的自我”差距扩大，两者冲突所致。

在治疗方面，人本主义理论相信个体会追求能帮助其发挥潜能的经历，避开妨碍自身潜能发挥的事件。在这一理论指导下形成的存在主义治疗、来访者中心疗法、交朋友小组都强调调动患者的主观能动性，发掘其潜能。后来罗杰斯更是将来访者中心疗法改为人本疗法，进一步强调来访者是正常人，是在心理发展过程中潜能没有得到充分发挥的人。

二、人本主义的新发展

（一）超个人心理学

人本主义理论在 20 世纪 60～70 年代崛起，这是心理学研究领域第一次把人的潜能、仁义、自我实现等作为研究对象。由于该理论过分强调主观经验，缺乏科学的研究方法，忽视社会和环境对个体的影。20 世纪 60 年代末人本主义心理学家们意识到人本主义心理学的不足，若只关注个体的自我及其实现的是过于片面的。之后马斯洛明确指出心理学应该探究自我与个人以外的世界和意义，这个领域属于超越的领域或超出自我关怀的精神生活领域。该领域不仅关注个人及其潜能的充分实现，且更加关注超越个人的经验和精神生活，即将个人的生命与外部世界和意义联系起来的精神领域它是人本心理学的充分发展，也可以说是人本心理学的派生物，研究“超自我、超时空的心理现象的特殊规律”，不再简单以人的需要和兴趣为中心，它超出人性、同一性和自我实现等概念，也就是超个人心理学（transpersonal psychology）。

超个人心理学认为，不同的心理学理论体系应当相互整合，才能达到对人类本性的全面了解。它关心的是作为整体的心理学，吸收和借鉴了很多古代东方思想，为东西方心理学思想合奠定了理论和实践基础，将一种新的世界观和方法论带进具体研究中，试图阐述一种更高层的终极价值。但由于超个人心理学诸如宇宙觉知、内在协同、精神通道、超越感知、宇宙自我幽默与嬉戏晦涩难懂和神秘的研究主题，缺乏系统实证研究等特点，至今仍未被主流的心理学派所认可，其未来发展还有很长的路要走。

（二）积极心理学

20 世纪末西方心理学界兴起一股新的研究思潮——积极心理学（positive psychology）的研究，美国心理学协会主席马丁·塞利格曼（Martin Seligman）在马斯洛和罗杰斯前期工作的基础上，提倡心理学应关注人类的积极心理品质，充挖掘更积极的人性和人类潜能，促进个人和社会的发展，使人类走向幸福。他批判心理学不能把眼光局限于令人不悦的痛苦的生活事件，看不到个体成长、价值、潜力和顿悟，由此产生的人类潜能研究，奠定了积极心理学发展的基础。

积极心理学认为心理学的研究对象应该是大多数健康的普通人，而不是少数有“问题的人”，应该注重人性的积极方面，而不是他们的不足之处。积极心学的研究包含了主观幸福感、幸福科学、生活满意度、积极情感、乐观主义、生活和幸福的目标制定等典型课题。在研究方法和手段上，不仅吸收了行为实验、问卷量表、访谈法等传统主流心理的研究方法，还将其与人本主义的现象学方法、经验分析法等有机结合起来，并进一步引入神经科学、病理生理学、基因生物学等学科研究方法，与当前最热门和前沿的领域紧密相连。积极心理学逐渐成为一门新兴的心理学，它的发展代表了人本主义心理学运动最持久的影响力。

三、人本主义理论评述

（一）理论贡献

人本主义心理学为心理学研究提供了一个全新的视角，即关注个体的需要和自我实现的人生价值，关注人的潜能并为潜能开发提供条件。马斯洛既反对以研究病患为基础的精神分析理论，也反对以动物和幼儿的简单行为为研究基础的行为主义。他认为这两种理论都关注人类的黑暗面、消极面、疾病和动物性，突出的是对心理残缺不全的个体的研究。而人本主义的诞生，打开了研究人类积极本性的大门。该流派的目标是把心理学的注意力集中在研究心理健康的、功能健全的人类个体身上，而这一领域许多年来一直被忽略。马斯洛主张要以正常人为研究对象，研究人的经验、价值、欲望、情感生命意义等问题，提高个人的尊严和价值以达到自我实现，对人类存在真理、善良、美好事物的追求倾向具有很大的积极意义。这一观点和理论是对当时心理学界流行的以患者、动物为研究对象的精神分析和行为主义的极大超越。

在病理心理学领域，人本-存在主义心理学为心理咨询和治疗提供了重要的和有价值的看法，包括真诚、共情和积极关注来访者，关心来访者的心理成长。人本主义心理学对人性的看法是积极的。

马斯洛的自我实现理论，关注人的潜能发挥，对于教育界和企业界都有很大的启发和借鉴作用。目前，他的理论也被广泛应用于学校、咨询辅导和企业。

（二）理论不足

对人本主义观点的批评主要集中在方法学上，认为人本主义理论提供的心理治疗方法缺乏可操作性，理念多于技术。另外，人本主义理论对来访者心理问题的判断与探究方法也缺乏准确性和客观性。

虽然马斯洛曾调查了许多成功人士，但是他的需要层次理论和自我实现者的特征都是经验的概括和构想，缺乏严格的实证研究。有人认为，马斯洛的整体研究方法不够科学，不精确，样本太小，仅仅从很小的样本就得出结论，缺乏严谨的论证。虽然许多其他心理学家用一些实验数据初步支持了马斯洛的理论，但是他的理论仍然是不完整的，而且人们认为他的许多概念有些模糊、难懂和玄乎，如“自我实现”“高峰体验”。人们会问，如何知道自己到底是经历了“高峰体验”，还是仅仅是一段愉快的过程？如何判断一个人是否达到了自我实现？

知识链接　人本主义在现代人文医学的应用

在人本主义心理学中，尊重、积极关注、真诚及共情是治疗起效的关键，也是人本主义心理学的治疗有效要素。在心理治疗中几乎所有的心理治疗技术都需要在良好的治疗关系上进行，人本存在主义心理治疗更看重治疗关系的建立。心理治疗关系是一种紧密性医患关系，而临床医疗中的医患关系则不如心理治疗关系般紧密。人文医学在对医患关系的描述中认为，和谐的医患关系要求医学不仅要把患者当作一个生物体进行治疗，更重要的是要把患者当作一个社会的人进行治疗，要达到这一目标，医学必须具备关爱人的品格。树立医学人文精神，就是强调以人为本、仁者爱人和人道主义的思想精髓，把人的尊严、价值、权利、自由和发展作为首要关怀的当代人文精神，将人文关怀贯穿于管理、医疗、护理、服务和环境的全方位全过程。这与人本存在主义心理治疗的理念相一致。在整个人本主义心理治疗过程中，始终用尊重、积极关注、真诚及共情处理患者的反应，所以从人本主义心理治疗来看，医患关系直接影响到治疗效果。

人本存在主义心理治疗认为一个良好的医患关系应包含以下特征：①医生能完全地投入到和患者的交流中。②医生的意见总是和患者要传达的保持一致。③在一定程度上医生把患者看作一个合作者。④医生认为患者和自己是平等的。⑤医生善于理解患者的情感。⑥医生真的试图理解患者的情感。⑦医生总能跟上患者的思维。⑧医生的声调传达出完全能分享患者情感的能力。这些特征与人文医学对医学教育的要求十分相符。故一个具有人文精神的临床医生或者护士，应该是具备人本主义心理学沟通技巧，其职业素养应该包含有医学心理中的人本主义心理学要素。

第 4 节　认知心理学派

1967 年美国心理学家迪克·奈塞尔（Ulric Neisser）的《认知心理学》一书的出版，标志着认知心理学已成为一个独立的流派。广义的认知心理学主张，凡是研究人的认识过程的都属于认知心理学，即以人（和动物）的知觉、注意、记忆、动作、语言、思维、决策、意识、动机、情感过程和结构为主要研究对象探讨认知概念和过程。而目前西方心理学界通常所指的认知心理学，是指狭义的认知心理学，也就是所谓的信息加工心理学，该学派强调人是进行信息加工的生命机体。

一、基本理论观点

（一）信息加工理论与认知

信息加工心理学把人的认知系统看成是一个信息加工的系统，并和计算机进行类比。计算机从周围环境接受输入的信息，经过加工并储存，然后产生有计划的输出。人脑和计算机一样，大脑对知识的获得的过程，是一个对信息的输入、转换、储存和提取的过程。人的认知的各种具体形式是整个信息加工系统的不同成分或信息加工过程的不同阶段。认知心理学的研究成果对计算机科学的发展有较大贡献。就信息加工方法，相关研究者提出了一些重要假设。

第一个假设：人类是编辑、存储、提取和处理符号数据的数据操纵者。由此产生的是表征的概念，人类信息加工系统的数据由各种表征组成，这些表征对应的是来自环境的信息（如物体或事件）及加工过程（如记忆和问题解决）。

第二个假设：人类思维是一个由各种相互关联且相互影响的能力和过程组成的系统。如果这些组成部分相互独立，我们就无法充分理解它们。

第三个假设：人类是具有主动性和创造性的信息扫描者和搜索者，并不只是被动地对环境做出反应。这一观点与行为主义理论形成强烈对比，行为主义认为人类是被动的反应者，只能等待适当的刺激来触发反应链。

按照信息加工理论，思维是一个循序渐进的过程。在这个过程中，一个指定阶段的输出结果将作为下一阶段的输入材料，以此类推。每个过程都需要时间，并且在某种程度上，每个过程都可以被单独研究。例如，我们可以尝试将编码和提取等拆分成独立的过程，并估计它们的持续时间。这个假设为通过监测反应时间来考察心理过程铺平了道路。

认知心理学的兴起是受多种因素影响，逐渐演变而成，即无核心人物、非某人独创，是由许多心理学家各自独立地发展自己的体系而形成的。他们的体系都有相同或相近的取向，即认知取向，都认同人的情绪、行为受学习过程中对环境的观察和解释的影响。不适宜的情绪、行为产生于错误的知觉和解释。所以，要改变人的情绪、行为，就要首先改变人的认知。认知学派认为，在多数情况下，情绪、行为和认知是相伴而生的，认知可以改变情绪、行为，情绪、行为也可以改变认知。

（二）联结主义与认知

联结主义（connectionism）把大脑作为认知过程建立模型的基础，仅通过大脑现有的结构和功能来解释认知，认知系统（与大脑相对应）由数十亿相互联结的节点（对应大脑中数十亿相互作用的神经元）组成，这些节点汇聚在一起形成复杂的网络。网络节点可以被激活这些节点之间的激活模式对应我们的意识体验，联结主义的基本假设如下。

其一，一项指定任务（如记忆提取）中涉及的加工不会只发生在大脑的一个特定位置相反，参与认知过程的网络遍布整个大脑。

其二，构成认知加工的网络在很大程度上是并行运作的，遍布全脑的信息处理器会同时处理认知任务的某些特定组成部分。认知过程被描述为遍布大脑的一系列复杂网络的并行活动，构成这些网络的基本元素，就是两个独立节点之间的联结。这些节点间相互联结的动力是基于神经元间的相互作用，在神经网络中，节点可能表现为：①兴奋性联结（激活一个节点使另一个节点更有可能被激活）；②抑制性联结（激活一个节点使另一个节点更不可能被激活）；③无联结（激活一个节点对另一个节点没有影响）。

联结主义模型的发展已远远超出对简单知识如何表征的解释。近年来，认知科学家开发出了各种各样的联结主义模型——从面孔识别到问题解决，再到我们如何形成对他人的态度。这些模型被用于预测，并根据现有和未来的实验结果评估所作的预测。如果预测正确，该模型就会得到进一步扩展和详细阐述；如果不正确，就要修改。虽然联结主义建模可能是真正理解认知过程的关键，但早期认知心理学的研究大多集中于对认知过程的直接实证调查上。近年来随着大数据调查，人工智能等领域的深入探索，认知心理学家们也才开始通过建模进行研究。

（三）认知神经科学

认知神经科学是通过结合心理活动与大脑结构的研究，具体研究感知、运动、情绪、学习、记忆、语言、注意与意识、认知控制以及社会认知等诸多心理过程，从而提供对“有形大脑的功能如何产生无形的心智”最完美的描述。

20 世纪 80 年代以前神经心理学一直以脑损伤患者为对象，围绕失认症、失语症、遗忘症等，采用神经心理测验、神经系统检查和病理检查法，研究大脑两半球功能一侧化的理论问题。20 世纪 80 中期认知神经科学家开始依靠很多研究方法来发现认知的神经基础。在复杂的技术出现之前，我们所知道的关于大脑的很多信息，以及哪个部位会发生什么，都是通过调查脑损伤患者发现的。随着大脑研究方法的发展猛进，其中一些技术涉及评估大脑在认知过程中发生，这些技术包括脑电图、单细胞记录与多细胞记录、经颅磁刺激、事件相关电位、脑磁图、正电子发射计算机断层扫描、功能性磁共振成像等。

1. 脑电图（EEG）　测量大脑的电活动。EEG 信号包括电活动的内源性变化，以及由特定事件（如刺激或运动）诱发的变化。

2. 经颅磁刺激（TMS）　利用磁脉冲暂时改变局部脑生理特性。

3. 事件相关电位（ERPs）　是与特定事件（如刺激呈现或反应出现）时间锁定的电活动变化。当事件重复多次，这些事件所诱发的相对小的神经活动变化就可以通过 EEG 信号的叠加平均而观察得到。通过这样的方法，EEG 信号中的背景波动能被去除，从而以非常好的时间分辨率展现事件相关信号。

4. 脑磁图（MEG）　测量大脑产生的磁信号。神经细胞的电活动同样产生小的磁场，磁场可以像 EEG 测量表面电活动一样，通过置于头皮的敏感的磁探测器所测量。MEG 可以采用与 ERP 类似的事件相关方式，并且具有相似的时间分辨率。MEG 的空间分辨率更优，这是因为磁信号很少受到脑或颅骨等有机组织的影响而失真。

5. 正电子发射计算机断层扫描（PET）　通过监测放射性示踪剂的分布来测量脑的新陈代谢活动。PET 扫描仪测量示踪剂衰变时产生的光子。常用的示踪剂是氧，因为它衰减迅速，并且氧会更多地分配到活动的神经区域。

6. 功能性磁共振成像（fMRI）　利用磁共振造影测量神经元活动所引发的血流动力改变。目前主要用于研究人及动物的脑和脊髓在特定神经活动状态下的神经元活动。

科学家们利用这些技术探究认知的神经机制已经取得了惊人的进展。然而，同样不能否认的是，我们对任一日常认知活动是如何在特定的神经网络层面上实现的知之甚少。直到 2013 年迈克尔·加扎尼加（Micheal Gazzaniga）等将认知神经科学描述为生物学和心理学的结合，认知神经科学研究逐渐迈入“基因-分子一细胞-环路-行为”的跨学科、多层次时代，从分子、细胞水平到系统和整体水平揭示大脑认知功能的工作原理，不断引入新的理论和方法，试图建立脑区间的认知功能网络模型，从微观到宏观多层次系统地揭示认知过程及其神经机制。

二、认知心理学的新发展

（一）认知心理学的跨文化研究

有一组“外部”因素一直是认知心理学家经常试图控制或完全避免的，这个“外部”因素就是个体差异变量——文化背景。一直有一种很明显的研究倾向试图弄清楚，在不受个体特定世界观影响的前提下，心智如何在一种最基本的感觉基础上运作。但是要假设世上每个人都能以同样的方式记住、说出、解决问题并做出决定，似乎有点自以为是一个人的心智加工过程不能与他对世界的特定看法分开，所以也许应该把世界观对个体的影响考虑在内。因此，当前研究越来越多地关注文化与认知的关系。世界上的每个人都有相同的基本认知机制吗？还是说世界上不同地方的人有不同的心智运作习惯？

尽管跨文化所研究的问题可追溯到很早的过去，但跨文化心理学（cross-cultural psycholoy）发源于发展心理学，但其由于运用于研究认知才得以蓬勃发展，关于认知跨文化研究中需要解决的最基本问题是：人类认知发展是否具有普遍规律性？在认知的发展过程中是否存在着文化差异？这些差异表现在哪些方面？产生的原因是什么？对这些问题目前虽仍无统一、完整的答案，还需要通过漫长的跨文化研究寻找答案。

（二）认知心理学在智能时代的应用

认知心理学的一个重要特点是囊括了基础研究和应用研究。在过去近 30 年认知心理学研究取得了重要进展，认知心理学研究已经开始超越实验室的限制，进入更生态的情境中，如教育教学、人机交互和群体互动等。我们需要在有意义的情境中广泛、多样化地评估注意、记忆和其他认知过程，同时还要考虑伴随而来的人格和情感的影响。例如，认知心理学研究通过了解人类的感知、注意力和记忆机制，可以指导界面布局、信息呈现方式、交互设计和任务流程，提供更好的用户体验；在人工智能和机器学习领域，认知心理学为自然语言处理、计算机视觉、机器学习等领域的研究和应用提供了重要的理论基础。未来认知心理学可基于人类的感知、学习和推理过程，为设计更智能和人性化的算法和智能系统提供支持。

三、认知心理学的评述

尽管认知理论提出了许多具有建设性的观点和方法，但从认知“发展性”的角度来看，我们今天所了解的认知心理学机制还很粗浅，人类的认知机制还有许多未解之谜。从应用的角度看许多临床病理现象十分复杂，有许多影响因素交互作用，认知理论只是从某些方面提出了见解和提供了可操作的方法。不同的理论、方法和技术都有可取之处，应该各取所长，融会贯通，才能完善心理学的“认知”体系。从心理学的发展来看，认知理论从信息的加工过程出发，进一步完善了行为主义的理论观点，强调了外部刺激与行为反应之间的内部中介机制，更为合理地解释了各种心理现象，特别是情绪产生的机制。

在医学心理学领域，许多病理心理学现象的产生恰恰是认知偏差所造成的。例如偏执型人格障碍、强迫行为与强迫思维等都有典型的认知偏离；精神分裂症等严重精神疾病也有明显的认知障碍。在诊断和治疗方面，认知疗法认为患者的认知偏差导致了其不良情绪和行为，进一步提出了校正认知偏差的具体方法，从而起到治疗作用。从预防和健康促进的角度来看，一个人在成长过程中，树立科学的人生观、世界观，正确地认识客观世界，正确地认识自己，把握自己的角色，摆正自己的位置，更好地适应环境，也具有十分积极的意义。从认知理论的角度来看，一个正常或健康的人格，就意味着其有一个正常或健康的认知（经验）体系。

知识链接 从认知心理学的角度看“君子终日乾乾，夕惕若厉，无咎”

“君子终日乾乾，夕惕若厉，无咎。”用大白话来说就是，君子应该整日自强不息，即使夜晚也要小心谨慎，就好像如临危境，这样就没有灾难了。为什么整天小心谨慎就可以没有灾难了？近年来洪城脑科学课题组为“君子终日乾乾，夕惕若厉，无咎”这句国学智慧的解读提供一个认知神经科学的视角。

人在执行认知冲突任务的时候存在冲突适应效应（conflict adaptation effect，CAE）。由林达·格雷顿（Lynda Gratton）在 1992 年首次提出的冲突适应效应也称 Gratton 效应，是指在一致性序列任务中，当被试在前一试次中经历冲突后会使其在当前试次中更好地解决冲突。这种现象被认为是个体在经历冲突的时候会提高认知控制，而认知控制的提高有助于个体面对下一个冲突任务。

洪城脑科学课题组基于 Gratton 效应，通过按键实验收集被试的脑电数据，结果表明当按键反应在一系列重复任务中频繁变化时，可以增加个体的认知控制，证据是额叶-中央 N2 成分振幅的增加。而且增加的认知控制可以从重复任务试次转移到任务切换试次，并提高任务切换的效率，证据是任务切换中 r-repeat context 更高的正确率和相应的 N2、P3 成分振幅变化。他们的研究核心结论便是：个体为了应对频繁变化的按键反应，会提高认知控制，而且这种认知控制的提高可以迁移到其他方面，比如更好地应对任务的变化。

因此，如果一个让人整天勤勉努力，晚上也不放松的人，断然不是一个选择“躺平”重复平庸的人，而是一个追求成长、拥抱变化的人，他们认知控制由此也可以在一个保持较高的水平。而当生活真的出现意料以外的变故的时候，他们也有足够的能力去面对和解决问题。

本章习题

1. 简述马斯洛的需要层次理论。
2. 阐述人本主义理论的特色。
3. 结合现代医患关系的实际现状，论述人本主义思想在医患关系中的应用。
4. 简述心理防御机制的含义。
5. 比较操作性反射与经典性条件反射理论的主要区别。
6. 简述行为主义学派的历史与发展。
7. 谈谈你对行为疗法的看法及评价。
8. 简要阐述精神分析学派理论对心理学发展的贡献。

第3章　心理学基础

学习目标

1. 知识目标：知晓心理学的生物学和社会学基础，理解心理现象及其本质，理解人类的认知、情绪情感、意志过程及其主要成分的概念特征，领悟动机、需要、挫折及人格的概念。

2. 技能目标：能够识别正常的心理现象及过程。

3. 思政目标：培养学生的心理健康意识，引导学生感恩生命，享受生活，同时塑造学生坚强意志，使之成为面对复杂的社会环境时的坚强者。

第1节　生物学和社会学基础

一、心理的生物学基础

心理的生物基础涉及神经系统、内分泌系统和遗传因素等方面。神经元是神经系统的构成单元，它们通过分支形成神经网络，使有机体能够完成肌肉运动、感觉、自主活动和激素分泌等功能。在这一过程中，大脑皮质扮演至关重要的角色，是产生心理活动的主要物质基础。探究心理的生物基础必须深入了解神经系统的结构和功能，以及内分泌系统对心理行为的调节和遗传因素的作用。

（一）神经系统

神经系统包括中枢神经系统和周围神经系统。中枢神经系统由脑和脊髓组成，其功能为信息传递、存储和加工，以及生成各种心理活动并调节行为。周围神经系统连接着中枢神经系统和其他器官，包括与脑相连的脑神经和与脊髓相连的脊神经，负责传递输入和输出信息。周围神经系统分为躯体神经系统和自主神经系统，前者受到意识的调控，后者则调节内脏活动的平衡和节律，通常不受意识的直接影响。

中枢神经系统包括脑和脊髓，脑分为大脑、小脑和脑干，其中脑干包括延髓、脑桥、中脑和间脑。虽然这些结构在功能上密切相关，但它们各自拥有独特的功能。脊髓具有传导和反射两大功能，传导感觉信息到大脑进行分析和综合，同时传递大脑指令至各效应器，完成肌肉运动等反射活动。大脑由对称的左右两个半球组成，通过胼胝体相连。美国心理生物学家斯佩里（Sperry）在裂脑人研究中发现了左右半球功能的不对称性，左半球主要负责语言和抽象思维，右半球则处理空间知觉和整体形象。两半球相辅相成、相互补充，实现人的完整行为。大脑通过中央沟、外侧裂和顶枕裂分为额叶、顶叶、颞叶和枕叶，各个脑区包含很多回。如中央沟前后分别有中央前回和中央后回。大脑深部则包括基底神经节，包括豆状核和尾状核，主要负责调节肌肉张力以协调运动。

人类复杂的心理活动，如知觉、记忆、语言、书写、阅读、思维和计算等，需要多个脑结构共同作用。鲁利亚提出了三个基本功能系统的假说，认为所有心理过程由这三个系统协同完成。每个系统有分层结构，并由相互重叠的三种类型的皮质区组成。

1. 张力调节和觉醒维持系统 觉醒状态对心理活动是必要条件。保证与调节皮质张力的脑结构位于较低的脑干和皮质下部，即网状结构，对激活大脑皮质起关键作用。异常的网状结构功能可能导致意识障碍。

2. 信息接收、加工和存储系统 位于大脑外侧面的中央沟后部，包括视、听和躯体感觉区、联合区及相应的皮质下组织。三级功能区按特异性递减和功能渐进性偏侧化的原则工作。

3. 心理活动和行为调控系统 位于大脑外侧面的中央沟前部，包括初级运动区、运动联合皮层和前额叶。这个系统以类似的原则工作，但神经冲动传递方向与信息接收、加工和存储系统相反。这一系统的功能由前额叶控制，涉及言语和高级心理活动。

（二）内分泌系统

内分泌系统在调节行为过程中扮演着关键的角色。下丘脑-垂体-激素轴是心理因素影响身体生理和病理过程的解剖学基础，下丘脑在其中扮演整合中心的角色。心理和环境因素都能够影响大脑不同区域的活动，这些影响通过下丘脑的输入联系传导至下丘脑，再通过输出联系影响内分泌功能，进而调节内脏器官和自主神经系统的活动。研究发现，心理压力可引起下丘脑-垂体-肾上腺轴的一系列变化及儿茶酚胺类激素的变化。

内分泌系统通过血液输送激素到特定的细胞组织，实现其调节功能；而神经系统则通过神经纤维传递去极化波来实现调节功能。这两个调节系统在结构和功能上密切相关。一方面，几乎所有内分泌腺都受到直接或间接的神经系统控制。研究表明，所有内分泌腺的分泌都受垂体的调控，而垂体则受到下丘脑的调节；下丘脑作为大脑的一部分，受到其他神经中枢的控制。另一方面，激素也影响神经系统的功能。由于激素通过血液传播到全身各处，包括脑部，它们能够影响神经细胞的兴奋和抑制。综上所述，神经系统控制内分泌系统，同时内分泌系统也调节多种生理现象和行为。

（三）遗传因素

遗传是父母的形态特征、生理特征、心理特征和行为特征通过遗传因素传递给后代的现象。个体的身体特征，如身高、骨骼结构、皮肤颜色及眼球颜色等生理特征，主要是由父母遗传而来。研究表明，性格、气质、能力等心理特征及人类行为方式也受到遗传的影响。

心理学家采用寄养儿童和双生子对比研究来探究心理与遗传的关系。双生子可以分为同卵双生子和异卵双生子。同卵双生子是由同一个受精卵发育而成，其染色体内基因完全相同，遗传基础也相同。而异卵双生子则是由不同的受精卵发育而成，虽然在外貌上相似，但遗传因素不同。通过研究同卵双生子的特征，并将其与不同血缘关系的其他个体进行比较，可以推断遗传对心理特征的影响。研究发现，即使同卵双生子在不同的社会环境中成长，其智力水平也会非常相似，异卵双生子次之，同胞再次之，而堂兄弟姐妹之间的相关性更小。即使是分开抚养的同卵双生子，在智力、人格、职业兴趣等方面也显示出明显的相似性。同时，心理学家还发现，与养父母相比，孩子在许多方面更像生物学父母。

研究发现，许多心理和精神疾病与遗传有关。孤独症的同卵双生子患病率高达 82%，而精神分裂症的同卵双生子患病率更高，达 86.2%。抑郁症也显示出遗传倾向，研究发现，双相情感障碍的一级亲属患病率为 14%，而血缘关系越近，患病率就越高。例如，如果双亲都患有情感性精神障碍，子代患病率可高达 75%。同卵双生子的患病率比异卵双生子高，而寄养子研究也发现许多心理和精神疾病与遗传关系密切，而与环境关系不大。

二、心理的社会学基础

人类的发展是社会化的过程，这过程中人的心理活动不断变化。人的心理活动是在物质、文化条件的影响下形成的，文化对心理产生深远而持久的影响，不同文化对心理的影响各异。接下来从环境、文化和社会化三方面讨论心理的社会基础。

（一）环境与心理

环境是外部世界与个体联系的总称，对个体心理发育有重要影响。无论是自然还是社会环境，在心理发展中都扮演关键角色，尤其在性格形成方面影响深远。不同的社会文化背景和生活习惯直接影响个体心理和生理。从母体开始，环境对身体和行为的发展都有深刻影响，如母亲受孕期间的情绪和生活习惯。出生后，个体处于纷繁复杂的环境中，与之相互作用并保持生态平衡。

心理学中的环境通常分为自然环境和社会环境。自然环境是个体生活的基础，包括气候、地形、植被等因素。自然环境的变化会影响到个体的情绪状态和行为表现。例如，阳光充足的环境可能促进人们的愉悦情绪，而阴雨天气则可能使人情绪低落。自然环境也与健康息息相关，清新的空气、优美的景色对身心健康都有积极影响。社会环境则更多地关注人际关系、社会制度、文化传承等方面。个体所处的社会环境会塑造其行为模式和价值观念。在社会交往中，个体学会了合作、竞争、沟通等技能，这些都是社会环境对心理发展的重要影响。家庭、学校、社区等社会组织为个体提供了成长的场所和机会，不同的社会环境会给个体带来不同的成长体验和塑造。良好的社会环境有助于促进心理健康，如和谐家庭关系、支持性的社交网络、积极向上的学习和工作环境等都可以提升个体的心理素质和幸福感。相反，不良环境则会产生负面影响，如家庭暴力、社会冲突、贫困等因素可能导致个体的心理问题和心理疾病的发生。因此，重视和改善社会环境，营造良好的心理成长环境对个体的健康成长至关重要。

（二）文化与心理

文化是人类心理产生的决定性条件，塑造了人类的心理和行为。在特定的文化背景下，人们会形成共同的信仰、价值观念和行为模式，这种文化认同对于个体的心理建构和社会互动至关重要。民族文化作为一个民族历经代代相传的文化积累，不仅包括物质方面的遗产，更重要的是包括精神层面的传承。民族文化是民族生存的精神支柱，也是民族心理形成的基础。在特定民族文化的熏陶下，人们会形成独特的心理特征和行为模式，这种文化认同对于民族凝聚力和社会稳定具有重要意义。

在相同文化影响下，成员间可能会有共同的心理特征，因为他们在相同的文化背景下接受相似的教育、价值观念和行为规范。这种文化共性使得人们在互动中更容易理解和协调彼此的行为。而不同文化可能导致不同的心理特征，因为不同的文化背景塑造了人们不同的认知方式、情感表达和行为习惯。这种文化差异既丰富了人类心理的多样性，也带来了跨文化交流中的挑战和误解。大众传媒通过电视、网络、电影等形式向人们传递信息和观念，塑造了人们的认知和价值观念。人们接收到的信息更加丰富和多元化，但同时也可能面临信息过载和真假难辨的问题。大众传媒既能教育、启发人们，也可能引导人们走向犯罪和堕落。因此，对于大众传媒的正确引导和监管显得尤为重要，以确保其对社会心理健康的积极作用。

（三）社会化与心理

社会化是个体在社会环境中获取经验和行为规范成为社会人的过程，同时也是个体对社会环境的反作用。个体的生物素质为其发展成为社会人提供可能性。社会化从婴儿脱离母体开始，通过人际交往和社会影响学习各种技能和价值观。

个体的社会化内容因社会环境和个体地位的不同而异。社会环境和社会关系对个体的影响可能是有意识和无意识的，个体对此会有不同程度的反应。每个人的社会化方式都不同，反映了社会化的多样性。经过社会化，个体形成了自我观念和社会规范，使其心理和行为与社会环境相适应。

社会化过程是一个复杂而动态的过程，在这个过程中，个体不断地与外部环境互动，不断地适应和调整自己的行为。从婴儿期开始，个体通过家庭、学校、同伴、媒体等渠道接受社会化的影响，学习适应社会规范和价值观念。在这个过程中，个体不仅学习到了如何与他人相处、如何处理冲突、如何表达情感等社会技能，还建立了自己的身份认同和价值观念。同时，个体也通过自己的行为和态度影响着周围的社会环境，不断地塑造着社会的文化和风貌。

社会化的过程是一个相互作用的过程，个体不仅接受社会环境的影响，也在不断地影响和改变着社会环境。在这个过程中，个体的个性特征和社会地位会影响到他们接受社会化的方式和程度。一些个体可能更容易受到社会环境的影响，而另一些个体可能更具有独立思考和抵抗外部压力的能力。因此，社会化的过程不仅是个体与社会环境之间相互塑造的结果，也是社会多样性和个体差异性的体现。总之，社会化是个体在社会环境中获取经验、学习技能和价值观的过程，是个体适应社会生活和发展的必然过程。在这个过程中，个体不断地与外部环境互动，不断地调整自己的行为和态度，最终形成了与社会环境相适应的心理和行为特征。

第 2 节　心理现象及其本质

一、心 理 现 象

心理学是研究人类心理现象发生、发展及其规律的科学。这些心理现象分为两个主要部分：心理过程和个性。

心理过程是指心理活动的动态过程，包括认知过程、情绪情感过程和意志过程。认知过程涵盖了人类对事物的认知、知识获取和运用，包括感觉、知觉、记忆、思维和想象等方面。情绪情感过程则是个体在认识客观事物的过程中产生的态度或体验，反映了事物与主体需求之间的关系。意志过程指的是自觉地确定目标、有意识地克服困难、调节行为以实现目标的过程，体现了人的主观能动性。这三个过程相互作用，相互影响。认知过程是情绪情感过程和意志过程的基础，而情绪情感过程和意志过程对认知过程产生重大影响。积极的情绪和坚定的意志有助于促进并深化认知过程，而消极的情绪和薄弱的意志则可能削弱认知和创造热情。理解心理学过程就必须认识到这些过程之间的复杂相互关系，以更好地理解人类行为和心理状态。

个性是指一个人的整体心理特征，包括个性倾向和个体心理特征。个性倾向是指个体具有的意识倾向，决定着个体对现实世界的认知态度和对活动对象的选择和偏好，包括需要、动机等。个性特征是个体表现出的稳定心理特征，包括能力、气质和性格。

二、心 理 本 质

心理学采用辩证唯物主义的观点解释心理本质：心理是脑的功能和客观现实的反映。

（一）心理是脑的功能

地球上出现了有生命的物质后，生物的反映形式随之产生。随着生物进化至脊椎动物，真正的脑开始形成。随着神经系统的完善，脑开始具备知觉功能。德裔美国完形心理学家柯勒（Kohler）研究发现，在研究黑猩猩“顿悟”学习时，发现黑猩猩的脑已具备识别事物间关系的能力。人类新生婴儿的大脑重约 350 克，但尚未完全成熟。尽管对各种声音和光刺激会出现广泛的反应，但这并非心理活动。随着脑的发育，神经通路逐渐形成，新生儿才开始表现出心理活动。出生后的几天，婴儿对特定的声音产生吸吮性条件反射，表明已经具备感知能力。数月大的婴儿能够综合母亲的气味、拥抱和声音等刺激，这表明已经具备了知觉能力。随着脑神经系统的完善，儿童的心理活动变得日益复杂，包括语言、思维、学习、记忆、情感和意志等高级心理活动。这充分证明了心理活动产生于脑。

（二）心理是客观现实的反映

心理活动的内容源于外界客观现实。这意味着个体的心理活动受到周围环境的直接影响和塑造。外界客观现实包括个体所处的物质环境、社会环境及与他人的交往等方面。个体与外界互动的过程中，外界的各种刺激和情境会引发个体内部心理过程的反应和变化。例如，人的情绪可能会受到周围环境的影响，如在愉快的氛围中会感到快乐，而在紧张的环境下则可能感到焦虑或不安。

心理在社会实践中产生和发展。个体通过参与社会实践，如工作、学习、家庭生活等，逐渐积累了丰富的心理经验，并通过实践不断调整和完善自己的心理机制。社会实践提供了个体发展的舞台，为个体提供了与他人互动、学习、成长的机会，从而促进了心理的发展和成熟。

社会实践活动影响心理发展水平。个体所处的社会环境、文化传统、价值观念等因素都会对其心理发展产生重要影响。例如，一个人所处的社会环境是否积极向上、文化水平是否高涨、社会风气是否开放包容，都会直接或间接影响个体的心理健康和成长。社会实践活动不仅塑造了个体的心理结构和特征，还可以通过教育、社交、文化传承等方式对个体进行积极引导和塑造，促进其心理发展水平的提高。

第3节 认 知 过 程

一、感　　觉

（一）感觉的概念

感觉（sensation）是最简单的心理现象，它是人脑对当前的客观事物的个别属性的反映。感觉是我们认知世界的起点，也是所有高级心理活动的基础。在日常生活中，人们对客观事物的颜色、形状、大小、味道、气味、触感、温度等个别属性的感受都是感觉。

（二）感觉的分类

感觉可分为两类：外部感觉和内部感觉。外部感觉包括视觉、听觉、嗅觉、味觉和皮肤触觉，感受器位于或接近体表，用于感知外界事物。内部感觉接收来自人体内部环境的信息，反映身体的位置、运动及内脏器官的活动状态。运动感知、平衡感知和内脏感知属于内部感觉，其感受器位于体内器官组织内。

知识链接

感觉在我们的日常生活中扮演着至关重要的角色。1954 年，心理学家进行了一项名为“感觉剥夺实验”的研究（图 3-1）：参与者被要求躺在隔音、漆黑的实验室床上，眼睛被蒙住，耳朵被堵住，双手戴上手套并被束缚，几乎完全剥夺了来自外界的感觉刺激。开始时，参与者能够安静入睡，但随着时间的推移，他们变得烦躁不安，失眠，渴望外界刺激。即使每天可以得到 20 美元的报酬，也很少有人能够坚持超过 3 天。在感觉剥夺的过程中，一些参与者出现了异常心理表现，包括幻觉、恐惧及学习能力的严重受损。这说明了感觉对于维持人类正常的心理活动是至关重要的。正是通过感觉器官，我们才能获得丰富的信息，感受到这个美妙的世界。

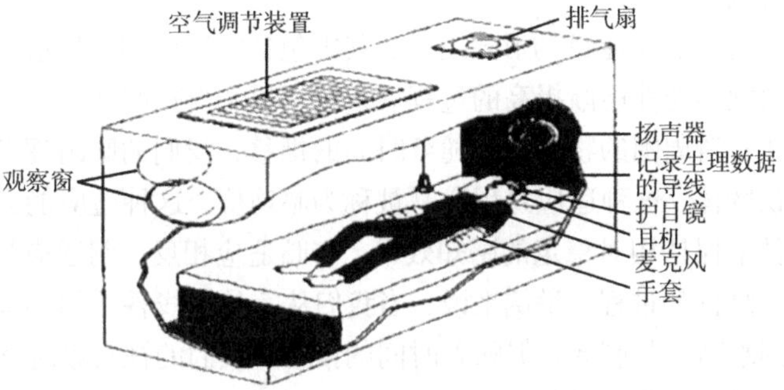

图 3-1　感觉剥夺实验

（三）感觉的特性

1. 感受性　刺激需到达一定强度才能激发感觉。绝对感觉阈限指的是能够引发感觉的最小刺激量；绝对感受性则是指感知微弱刺激的能力。这种感知微弱刺激的能力往往受到个体的生理状态、心理因素及环境背景的影响。例如，一个人在疲惫状态下对刺激的感知能力可能会下降，而在警觉状态下可能会提高。

同样地，只有当两个相似刺激之间的差异达到一定水平时，人们才能察觉到差别感觉。这种差异感觉的能力是人类感知世界的重要组成部分，它使得我们能够辨别物体的特征、感知环境的变化，并作出相应的反应。例如，音调的变化、颜色的差异、触感的变化等都是差别感觉的体现。能够引起差异感觉的刺激之间的最小差异量被称为差别阈限；对于这一最小差异量的感知能力则被称为差别感受性。差别阈限和差别感受性在心理学和感知研究中具有重要意义，它们帮助我们理解人类感知的机制和特点，以及个体之间的感知差异。

感受性与感觉阈限成反比关系，即感受性越高，感觉阈限越低。这意味着，对于同一刺激，感受性高的个体可能会更容易察觉到其存在，而感受性低的个体则需要更强的刺激才能产生感觉。因此，感受性的差异也是导致个体对外界刺激反应不同的重要因素之一。

2. 感觉对比　是感知系统中一种常见的现象，指的是在不同刺激作用下，同一感觉在强度和性质上发生变化的现象。这种对比现象在我们的日常生活中随处可见，为我们理解感知和感觉的运作方式提供了重要线索。

在我们的味觉体验中，感觉对比现象尤为显著。例如，先品尝了一些甜食，然后再品尝苹果时，会觉得苹果的甜度似乎减弱了。类似的，如果我们先尝试了辛辣的食物，接着再尝试清淡的食物，清淡食物的口感可能会被感觉为更加淡雅。这种对比效应揭示了我们的味觉系统对于刺激的适应性，以及对不同刺激的敏感程度。

感觉对比现象也在其他感官中得到体现。在视觉上，当我们从明亮的环境进入昏暗的环境时，最初会感觉到环境变得更加昏暗；相反，当我们从昏暗的环境进入明亮的环境时，最初会感觉到环境变得更加明亮。这种对比现象反映了我们的视觉系统对于光线强度的适应性。

感觉对比的存在是感知系统运作的一部分，它表明了我们的感觉系统在处理外界刺激时具有一定的动态调节能力。这种对比效应有助于我们更好地适应环境变化，同时也为我们了解感知系统的运作方式提供了重要线索。

3. 感觉适应 当刺激持续作用于感觉器官时，会引发感受性的变化，这一现象被称为感觉适应。感觉适应在我们的感知过程中扮演着重要的角色，帮助我们适应不同的环境和刺激条件，从而更好地应对外界的变化和挑战。

视觉适应是最为常见和引人注目的形式之一，其中包括明适应和暗适应。暗适应是指在光线较暗的环境中，我们的视觉感受性逐渐提高的过程。举例来说，当我们从明亮的户外环境进入黑暗的房间时，最初几乎无法看清周围的物体，但随着时间的推移，我们的眼睛逐渐适应了暗光环境，使我们能够更清晰地辨认物体，这种适应过程通常被称为暗适应。这种适应能力使得我们的视觉系统能够在不同的光线条件下保持相对稳定的感知效果。与暗适应相反，明适应是指在强光照射下，眼睛对光线的感受性逐渐降低的过程。举例来说，当我们从室外光线昏暗的环境进入室内灯光明亮的房间时，最初会感觉到眼睛有些刺痛，但随着时间的推移，我们的视觉系统逐渐适应了这种强光照射，使我们能够更舒适地看清周围的环境。

除了视觉适应外，其他感官也存在类似的适应现象。例如，听觉适应可以让我们适应不同音量或频率的声音，而触觉适应则可以让我们适应不同的触觉刺激，如温度或压力的变化。这些适应现象帮助我们更有效地感知和理解外界刺激，并且在我们的日常生活中起着至关重要的作用。

二、知　　觉

（一）知觉的概念

知觉是指人脑对直接作用于感觉器官的事物的综合反应，包括对外界刺激的感知、理解和解释。在日常生活中，人们通过不同的感官来感知世界，而知觉则将这些感知整合起来，使人们能够理解和解释所接收到的信息。例如，中医通过望、闻、问、切等方法来诊断疾病，他们观察患者的外表、听取患者的症状描述、闻取患者的气味，以及通过切诊来进一步了解病情。这些信息的整合和解释有助于中医师准确地诊断和治疗疾病。

（二）知觉的分类

根据所主导的感觉类型，可将知觉分为视知觉、听知觉、味知觉、嗅知觉、皮肤知觉和运动知觉等多种形式。

根据知觉对象的性质，可将知觉分为空间知觉、时间知觉和运动知觉。空间知觉涉及对物体位置、形状和大小等方面的感知，时间知觉则与事件发生的顺序、持续时间等相关，而运动知觉则涉及对物体运动状态的感知。

根据知觉的目的性，可将知觉分为有意知觉和无意知觉。有意知觉是指我们有意识地关注和处理某种感觉信息，而无意知觉则是指那些我们在不经意间接收到的感觉信息，可能并不在意或者并未特意寻求的感知。

（三）知觉的特征

1. 整体性　当我们感知一个物体或场景时，我们往往会将其视为一个整体，而不是独立的部分。这种整体性使我们能够更好地理解周围环境，并更有效地与之互动。如图 3-2 所示，在数字序列中，数字“13”会被看作数字 13；而在字母序列中，同样的“13”会被视为字母 B。这体现了知觉过程中对序列认知的整体性。

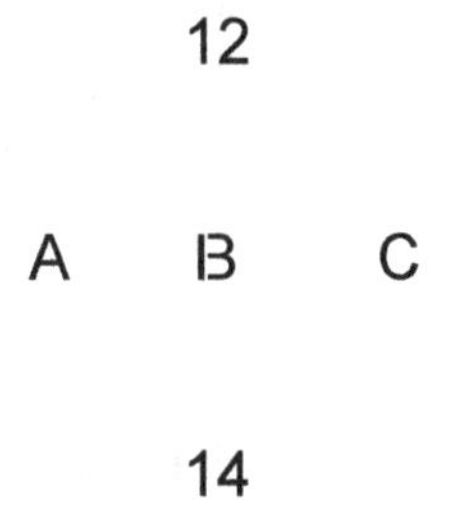

图 3-2　知觉的整体性

2. 选择性　尽管周围环境充满各种刺激，但我们只会选择其中的一部分作为知觉对象。这种选择性是基于我们的兴趣、需求和目标而产生的。例如，当我们在嘈杂的环境中，我们可能会选择性地关注某个声音，而忽略其他噪声。

图 3-3　隐匿图形（Goldstein，1980）

3. 理解性　人们的知识和经验对于理解和解释知觉对象起着至关重要的作用。我们根据以往的经验和所学知识来解释当前的感知信息，从而使我们能够更准确地理解周围世界。如图 3-3 所示，当看到这个图片，人们不会仅将其视为杂乱的黑白斑点，而是会努力理解这些斑点之间的关系。

4. 恒常性　尽管感知条件可能会发生变化，但由于我们的知识和经验的积累，我们的知觉往往能够保持相对的稳定性。这种稳定性使我们能够在不同的环境中保持一致的认知和行为。例如，无论在白天还是夜晚，我们对周围物体的认知和理解都相对稳定，不会因环境的变化而大幅度改变。

（四）中医的感知觉观

中医学将感觉划分为眼识、耳识、鼻识、舌识、身识五大类，这与心理学中的视觉、听觉、嗅觉、味觉和触觉有相似之处。中医强调“五官生五识”，即每个感觉器官都对应着特定的感知功能。这种对应关系不仅仅局限于感觉器官自身，还与脏腑的协同作用息息相关。在中医理论中，心（即大脑）被视为感知的核心，因此有“所以任物者皆谓之心”的说法。

古代医家对于感知觉的异常或障碍（包括幻觉、错觉或迟钝）的原因有多种见解，可概括为以下几个方面。

1. 特殊的环境或情境　比如在黑夜中可能会出现“见寝石以为虎”的现象；当物体在视野中漂移不定时，容易导致视错觉；登高俯视时，由于视角的改变可能引发恐惧而出现错觉。此种情形，改变环境或者对现实情境进行适当解释，有助于解除困惑和消除误解。

2. 其他心理过程或个性特征的干扰　比如注意力不集中会导致“心不在焉”；情感波动可能引发幻觉，如“心有所喜，神有所恶……视误故惑”。个体的性格特征也会影响感知过程的准确性，如“坚弱勇怯受病忍痛不同”。

3. 以往的经历或成见　譬如，“一朝被蛇咬，十年怕井绳”“心里有鬼”等心理现象可能导致幻觉、错觉的产生。这可能是由于先前的错误认知、对某人或某事的畏惧或者是无法消解的心理阴影所致，易导致与之相关的错觉、幻觉等。

4. 生理状况 感知障碍可能与人体血气脏腑经络功能的异常有关，如邪气的侵袭、脏腑气血功能失调、感官器官的病变或受到干扰、老化等生理状况都可能导致感知障碍的产生。

5. 某些药物和酒类 乙醇和一些药物可能干扰人的感知过程。荀子曾指出乙醇可使人神智混乱。《本草纲目》中也记载了一些药物，如曼陀罗等，具有致幻作用，容易引起感知异常的现象。

三、记 忆

（一）记忆的概念

记忆（memory）是人的大脑对过去经历过的事物进行识记、保持、再认和回忆的心理过程。按信息加工的观点，记忆是大脑对信息进行编码、加工、储存、提取的过程。记忆是一种基本的心理过程，与其他心理活动密切相关。

（二）记忆的基本过程

记忆过程可分为“记”（识记、保持）和“忆”（再认、回忆）两个部分。

1. 识记 是识别并储存信息的过程，是积累知识经验的起始过程。根据有无明确目的，识记可分为无意识记和有意识记。无意识记是没有预定目的，无须采用刻意方法，也不需意志努力地识记。有意识记是在有预定目的的情况下，通过意志努力采用一定方法进行的识记。

2. 保持和遗忘 保持是将识记后的信息在大脑中积累、加工、储存和巩固的过程。遗忘是无法回忆或错误回忆识记的材料，可分为暂时性遗忘和永久性遗忘。暂时性遗忘是一时无法回忆材料，但在适当情况下可重新回忆；永久性遗忘则需要重新识记才能回忆。德国心理学家埃宾豪斯（Ebbinghaus）对遗忘进行研究，提出了著名的遗忘曲线。他发现学习过的材料在最初一段时间内遗忘较快，然后逐渐减缓，表现为遗忘速度先快后慢，到了10～30天后几乎不再遗忘。

3. 再认和回忆 再认是对过去经历的事物再次出现时仍能加以识别。如在街上偶遇老师时能够认出。回忆，又称为再现，是指过去经历的事物不在眼前时，头脑中重新呈现并确认该事物的过程。如医学心理学考试时，回答“什么是记忆”这道题目时的记忆过程。

（三）记忆的类型

记忆是一个由三个子系统组成的结构性信息加工系统，包括感觉记忆系统、短时记忆系统和长时记忆系统。

1. 感觉记忆 也称为瞬时记忆或感觉登记，指对感觉经验的短暂存储。感觉记忆具有容量大、时间短暂（仅保持0.25～2秒）和信息鲜明生动的特点。这种记忆形式允许我们在极短时间内暂时保留感知到的信息，使其能够在大脑中进行处理。然而，若感觉信息未受到注意，它会很快消失，无法进入更长久的记忆阶段。只有当感觉信息引起注意并经过识别后，才会进入短时记忆系统，为后续信息加工和存储奠定基础。感觉记忆在其短暂存在中发挥着关键作用，为我们提供即时而生动的印象，帮助理解周围世界。

2. 短时记忆 又称为工作记忆，指信息在1分钟内的短暂保持。其容量通常为（7±2）个组块。与感觉记忆不同，短时记忆是一种较为持久的存储系统，使我们能够在短时间内保持和操作信息。短时记忆主要是一种操作性记忆，如拨打新的手机号码，拨号完毕后会立即忘记该号码。这种记忆形式对于临时需要的信息存储和处理至关重要。然而，短时记忆中的信息如果不经过复述，很可能在短时间内消失，无法进入更为持久的长时记忆系统。因此，复述和加工短时记忆中的信息是确保其进入长时记忆的关键步骤。

3. 长时记忆　是指学习材料在大脑中长期保持的记忆，信息保持时间在 1 分钟以上，甚至可能终生不忘。长时记忆的显著特点是容量大且保持时间长久。外界信息进入长时记忆系统主要有两种途径。首先，信息在短时记忆中反复复述，这一加工过程有助于信息从短时记忆顺利转移到长时记忆。其次，感觉记忆中留下深刻印象的信息可能直接进入长时记忆，无须经过短时记忆的中转。长时记忆是我们日常学习和生活中主要的知识来源，为我们提供广泛且持久的知识基础，支持我们的思考、判断和决策。了解长时记忆的特点和形成机制有助于我们更有效地学习和利用所获得的知识。

（四）中医的记忆观

中医理论认为，当心灵接受外界刺激后，“心有所忆谓之意”，即所谓的“意”是指记忆，即“记所往事”。在中医学中，“志”与“意”有多种含义，其中之一是指记忆。《三因极一病证方论》中提到：“意者记所往事”。这里的“意”指的是记忆，而“志”通常指记忆，如《素问·宝命全形论》所言：“慎守勿失，深浅在志”，其注解指出：“志，即记忆”。早期医家认为，“记”主要与心有关。到了明清时期，人们已经明确认识到“人之记忆，皆在脑中”（《本草备要》）。清朝医家林佩琴认为记忆与人脑发育有关，“小儿善忘者，脑未满也；老人健忘者，脑渐空也”（《类证治裁·健忘论治》）。这些观点构成了对记忆失常现象的病理学认识的基础。记忆失常可分为记忆丧失和健忘两种情况。根据医家的论述和医案的记载，记忆丧失常见于以下情况：一是严重的精神刺激后；二是脑部外伤后；三是癫痫发作中，患者无法识别亲疏男女；四是不明原因的记忆丧失。中医常将这归咎于心神昏乱。而健忘实际上是记忆衰退的表现，中医也称之为“喜忘”“善忘”“多忘”“好忘”“易忘”等。中医认为健忘主要受心理因素影响。此外，血虚、血瘀、精亏也是健忘的常见病理基础，这往往与老年、体虚有关。医案中所指的“狂乱不辨亲疏”是指精神错乱，通常与肝郁气滞、痰迷心窍有关。

四、思　　维

（一）思维的概念

思维（thinking）是人类大脑对外界客观事物的间接、概括性反映。它是复杂而高级的认知过程，具有理性的特质，能够揭示事物共同的、本质的特征及内部规律。思维是对外界刺激进行深度加工的过程，而语言则是其主要的工具之一。

在人类的认知过程中，思维扮演着至关重要的角色。它不仅仅是简单地接收外界刺激，而是通过复杂的加工与分析，将这些信息转化为概念、理念和推理。思维的本质是通过对感知、记忆和想象等心理活动的整合与运用，来对外界的信息进行处理和理解。

与直接感知不同，思维更注重对信息的抽象和概括，以及对其内在规律的探索和揭示。它能够帮助人们建立起对世界的更深入的理解，并推动人类文明的进步与发展。因此，思维可以被视为人类智慧的体现，是人类与众生之间最显著的区别之一。

（二）思维的特征

思维的主要特征是间接性和概括性。

思维的间接性是指借助其他事物作为媒介来认识客观事物。例如，心理医生通过分析来访者的病情来揭示其心理症结；通过问卷调查了解个体的心理健康状况；利用X线、B超、心电图、脑电图等技术来诊断疾病；气象工作者根据历史气候数据来预测未来气候变化；考古学家通过古生物和化石等资料推断人类进化的规律等。

思维的概括性是指将同一类事物的共同特征和本质特征抽取出来进行概括。例如，感冒的共同特征包括恶寒发热、鼻塞流涕、咽痛咳嗽；足跟作痛、腰膝酸软可判断为肾虚；中医医师通过望闻问切等方式来诊断疾病；某人兴趣减退、情绪波动、失眠并出现自杀念头可判断为抑郁症等。

（三）思维的类型

思维有多种分类方法，其中常见的有以下三种。

1. 依据思维凭借物分类

（1）动作思维：以动作为主导，边动作边思考。它通常处理直观、具体形式的任务，解决问题的方式是通过实际的行动来完成。这种思维方式在1～3岁的幼儿中较为突出。例如，聋哑人用手势传达信息，小时候掰手指头数数等。

（2）形象思维：以事物的具体形象和表象为基础。儿童通常倾向于使用形象思维，如在画画之前在脑海中先产生所画内容的形象。艺术家、作家、导演、工程师、设计师、摄影师等也偏爱这种思维方式。

（3）抽象思维：以概念、判断、推理等形式进行。例如，医生对疾病进行诊断和治疗的思维过程，科学家对实验数据进行推理和预测的思维方式，理工科学生、律师、警察等通常采用抽象思维。

2. 依据思维的指向性分类

（1）求同思维：也称为聚合思维，即通过多种途径收集信息，以朝向同一方向得出一致的答案。例如，完成单项选择题、填空题等，需要找出唯一正确的答案。

（2）求异思维：也称为发散思维，根据已有信息向不同方向扩散，以探求多种答案。对开放式问题的思考，如个人对未来人工智能发展的看法等是求异思维。

3. 依据思维的创新程度分类

（1）常规思维：也称为习惯性思维或惰性思维，是基于已验证有效的模式思维。这种思维按照既定程序进行，通常能够节省时间，但一旦固定模式形成，就容易失去创造性。

（2）创造性思维：指具有创见的思维方式，包括发现问题和创造性解决问题两个方面。创造性思维能够突破原有的框架限制，产生新颖的、前所未有的思维成果。例如，常规思维认为塑料袋是用来装东西的，而创造性思维则可能会将其制作成裙子等。

五、想　象

（一）想象的概念

想象（imagination）作为一种思维活动，是大脑对已有的概念和形象进行加工、转化，从而创造出新的形象或概念的过程。

想象并非无中生有，而是建立在一定的客观现实基础之上。如《西游记》中的孙悟空、猪八戒等形象是对现实中动物形象的加工转化。因此，想象是一种与现实紧密联系的思维活动，是人类思维的重要组成部分，也是创造力和创新的源泉之一。

（二）想象的类型

1. 根据目的性　想象可以分为无意想象和有意想象。无意想象指的是没有特定目的、自发产生的想象。它是一种自然而然、非受控的思维过程。如人们看到云朵时，可能会在脑海中产生各种动物或情境的想象。这种想象是在没有明确目标或计划的情况下产生的，通常是由外界刺激引发的。有意想象则是有特定目的、经过有意识引导的想象。这种想象是经过有计划和目标导向的思考过程。通常与创造性或解决问题的任务相关。例如，当服装设计师在脑海中构思服装模型时，就是有意识地进行有目的性的想象，以达到特定的设计目标。

这两种想象方式在日常生活和创造性领域都发挥着重要作用。无意想象可以激发创造力，带来新颖的思考方式，而有意想象则常常与实际任务、计划和目标密切相关，是有目的性思考的重要组成部分。

2. 根据创造性　想象可分为再现想象、创造性想象和幻想。

再现想象是根据某些描述或信息，在人脑中重新构建形象的过程。例如，通过阅读《西游记》的描述，读者可以在心中再现孙悟空的形象，尽管这个形象可能因个体差异而略有不同。

创造性想象是独立地创造全新形象的过程，不受先前描述的限制。例如，《西游记》的作者吴承恩在创作中独立地构思了孙悟空的形象，展现了他的想象力和创造才能。

幻想是一种与个人生活愿望相关、指向未来的想象，体现了个人的希望和憧憬，通常不涉及实际行动。例如，一个人可能幻想着白马王子来迎娶自己，这是一种对未来理想的愿望性想象。

这三种想象方式在人类思维中都起着重要作用。再现想象和创造性想象与文学、艺术等创作密切相关，而幻想则更常见于日常生活中的个人期望和愿望。

（三）中医的思维观

思维是大脑对外界事物间接、概括性的反映，思考过程通常超越具体事物，借助形象、概念和语词等进行。这便有了“因思而远慕”的说法。在从具体到抽象的推理过程中，常会引发各种疑虑和顾虑。《类经》指出：“深思远慕，必生忧疑。”思维过程与情绪、志向等心理过程密切相关。就病理机制而言，中医主要将其归因于“心（脑）”与“脾”，因为心主神志，脾主思维。而导致心脾病变，引发思维障碍的原因多种多样，大致可分为精神情绪的剧烈刺激、先天禀赋不足、后天肾精亏耗导致的心脑失养、外伤、外邪侵袭、脏腑功能失调，以及痰浊瘀血滞留等。由于思维障碍的具体表现各异，因此其病因和病机也各有不同。在中医学中，对思维障碍的描述包括痴呆、疑惑、妄想、癫狂以及思虑过度（如劳心、苦恋、悲思、思盼等）等各种情况。

六、注　　意

（一）注意的概念

注意（attention）是心理活动对一定对象的指向和集中。指向性和集中性是注意的基本特征，这意味着注意力能够聚焦于特定对象，忽略其他不相关的刺激。注意并非孤立存在，它与各种心理过程密切相关，并具有多种功能。

注意具有选择功能，这使得我们能够在众多信息中选择出与我们需求和当前活动相关的内容，从而避免被无关刺激干扰。比如，在一场足球比赛中，你通常会将注意力选择性地集中在你最喜欢的球队或者球员身上，而忽略其他球员的动作或者场上其他的细节。

注意具有保持功能，这意味着我们能够将注意力集中在某一对象或内容上，持续保持在意识中，而不被其他事物分散。这有助于我们集中精力完成任务。

注意还具有行为调节与监督功能，适当分配和转移注意力，控制行为朝着特定目标和方向发展。在注意力集中时，人们通常会表现出较少的错误，而错误往往发生在注意力分散或没有及时转移的情况下。

（二）注意的分类

1. 无意注意 是一种不经意的、无须预设目标和不需要主动意志努力的注意形式。它通常是一种被动的注意方式，不依赖于个体的主观努力来维持。如教室里突然出现异响，学生会不由自主地朝向声源，这种心理活动就是无意注意的体现。无意注意往往受新奇刺激物、强烈刺激物、与背景差异大的刺激物及刺激物的运动和变化等客观因素的影响。

2. 有意注意 是一种有明确预设目标、需要主动意志努力的高级注意形式。在工作、学习和日常生活中，人们需要通过大量的有意注意来完成各种任务。有意注意是自觉地、主动地专注于特定目标和任务，需要通过主动的意志努力来调节和支配注意力，以便关注必要的事物。如某门课程与你兴趣不符合，但为了学好专业你会让自己集中在课程学习上。

3. 有意后注意 是一种事先设定了目标，但在执行过程中无须付出主动意志努力的注意形式。它是在有意注意的基础上发展而来的，并具有高度的稳定性。如在完成老师布置的阅读任务的过程中，学生可能会逐渐培养对阅读内容的兴趣，使其成为一种习惯性的注意行为，而不再需要主动意志的努力。有意后注意是一种高级类型的注意，具有高度稳定性。

（三）注意的品质

1. 注意的稳定性 指的是注意力长时间保持在同一对象或活动上，并在一段时间内保持高效率。这种稳定受到主体状态和对象特点的影响。在主体方面，个体的生理状态良好时更容易维持长时间的注意力。在对象方面，内容丰富、活跃的对象更易于保持长时间的注意力，而静态、单调的对象则难以保持长时间的注意。此外，对所从事的活动有深入理解或感兴趣的人也更容易保持注意力的稳定。与注意稳定性相反的是注意分散。注意分散是无关刺激的干扰或单调刺激长时间作用导致的。

2. 注意的广度 指的是在同一时间内能够清晰把握的注意对象的数量。注意的广度也受到主体状态和注意对象的影响。从主体方面来看，经验丰富、知识广博的人往往具有较广的注意广度。从对象方面来看，当刺激对象越集中、越有规律、能相互关联时，对其注意的广度就越大。

3. 注意的分配 是指在同一时间内将注意力分配到不同的对象上。比如医生在进行医疗注射的同时与患者交谈。良好的注意分配要求在同时进行的几种活动中，至少有一些活动是熟练的，这样人们对这些活动就不需要过多的注意，可以将更多的注意力集中在相对陌生的活动上。注意分配的能力可以通过训练而得到提高。

4. 注意的转移 是指根据新的任务主动将注意力从一个对象转移到另一个对象上的过程。注意的转移被认为是注意力的动态特征。注意的转移速度和难易程度取决于原先注意力的紧张程度以及引发转移的新任务或新活动的性质。当注意力处于高度紧张状态时，转移会更加困难，而不符合个体需求的新任务或新活动也会使注意力的转移变得更加困难。

（四）中医的注意观

中医学对注意的认知反映了注意在诊疗中的作用。中医医学在诊治实践中主要依赖医生的直觉，因此，特别强调对客观对象的指向和集中。正如《素问·徵四失论》所言：“所以不十全者，精神不专，志意不理，外内相失，故时疑殆”，这意味着治疗效果不佳的原因往往是因为注意力不集中等因素。《素问·宝命全形论》中也提到：“凡刺之真，必先治神……经气已至，慎守勿失。深浅在志，远近若一。如临深渊，手如握虎，神无营于众物”，其中所谓的“神”即指注意力。另外，《灵枢·终始》中也有提到：“深居静处……魂魄不散，专意一神……毋闻人声，以收其精，必一其神，令志在针”，这意味着在进行针灸治疗时，必须集中注意力，专心致志，方可取得良好效果。在临床实践中，对于那些害怕针刺的患者，需要通过“移其神”的方法转移其注意力，以便顺利进行治疗。

第4节 情绪和情感

一、情绪情感概述

（一）情绪和情感的概念

情绪和情感是人类对客观事物是否能够满足自身需要而产生的态度、内心体验和伴随的身心变化。情绪和情感不是凭空产生的，而是基于一定的客观事物，但情绪和情感与认知活动不同，认知活动是对客观事物本身的反映，情绪和情感则是对客观事物是否符合需要的反映。与个体的需要没有直接关系的客观事物通常并不会引发情绪和情感。

（二）情绪和情感的成分

情绪和情感包括主观体验、外部表现和生理唤起三种成分。

1. 主观体验 是基于个体的需求和愿望产生的内心感受。

2. 外部表现 即表情，是情绪和情感的外部表现形式，包括面部表情、身段表情及言语表情。面部表情是情绪和情感引起的眉、眼、口等面部肌肉的变化，是最直接、最丰富和最有效的表情，如高兴时“喜上眉梢”，惊讶或害怕时“目瞪口呆”；身段表情是情绪和情感在身体姿态上的反映，如开心时会手舞足蹈；言语表情是情绪和情感变化时言语在声调、速度和节奏等方面的变化，如情绪激动时语速加快、声调变高。

3. 生理唤起 是伴随情绪和情感产生的生理反应，与呼吸系统、循环系统、消化系统和外部腺体（汗、泪）及内分泌腺活动（甲状腺素、胰岛素）等方面的一系列变化有关。不同情绪往往对应不同的生理反应，如愤怒时呼吸急促、心跳加快、血压升高，愉悦时呼吸平稳、心率正常。

（三）情绪和情感的区别与联系

情绪与情感并不完全相同，存在以下区别。

（1）就与需要的联系而言，情绪通常与生理需要（如进食、睡眠、繁殖）的满足相关，是人类与动物共有的体验。情感与社会性需要的满足相关，是人类独有的体验，如道德感和理智感。

（2）就发生顺序而言，情绪是先天的，比情感发生得更早，如婴儿天生就会因饥饿而哭泣。情感是后天学习的产物，如在学校学习和生活后，儿童逐渐形成集体荣誉感。

（3）就稳定性而言，情绪具有情境性、暂时性和冲动性，一旦诱发情绪的情境发生变化，相应的情绪就会减弱或消失。情感具有稳定性、持久性和深刻性，一旦形成就比较稳定，不受情境变化的影响。

（4）就外部表现而言，情绪具有明显的外部表现，如悔恨时捶胸顿足。情感通常没有明显的外部表现，而是以更加内隐和微弱的方式流露，如个人的集体荣誉感不会有明显的外部表现，而是在行为中得到体现。

情绪和情感虽然存在区别，但它们是同一过程的两个方面。情绪是情感的外部表现，情感是情绪的内在本质，两者密切相连，相互依存。情绪离不开情感，情绪的产生依赖于情感，受情感支配，情绪的强度往往反映了情感的深度。情感也离不开情绪，情绪是情感的基础，情感的形成和发展是通过情绪的变化而实现的，形成稳定而深刻的情感依赖于大量情绪经验的积累。同时，情感又通过情绪得以表达。

二、情绪情感的功能

1. 适应功能 情绪和情感是个体适应环境，得以生存和发展的重要方式。婴儿通过情绪传递与生理需要相关的信息，成人通过情绪表达生存状况和需要，这些需要均与个体和人类的生存发展密切相关。

2. 动机功能 情绪和情感是个体动机系统的重要组成，可以驱动个体生成广泛的心理和行为活动。积极的情绪和情感可以激发行为，消极的情绪和情感则对行为有抑制作用。

3. 组织功能 情绪和情感对个体的其他心理过程和行为活动起到组织作用。在积极的情绪状态下，个体更容易关注客观事物的积极方面，更倾向产生助人行为，与他人进行良好的社会互动。研究表明，中等强度的愉悦情绪下，个体认知活动的效果最佳。相反，在消极的情绪状态下，个体更容易产生消极的想法，对他人漠不关心，甚至产生攻击性行为。

4. 信号功能 情绪和情感的外部表现形式，即表情，具有传递信号的作用。人们既可以通过表情向他人传递自己的态度、思想和感情，也可以通过识别对方的表情了解其内在的态度和情感，从而增进交流和理解。

三、情绪情感的分类

（一）情绪的分类

1. 基本情绪和复合情绪 基本情绪是人类和动物共有的，具有先天性，也称为原始情绪。一般认为有 4 种基本情绪，即喜悦、愤怒、恐惧和悲哀。喜悦是个体的目的和愿望得以实现后，紧张状态解除时的情绪体验。愤怒是个体的目的和愿望的实现受到阻碍，不断积累的紧张状态产生的情绪体验。恐惧是面临或遇见不知如何处理或者难以摆脱的可怕情境时产生的情绪体验。悲哀是失去目标或愿望破灭引起的情绪体验。不同的基本情绪组合后可派生出更多的复合情绪，如悔恨、愧疚、嫉妒等。

2. 积极情绪和消极情绪 根据情绪的性质可以将其区分为积极（或正性）情绪和消极（或负性）情绪。当客观事物或情境符合个体需求时，会产生积极、正性的情绪，如愉悦、喜爱；反之，若不能满足需求，则会产生消极、负性的情绪，如焦虑、憎恨。积极情绪与趋近行为相联系，具有重要的适应功能，可以帮助个体缓解压力，提高认知和行为效能，促进良性的社会互动。消极情绪与回避行为相联系，适度的消极情绪有时是有益的，如化悲痛为力量，长期持久的消极情绪则会损害个体的身心健康和社会适应功能。

（二）情绪状态

情绪状态是指在特定时间内，情绪活动在强度、紧张水平和持续时间上的综合表现，一般分为心境、激情和应激 3 种状态。

1. 心境 是一种比较持久而微弱的具有渲染性的情绪状态。如俗语所说的“忧者见之则忧，喜者见之则喜”，反映了个体处于喜悦或忧伤的心境时，会以这种情绪状态对待一切事物。心境具有渲染性，积极良好的心境可以提高个体学习和工作的效率，促进社会互动，而消极负性的心境容易妨碍学习和工作，不利于社会互动，甚至影响身心健康。社会事件、身体健康状况、环境和气候、个人的认知特点等都会引起心境的变化。

2. 激情 是一种猛烈、短暂和爆发的情绪状态，如狂喜、暴怒、极度恐惧等。个体处于激情状态时，认知范围受限，理性分析能力减弱，自控能力下降，导致对行为后果的评价产生偏差，更容易做出冲动、鲁莽的决策和行为。积极的激情可以激励人们投身于积极的行动中，产生巨大的推动力量。相反，消极的激情则可能导致个体失去心身平衡，对身心健康产生不良影响。

3. 应激 是在出乎意料的紧张情境下引起的高度紧张的情绪状态，是个体对意外刺激或情境的适应性反应，如遭遇重大变故后个体产生的身心反应状态。应激具有双面性。一方面，应激可以激发个体有效地应对环境刺激，发挥适应功能。另一方面，当刺激导致的反应过强或持续时间过长超出了个体的承受能力时，应激会对身心健康产生负面影响，甚至诱发应激相关疾病。

（三）情感的分类

人类高级的社会性情感主要包括理智感、道德感和美感。

1. 理智感 是个体在智力活动中，认识和评价事物时产生的情感体验。比如，人们对未知事物的好奇心、求知欲以及解决问题后的喜悦和成就感等。

2. 道德感 是个体基于道德标准评价自己或他人的思想和行为时产生的主观体验。它涉及个体对于何为正确和错误的理解，以及个体在道德问题上的情感和态度。责任心、同情心和集体荣誉感都与道德感有关。

3. 美感 是个体基于审美标准评价事物时产生的情感体验。审美标准既受到时代和文化背景的影响，又受到个人知识和经验的制约，存在较大的群体间和个体间差异。比如汉代女性以瘦为美，唐代女性以胖为美。

四、中医的情绪观

情绪变化往往伴随着多方面的生理反应，包括呼吸、心血管、皮肤电和脑电波等，这些变化由自主神经系统、内分泌系统和躯体功能共同调节。持久且强烈的情绪容易导致自主神经功能紊乱，从而影响身体健康。

中医学提出了“七情致病学说”，七情指“喜、怒、忧、思、悲、恐、惊”，是人类最基本、最常产生的情绪，一旦这七种情绪波动过度或时间过久，就容易导致个体气机失调、损伤脏腑、耗伤精血和神志异常，从而引发各种疾病。正如《黄帝内经》所说：“故悲哀愁忧则心动，心动则五脏六腑皆摇”（《灵枢・口问》），“百病生于气也。怒则气上，喜则气缓，悲则气消，恐则气下，惊则气乱，思则气结”（《素问·举痛论》），“怒伤肝，喜伤心，思伤脾，忧伤肺，恐伤肾”（《素问·阴阳应象大论》）。现代医学也证实，高血压、冠心病等心血管疾病、消化性溃疡、支气管哮喘、偏头痛和皮疹等疾病都与长期存在的情绪异常有关。

第5节 意志过程

一、意志的概念

意志是个体自觉地确立目标，同时调节自己的行为，克服困难以实现这一目标的心理过程。受意志支配的行为称为意志行动。意志是人类特有的心理现象。

二、意志的过程和特征

（一）意志的过程

意志是复杂的心理行为过程，通常可将其分为准备阶段和执行阶段。

1. 准备阶段 在准备阶段，个体首先需要确立意志行动的目标。目标的确定既是意志行动的方向，也是意志行动的开端。确立目标的过程中，有时会遇到动机冲突，个体需要评估各个动机的意义和价值，权衡利弊后确定最终目标。目标确定后，个体需要围绕目标的实现制定行为计划。实现目标的手段和方法通常不止一种，个体需要仔细考虑和评估，确定最终的行动方案。有时确定的行动方案在执行过程中可能受阻，需要重新评估和调整。

2. 执行阶段 是执行行动方案以达到目标的过程阶段，也是意志行动最关键的阶段。无论目标多有价值、行动方案多完善，如果没有付诸行动，一切皆无意义。在意志行动的执行过程中往往会遇到许多困难，如个体的懒惰拖延，或出现制定方案时未预料到的意外情况等，需要个体克服阻碍，坚持既定的行为方案，或根据当下情况，修正和调整行动方案以确保目标的实现。

（二）意志的特征

1. 自觉性和目的性 意志是人类特有的目标导向的行为。人们能在活动前自觉地设定行动目标，并根据该目标引导和执行行动。

2. 与克服困难相关 实现既定目标的过程并不顺利，往往会遇到许多内部和外部困难。内部困难来源于个体的生理和心理上的干扰或限制，外部困难来自客观条件上的欠缺或不足。个体在实现目标的过程中克服的困难越大，其意志越坚定。因此，成功克服困难是衡量意志强弱的主要标志。

3. 以随意运动为基础 受意志支配和调控、具有明确目的性和方向性的行为称为随意运动，是意志的基础。通过一系列的随意运动，个体才能实现预期目标。

意志的三个特征相互联系，自觉性和目的性是意志行动的前提，克服困难是意志行动的核心，随意运动是意志行动的基础。

三、意志的品质

意志的基本品质包括自觉性、果断性、自制力和坚韧性。

1. 自觉性 意志的自觉性是指个体的意志行动具有明确的目的性，并且个体能够认识到行为的社会意义，使个人行动符合社会和集体利益的品质。自觉性反映了个人坚定的立场和信仰，是坚强意志的源泉。具有自觉性的个体能自觉地支配行动，并为达成目标投入热情和力量。与自觉性相反的品质是动摇性或独断性，前者表现为缺乏行动信心、易受他人影响，后者则表现为固执己见、不愿接受他人建议。

2. 果断性　意志的果断性是指个体能够明辨是非，在适当时机做出决策并付诸行动的能力。果断性以深思熟虑和勇气为基础。与果断性相反的品质是优柔寡断或草率，前者表现为在决策时犹豫不决、瞻前顾后，难以作出决定，后者则表现为决策时冲动、轻率，未经深思熟虑。

3. 自制力　意志的自制力是指意志过程中个体能够调控情绪，约束言行的品质。自制力有助于个体克服目标实现过程中的困难和阻碍，如消极情绪、懒惰拖延和冲动，促使个体按照既定目标行动。与自制力相反的品质是冲动性，表现为容易受内、外部因素的影响，不能很好地调控和支配自己的情绪和行为。

4. 坚韧性　意志的坚韧性是指在意志行动中能够坚持既定目标和行动方案，克服困难和阻碍，实现目标的品质。具有坚韧性的个体能有效排除内、外因素的干扰，不计较个人得失，克服种种困难以实现目标。坚韧性不是顽固，顽固具有盲目性，不能正确评估和分析主、客观条件，固执己见。与坚韧性相反的品质是动摇，表现为遇到困难就退缩，见异思迁。

四、中医的意志观

中医用“志”和“志意”来代表意志。广义的“志”涵盖各种精神情绪活动，狭义的“志”则有两层含义，一是指记忆，二是指意志。中医理论中有“肾藏志”的说法，这一观点认为，人的意志坚韧与肾脏中精气的充盛有密切关系。此外，中医还指出，“志意”对其他心理活动具有控制和调节的作用。如《类经・藏象类》中提及“一念之生，心有所向而未定者，曰意；意已决而卓有所立者，曰志”。在《荀子・修身》中也有提到：“志意修则骄富贵”。

第6节　动机、需要与挫折

一、动　机

（一）动机的概念

动机是一种驱使个体满足需要，达到目标的内部动力。动机是个体行为的直接原因，人们的各种行为都是在一定动机的驱动下进行的。人们可能意识到自己行为背后的动机，也可能意识不到自己的动机，但没有动机，就不会有各种各样的行为活动。

动机的产生依赖于个体的需要。当需要得到满足时，个体能够维持机体内、外环境的平衡状态。当需要得不到满足时，平衡被打破，需要会强烈显现为欲望，并转化为动机。这一动机将驱使个体采取特定的行为，以满足需要，恢复机体的平衡状态。

（二）动机的组成

动机由驱力和诱因构成。驱力指需要，是推动个体行为的力量，比如困乏驱使个体产生与睡觉相关的行为，饥渴驱使个体产生进食行为。诱因是能引起个体定向行为并满足某种需要的外在刺激，可分为正诱因和负诱因，前者使个体产生接近的动机，如为了获得金钱和赞赏而工作，后者使个体产生回避的动机，比如为了避免批评和惩罚而学习。

（三）动机的功能

动机对行为具有三种功能：①激发功能，即动机能够激发和唤起特定的行为。动机的强度和性质影响激发功能的强弱。②指向功能，动机能引导行为朝向特定的目标。③维持功能，行为发生后，动机对行为产生不同程度的激励，使行为活动得以保持和延续。

（四）动机的分类

根据动机的性质，可以把动机分为原始动机和习得动机。原始动机也称为生理动机，源自先天本能和基本生存需要，如饥饿、繁殖、睡眠等。习得动机也称为继发动机或社会性动机，是个体在后天的生活中通过学习和社会化过程获得的动机，其形成和发展受到个体生活环境的影响，如安全动机、成就动机等。

（五）动机冲突

动机以需要为基础，而个体通常存在多种需要，因此会出现多种动机并存的情况。个体的行为通常受到最强烈的优势动机的支配。动机的强度会随着时间和情境的改变而产生变化。当一种优势动机得到满足后，其动机强度会减弱，导致另一种动机成为优势动机，从而驱动新的行为。然而，有时相同强度的不同动机会同时存在，它们可能在性质上互相矛盾或冲突，形成动机冲突。动机冲突可以分为以下 4 种基本类型。

1. 双趋冲突 当个体同时面临两个具有相同吸引力的事物或目标，但由于主客观条件的限制，只能接受选择其中一个，犹豫不决时，产生双趋冲突。例如，放假时既想去旅游，又想回家，但时间有限只能选择其中一个。

2. 双避冲突 当个体同时面临两种具有威胁性的事物或目标，必须选择接受其中一个目标才能避开另一个目标，形成进退两难的困境，难以决策时，产生双避冲突。例如，既牙疼得难受，又害怕看牙医，但必须看牙医才能减缓牙疼，或者忍受牙疼的痛苦不去看牙医。

3. 趋避冲突 当同一事物或目标对个体同时具有相同的吸引力和威胁性，难以取舍时，形成趋避冲突。例如，既想出去玩，又怕出去玩花销大。

4. 双重趋避冲突 当同时存在的两个事物或目标都既具有吸引力又存在威胁性，个体必须选择其中一个放弃另一个，难以决定时，产生双重趋避冲突。例如，一份工作薪资高但不稳定，另一份工作薪资低但稳定。双重趋避冲突在现代社会中普遍存在。

二、需　　要

（一）需要的概念

需要是人类对特定目标的渴求和欲望，是人脑对有机体内部或外部环境需求的反映，也是心理活动和行为的基础。

需要的根本特征是动力性。需要可以驱使个体追求目标，产生心理和行为活动。需要越强烈，其引发的行动动力越大。需要是发展变化的，年龄、经验、环境的变化都会引起需要的改变。同时，需要是否得到满足还会影响个体的情绪和行为。需要的满足会使个体产生积极的情绪体验，并激发新的、更高层次的需求。需要无法被满足时，则容易产生消极情绪和攻击行为。

（二）需要的分类

根据需要的对象，可以分为物质需要和精神需要。物质需要是指个体对自然物或人造物的需求，比如阳光和空气，交通工具和衣服。精神需要是指个体对知识、人际关系、审美等方面的需求。

根据需要的起源，可以分为生物性需要和社会性需要。生物性需要是对维持个体生存和生理平衡状态以及种族延续所需条件的要求，也称生理需要，如进食、睡眠和繁殖。生物性需要是最基本和最原始的需要。社会性需要是为了维护个体和社会的发展，在社会化过程中习得的需要，如对友谊、尊重的需要。社会性需要是人类特有的需要。

知识链接　需要层次理论

美国人本主义心理学家亚伯拉罕·马斯洛（Abraham Maslow）于 1954 年提出需要层次理论，将人类的需要按照其发展顺序及层次的高低分为生理的需要、安全的需要、归属和爱的需要、尊重的需要及自我实现的需要。

1. 生理的需要　是维持个体和种族生存、繁衍的基本需要。例如，对水、空气、食物、睡眠和繁殖等的需要。生理的需要是其他需要的基础，是最有动力的需要。

2. 安全的需要　生理的需要得到满足后，个体发展出安全的需要，即对安全、稳定、避免威胁的需要，包括对生命安全、财产安全、职业安全和心理安全的需要。

3. 归属和爱的需要　是与他人建立亲密关系和感情的需要，属于社会性需要。例如，被同伴和集体接纳的需要，组建家庭的需要。

4. 尊重的需要　包括受他人尊重和自尊。受他人尊重是指希望他人尊重和重视自己，自己的能力、地位被他人认可和赏识。自尊是指自己认可自己的能力、价值和成就。当前三个层次的需要得到满足后，尊重的需要才会充分发展起来。当尊重的需要得到满足时，可以增强自信，得不到满足时则可能导致自卑、无能的感觉。

5. 自我实现的需要　是个体希望充分发挥自己的潜能和天赋，实现自我价值的需要。这是最高层次的需要，是在前面的基本需要得到充分满足的基础上产生的。

（三）中医的需要观

在中医学中，“欲”不外乎“欲望”和“渴求”，是激发个体为达成目标而不懈努力的心理动力，此处的“欲”相当于心理现象中的“需求”。中医理论认为，“情”“欲”不可分。《格致余论·阳有余阴不足论》提到了“人之情欲无涯”的说法。中医主张节制欲望，认为情欲是人之常态，既不可忽视，也不可过度放纵。《黄帝内经》推崇：“志闲而少欲，心安而不惧，形劳而不倦，气从以顺，各从其欲，皆得所愿”（《素问·上古天真论》）。反之，“思欲无穷，所愿不得”成为多种病症的病因。因此，中医认为情欲虽为常态，但不可放任，健康需要保持内心清明、欲望适度。此外，中医主张对欲望给予合理的满足和适度的宣泄。若过度压抑则可能导致情绪郁结，成为多种病的根源。正如《丹溪心法·六郁》所言：“一有怫郁，诸病生焉。故人身诸病，多生于郁。”

三、挫　　折

（一）挫折的概念

满足需要，实现动机目标的过程往往并不顺利。当动机受到干扰或阻碍，被迫暂缓或放弃时，个体体验到的紧张状态和情绪体验，称为挫折。挫折涵盖两个方面：一是个体的动机性行为受到阻碍，无法顺利继续；二是由此引发的情绪体验。在日常生活中，挫折是一种普遍的心理现象。面对挫折，不同个体会有不同的情绪体验和行为反应。有的个体可能不安和退缩，放弃目标；有的个体可能会愤怒并产生攻击行为；也有的个体会通过磨炼意志、提高适应能力来应对挫折。

（二）挫折产生的原因

导致挫折产生的原因主要包括客观和主观两个方面。

客观因素主要是自然环境和社会环境的影响。在自然和社会环境中，存在阻碍动机实现的各种限制和困难。比如，想要出去玩，但一直下雨无法出行；想要和朋友一直在一起，但因为搬家无法实现。

主观因素包括生理因素和心理因素。生理因素指个体的生理条件，比如，想要参军入伍，但视力、身高未达到标准。心理因素指个体的心理素质，包括能力、意志、人格等方面。

在主观因素中，个体的抱负水平和对挫折的耐受力对挫折的影响最大。抱负水平是个体对自己期望达到的目标所设定的标准。抱负水平的高低反映了个体对自己能力和期望的认识。如果个体的抱负水平较高，给自己设定的标准较为苛刻，则更容易因无法达成目标而产生或加强挫折感。相反，抱负水平较低的个体更容易达到标准，甚至超出预期，因此不容易产生挫折感。耐受力是个体对挫折的心理承受能力。耐受力不同的个体在面对挫折时的心理体验有很大差异。个体的耐受力与其以往的生活经验密切相关。如果个体经历的挫折较多，则耐受力较强；如果个体遭遇的挫折较少，则耐受力更弱。耐受力还与生理状况有关，相较于身体孱弱或有缺陷的个体，身体健康的个体对挫折的耐受力更好。此外，耐受力还与个体对挫折情境的主观认知有关。如果个体能够以积极的态度看待挫折，更容易形成良好的耐受力；如果个体将挫折视为不可逾越的障碍或对自己价值的威胁，则更容易缺乏耐受力。

（三）挫折反应

遭遇挫折后，个体产生的心理和行为反应称为挫折反应。常见的挫折反应如下：

1. 攻击 在遭受挫折后，个体可能产生愤怒情绪并表现出攻击行为。这种攻击可能直接针对造成挫折的人或物体。也可能由于某些原因无法采取直接攻击，只能进行间接攻击，将攻击对象转向第三方、替代物或自己。对自己比较自信的个体多进行直接攻击；对自己要求过高或自卑的个体，多采取间接攻击。攻击行为可能引发社会问题，如家庭内部冲突、人际关系紧张及种族歧视等。

2. 退缩 遇到挫折时，个体可能会以退缩的方式应对环境。有的个体尽管内心痛苦，但表现得无动于衷；有的会以幼稚的方式应对挫折，产生退行行为；有的依赖他人解决困境；还有的则以幻想的方式自我安慰。

3. 固着 经历挫折后，个体可能会反复地坚持某种无效的行为，不能采取更适当的行动来替代。固着与正常的习惯不同，它不会因为行为的无效性或惩罚而消退。

4. 冷漠 在长期遭受挫折，但难以逃避或改变困难情境，也无法对引起挫折的对象进行攻击，又找不到发泄的替代对象时，个体会对挫折情境表现得冷漠。冷漠是由挫折经验造成的一种习得性无助。

5. 焦虑 面对挫折时，个体会产生不愉快的情绪反应，包括紧张、不安、愤怒和压抑等。焦虑的根源在于事情的不确定性和难以处理。适度的焦虑可以提高行为效率，但过低或过高的焦虑会降低行为效率，长期处于高焦虑状态还可能导致心理或生理上的健康问题。

第7节 人 格

一、概 述

（一）人格的概念

人格一词源自拉丁文“personality”，意指面具，最初用于指代戏剧表演中角色所戴的面具。之后，人格被赋予了两个层面的含义：一个是个体在日常生活中展现的各种行为，另一个是个体真实的自我。心理学领域延续并发展了这层含义，将人格定义为构成个体认知、情感及行为的特有模式，是个体整体心理特征的总和，具有一定的倾向性和稳定性。人格包括了气质、性格和能力。气质和性格是人格中最个性化和最独特的心理特征。

（二）人格的特征

1. 社会性 社会性是人格的本质特征。人格的形成和发展离不开社会环境和文化。脱离社会后，人格将失去存在的基础。

2. 稳定性 人格一旦形成后，会在不同的情境下表现出相同的心理特征。人格特征是稳定的，但并非静止不变。在心理、生理和环境的作用下，人格会发生一定的变化，表现出可塑性。

3. 整体性 人格由多种心理特征组成，但并不是简单拼凑，而是这些特征的有机结合。人格完善的个体，其认知、情感及行为等各方面应当是和谐一致的。一旦人格解体，将导致精神障碍。

4. 独特性 人格是个体区别于他人的心理和行为特征的总和。每个个体都拥有独特的思维方式，表现出不同于他人的行为特征，具有独一无二的人格。由于人格的形成受到社会文化的影响，因此处于同一社会文化氛围的群体，其人格会表现出一定的共性。

5. 功能性 人格决定了个体的行为模式和生活方式，具有功能性。人格完善的个体通常拥有更健康的生活方式、良好的社会适应能力和更高的生命质量。如果个体出现人格缺陷或人格障碍将严重影响其学习、工作和人际交往等社会功能。

二、气 质

（一）气质的概念

气质是个体与生俱来的稳定的心理活动倾向，也称为脾气或秉性。个体的气质决定了其心理活动的速度（如思维的敏捷性）、强度（如情绪体验的强弱）、稳定性（如注意的持续时间）和指向性（如内向、外向）。

气质与遗传密切相关，个体在出生时即具有由生理机制所决定的气质特征。例如，一些新生儿活泼好动，而另一些则较为安静，反映了他们之间先天的气质差异。虽然气质具有稳定性，但也并非一成不变，教育和生活环境可以对儿童的气质特征产生强化或削弱的作用。

（二）气质类型

1. 体液说 古希腊医生希波克拉底认为人体内存在四种体液，分别是血液（来自心脏）、黄胆汁（来自肝）、黑胆汁（来自胃部）、黏液（来自脑部）。个体的气质取决于这四种体液的混合比例。当体液中的血液占优势时为多血质，黏液占优势时为黏液质，黄胆汁占优势时为胆汁质，黑胆汁占优势时为抑郁质。这四种气质类型在日常生活中较为常见，故沿用至今，称为传统气质类型。不同气质类型表现出不同的心理和行为特点（表 3-1）。

表 3-1 传统气质类型的特点

气质类型	特点
胆汁质	精力旺盛、行动迅速、思维敏捷、进取心强、大胆倔强、敏捷果断、易于激动、自制力差、性情急躁、主观任性、办事粗心、有时会刚愎自用
多血质	灵活机智、思维敏捷、善于交际、适应性强、注意力易转移、粗心大意、缺乏忍耐力和毅力
黏液质	坚定顽强、沉着踏实、耐心谨慎、自信十足、自制力强、善于克制忍让、沉默寡言、固执拘谨
抑郁质	敏感、做事谨慎细心、清晰体验深刻、沉静含蓄、办事稳妥可靠、缺乏果断和信心、多疑、自卑

2. 高级神经活动类型 生理学家巴甫洛夫认为高等动物神经系统具有三种基本特征：强度、灵活性和均衡性。强度是指整个神经系统和神经细胞能够经受强烈刺激或持久工作的程度。均衡性是指神经系统的兴奋和抑制过程的相对关系和力量对比。灵活性是指对刺激的反应速度，以及兴奋、抑制过程之间相互转换的速度。这三个基本特征的不同组合形成高级神经活动的四种基本类型。巴甫洛夫认为神经活动类型与传统的气质类型相对应，具有不同的心理、行为特点（表 3-2）。

表 3-2 高级神经活动类型与气质类型

神经活动类型	强度	平衡性	灵活性	气质类型	特点
兴奋型	强	不平衡		胆汁质	攻击性、兴奋、外向、不受约束
活泼型	强	平衡	灵活	多血质	好交际、反应迅速、活泼好动
安静型	强	平衡	不灵活	黏液质	安静、忍耐、节制
抑制型	弱			抑郁质	内向、胆小

3. 气质的二维模型 德国裔英国心理学家艾森克（Eysenck）认为气质具有情绪稳定性和内外向两个维度，结合后形成四种类型，与传统气质类型相对应（表 3-3）。

表 3-3 气质的二维模型与传统气质类型

情绪稳定性	内外向	气质类型
稳定	外向	多血质
稳定	内向	黏液质
不稳定	外向	胆汁质
不稳定	内向	抑郁质

三、性　　格

（一）性格的概念

性格是个体对客观现实持续稳定的态度及习惯化的行为模式中表现出的个性心理特征。性格是个体在与环境相互作用的过程中逐渐形成和发展起来的。它反映了个体的本质属性，贯穿于个体的所有行为之中，具有跨情境的稳定性。

（二）性格的类型

1. 向性说 瑞士心理学家卡尔·荣格（Carl Jung）根据心理活动的内外倾向性，将性格分为内倾型、外倾型。内倾型个体的心理活动朝向内部，表现为内省、敏感、安静、孤独、环境适应能力较差等特点。外倾型个体的心理活动则指向外部，表现为活泼、好社交、开朗、自信、环境适应能力较强等特点。大多数人并非完全内倾或外倾，而是偏向其中一种类型。

2. 机能类型说 英国心理学家亚历山大·贝恩（Alexander Bain）和法国心理学家泰奥迪勒-阿诺·里博（Théodule-Arnaud Ribot）等根据理智、情绪和意志在性格结构的占比情况，将性格分为理智型、情绪型、意志型以及两两结合的理智—意志型、理智—情绪型和情绪—意志型。理智型的个体其心理和行为活动主要受理智支配，处事冷静。情绪型的个体其心理和行为活动主要受情绪支配，容易有情绪化的行为。意志型的个体其心理和行为活动主要受意志支配，行为有明确目的，行事积极主动，抗干扰能力强。

3. 场独立与场依存说 美国心理学家赫尔曼·威特金（Herman Witkin）基于信息加工的不同方式，将性格分为场独立型和场依存型。场独立型的个体在进行信息加工时倾向于以自身为参照物，表现为有主见、独立性强、不易被他人左右、有创造性等特点。场依存型的个体在信息加工时倾向于以外在事物为参照物，表现为缺乏主见、依从性高、受暗示性强等特点。

（三）中医的性格观

中医学对于性格的看法较多地涉及“性”“性情”“气质”等概念。《黄帝内经》中的《灵枢·通天》提出了阴阳五态人分类。“太阳之人”阳气极旺，敢于冒险，思维敏捷，表现出直率和决断；“少阳之人”阳气较多，性格活泼开朗，具有领导潜质；“阴阳和平之人”则气血平衡，性格稳健和谐；“少阴之人”阴气较重，内向、沉默，有自我控制的倾向；“太阴之人”阴气极重，具有拘谨、敏感的特点。中医还将人分为金、木、水、火、土五个类型，每个类型又细分为主型和亚型，共计 25 种类型。以木形之人为例，主型特点是才智横溢、忧劳于事，而其他亚型则表现出不同的特征。此外，中医还根据性格意志和情绪特征对人进行分类。例如，《黄帝内经》将人分为勇与怯两种性格，《灵枢·论勇》描述了勇怯的不同表现，“勇士者……怒则气盛而胸张，肝举而胆横……怯士者……虽方大怒，气不能满其胸，肝肺虽举，气衰复下，故不能久怒”。对于情绪特征，《灵枢·行针》中提道：“多阳者，多喜；多阴者，多怒。”这些分类模式结合了心理、体质特征，并与临床实践密切相关，为中医的性格观提供了多维度的认知框架。

四、能　　力

（一）能力的概念

能力是直接影响个体顺利完成某项活动所必需的个性心理特征，直接决定了活动的效率和顺利完成的可能性。

能力可分为一般能力和特殊能力。一般能力是完成各项活动所必备的基本能力，如语言能力、知觉能力、记忆能力、思维能力和想象能力。特殊能力则是完成特定活动所需的能力，如数学能力、驾驶能力、沟通合作能力等。特殊能力是在一般能力的基础上形成和发展起来的，是一般能力的专业化发展。

（二）能力的结构

围绕能力由哪些因素或结构组成，形成了不同的能力结构学说。

1. 二因素说 英国心理学家查尔斯·斯皮尔曼（Charles Spearman）基于因素分析法，提出二因素说，认为能力由一般因素（G）和特殊因素（S）组成。一般因素与推理能力密切相关，是智力的首要因素。特殊因素有五类，即口语能力因素、数算能力因素、机械能力因素、注意力、想象力。个体完成各项活动均需要一般因素和特殊因素的共同参与。

2. 流体智力和晶体智力说 美国心理学家雷蒙德·卡特尔（Raymond Cattell）发现一般因素可进一步分为流体智力和晶体智力。流体智力是与基本心理过程密切相关的能力，几乎参与人类一切的心理和行为活动，包括感知能力、记忆能力，以及推理、分析和解决问题的能力。它在很大程度上受到遗传因素的影响，随个体生理的发展和衰老而变化。一般而言，个体的流体智力在 20 岁左右达到顶峰，30 岁后逐渐衰退。晶体智力是通过学习和经验积累形成的能力。它建立在流体智力的基础上，并且随着年龄的增长而增强。

3. 群因素说 美国心理学家路易斯·瑟斯通（Louis Thurstone）提出了群因素论，认为智力由七种原始因素或能力构成，包括数学计算能力、言语流畅性、言语理解能力、归纳推理能力、记忆能力、空间知觉能力和知觉速度。这七种能力并非彼此独立，而是具有不同程度的正相关。

4. 三维结构说 美国心理学家乔伊·吉尔福德（Joy Guilford）提出了三维结构说，认为智力具有操作、内容和产物三个维度。操作是指心理活动或过程，包括认知、记忆、求同思维、求异思维和评价。内容是指信息材料类型，包括视觉、听觉、符号、语义和行为。产物是指信息加工的结果，包括单元、类别、关系、系统、转换和蕴含。三个维度的要素结合后形成 150（5×5×6）种智力因素。

（三）中医的智能观

中医对智能的理解根植于古代哲学思想的深厚积淀。在春秋时期，著名思想家孟子曾深刻地论述了智能与能力的关系。他指出："权然后知轻重，度然后知长短，物皆然，心为甚。"孟子将智慧与技能分开，认为"人之所不学而能者，其良能也；所不虑而知者，其良知也"。孔子则进一步划分了学生的能力类型，他认为"生而知之者，上也；学而知之者，次也；困而学之，又其次也；困而不学，民斯为下矣"。《左传·成公十八年》记录了周子"有兄而无慧，不能辨菽麦，故不可立"的情况，此处的"无慧"即指智能缺陷。古人将智能缺陷称为"童昏"，类似于三五岁幼儿一般的不明事理。对于童昏者，"不可谓能谋"（《国语·晋语》），即不宜交付重任或商讨重要计划。《景岳全书》中有关"癫狂痴呆"的专篇，明确指出了这一疾病"有可愈者，不可愈者"的情况。《辨证录》也对"呆病门"等疾病进行了专门的讨论，探讨了其病因、症状和治疗方法。这些文献反映了古代医家对智能缺陷及其治疗的认知和研究。

本章习题

1. 知觉有哪些特性？
2. 简述记忆的主要类型。
3. 情绪状态有哪些？
4. 运用挫折相关知识说明如何应对挫折。
5. 常见的自我防御机制有哪些？
6. 简述马斯洛的需要层次理论。

第4章 心理应激

学习目标

1. 知识目标：理解心理应激的基本概念及其在心理学、生理学中的意义；领悟应激反应中生理、心理两方面的主要表现及其相互作用；领悟不同应激源的分类及对个体的影响；知晓心理应激的发展脉络及理论模型；理解心理应激中介机制的概念及因子。

2. 技能目标：能识别日常生活中遇到的应激源，分析产生的原因（机制）及可能引发的应激反应；能运用本章知识有效应对与预防管理应激反应，对应激反应提出合理化建议；培养批判性思维，能评价不同理论模型在解释应激反应中的合理性和适用性。

3. 思政目标：提高心理韧性与抗挫折能力，培养积极应对困难及挑战的人生观；增强身心健康观念的重要性认识，并树立健康的生活方式。

第1节 心理应激概述

一、心理应激的概念和发展

（一）概念

应激（stress）是个体对应激源做出主观评估后，产生生理和心理反应的过程。应激包括刺激（应激源）、认识评价等中介因素、应激反应三个环节。

（二）应激的发展

“应激”一词早在古希腊和拉丁语中作为物理学术语用以描述作用于物之上的压力或张力。19世纪中期法国生理学家伯尔纳（Claude Bernard）研究指出生命体在应对外环境变化的情况下实际上是调动了体内所有的生理过程以维持内环境的稳定，内环境常要与外环境保持平衡，否则生命现象就会处于无序。这一整体性的观点将应激引向生理学研究范畴，“内环境”理论对后续提出的“自稳态”和“应激理论”有一定启发。

20世纪初美国生理学家坎农（Walter Bradford Cannon）通过动物格斗实验发现肾上腺素和去甲肾上腺素的混合物作为肾上腺的体液因子，会在动物格斗时释放而致血压升高，坎农将其称为“应急反应”（Emergency Reaction），即情绪理论，其中包含激素稳态、交感神经系统作用、情绪失调对个体生理过程等影响，强调脑的整合作用。这一开创性的研究被同期的加拿大生理学家汉斯·塞里（Hans Selye）继续发展，并将应激引入了医学领域，称一般性适应综合征（GAS，本节会详述应激引起GAS反应的三阶段论）。塞里提出应激反应“病理三联征”，即肾上腺肥大、胃溃疡形成和胸腺淋巴管萎缩，并在*Nature*杂志上首次发表应激学说相关文章，这被认为是现代应激研究的开端。塞里将不同疾病的内在生理因素进行共性研究，他观察到无论是物理、化学还是心理的刺激，只要它们对生物体造成了一定的压力，就会导致类似的生理反应。这些反应包括激素分泌的增加、免疫系统的改变，以及行为和情绪的变化。他称这些反应为“应激反应”提出非特异性反应学说，认为下丘脑-垂体-肾上腺轴（HPA 轴）反应是主要特征，并将引起这些反应的刺激称为“应激源”。塞里在应激的研究中将内分泌系统的变化作用于应激反应为主要研究内容，为临床中以适应性激素作为治疗方式的应用研究奠定了重要基础，他创建的美加两地应激研究所极大地推动了后世对应激的研究。而后美国生理学家布鲁斯·S. 麦克尤恩（Bruce S. McEwen）首次将非稳态概念引入应激医学研究，其在应激与神经内分泌学的研究都极大推动着应激的发展。

随着研究的深入，关于应激的研究愈发多元交融，人们开始关注应激如何影响人类的健康和疾病。例如，长期的慢性应激被认为与心脏病、抑郁症和免疫系统功能减弱等疾病症状相关。人们开始认识到应激反应不仅是一个生理过程，还涉及心理和社会因素。因此关于应激对认知行为、情绪意志活动等方面的影响被心理学家广泛关注，社会学家则开始研究社会因素如何成为应激源，以及人们如何应对和适应应激。如今，应激已经成为一个跨学科的研究领域，学者们不仅关注机制模型研究，同时也越来越重视如何有效地应对和减轻应激的影响。

二、应激的理论模型

应激的理论模型是对应激现象本质的理论性解释。随着应激反应研究的深入，多种应激理论逐渐形成，如早期的“应激刺激模型”“应激反应模型”，关注应激源和应激反应研究。而后开始重视个体对应激源和应对能力的评估，于是有了“认知评价模型”和“过程模型”。近年来，强调交互作用的“基因-环境交互作用理论”模型以更多维的视角理解应激现象。

（一）应激刺激模型

该理论模型源自物理学胡克定律（Hooke’s law），认为刺激是通过各类外部环境引起个体产生不良反应的，试图探索刺激与反应间的因果关系。该理论模型推动了生活事件定性定量分析的发展，促进了人们社会生活中环境刺激与疾病关系的认识，加速了心身医学的发展。

（二）应激反应模型

该理论模型源于医学和生理学，代表人物是加拿大生理学家汉斯·塞里，他关注个体对环境刺激后产生的非特异性不良反应，即适应综合征（包括生理、心理和行为反应），认为适应综合征分为三个阶段：警觉、抵抗和衰竭阶段。机体应对刺激首先会进入适应性防御的警觉阶段，个体受到刺激后会感到紧张和不适应，此时体内会产生一系列生理反应，如心率加快、血压升高、肾上腺素分泌增加等；而后机体动用体内潜能应对环境刺激进入抵抗阶段，以减轻紧张感；若刺激持续，机体适应性能量消耗殆尽，进入引发免疫系统病理性改变的衰竭阶段。该理论模型推动了生理反应中各客观指标的测量和评估，从而推动了应激和健康关系的机制研究。

（三）CPT理论模型

该理论模型源于心理学，以美国心理学家拉扎勒斯（Lazarus）为代表，关注应激中心理及行为过程，强调个体对刺激的认知评价，提出认知-现象学-交互作用理论模型（cognitive-phenomenological-transactional，CPT）。该模型认为思维、经验及个体对刺激事件意义的感知评价决定着应激反应的处理策略，通过初级评价、次级评价过程决定是否发生、以什么形式出现，以及出现的强度。该理论模型推动了应激过程性研究，这对于全面理解应激现象具有重要意义，此外该模型提供了干预和矫正研究的思路，通过干预评价过程帮助个体更好做出决策、恢复内稳态，从而适应环境需要。

近年来，随着基因-环境交互作用理论的提出，应激被置于多因素的系统中进行研究，我国学者提出个体处于压力系统模型（SMS）即个体的生活事件、认知评价、应对方式、社会支持、人格特征和身心反应等生物、心理、社会多因素构成相互作用的动态平衡"系统"，当某种原因导致系统失衡时，应激反应就发生。该模型对健康心理学和临床心理学具有重要意义。

以上理论模型各有其特点和适用范围，对于理解和研究心理应激现象具有重要意义。应以互为补充，不断完善的视角更全面地加以理解。

心理小课堂 压力觉知量表

英文版知觉压力量表（PSS）是在国际上普遍接受和广泛应用的压力测量工具，中文版知觉压力量表（CPSS）是结合我国本土文化背景进行修订的版本，用于询问被试在最近一个月来，个人的感受和想法。被试需于每一个题项上作答时感受或想到某一特定想法的频率。作答方式尽量以快速、不假思索方式填答，以期确实反映真实的压力知觉状况（表4-1）。

表4-1 压力知觉量表

题项	发生频率				
	从不	偶尔	有时	时常	总是
1. 一些无法预期的事情发生而感到心烦意乱					
2. 感觉无法控制自己生活中重要的事情					
3. 感到紧张不安和压力					
4. 成功地处理恼人的生活麻烦					
5. 感到自己是有效地处理生活中所发生的重要改变					
6. 对于有能力处理自己私人的问题感到很有信心					
7. 感到事情顺心如意					
8. 发现自己无法处理所有自己必须做的事情					
9. 有办法控制生活中恼人的事情					
10. 常觉得自己是掌控事情的主人					
11. 常生气，因为很多事情的发生是超出自己所能控制的					
12. 经常想到有些事情是自己必须完成的					

续表

题项	发生频率				
	从不	偶尔	有时	时常	总是
13. 常能掌握时间安排方式					
14. 常感到困难的事情堆积如山，而自己无法克服它们					

评分标准：量表由 14 个项目组成，分别为 6 个正向题目和 8 个反向题目（分别是 4、5、6、7、9、10、12、13）。量表具有两个维度，分别是紧张感和失控感，采用 5 点计分的方法，最后统计量表的总得分，得分越高说明被试的心理压力越明显。

计分方法：“从不”记 1 分、“偶尔”记 2 分、“有时”记 3 分、“时常”记 4 分、“总是”记 5 分，反向题目计分相反，最后的总分范围是 14～70 分。

结果分析：

14～28 分：知觉到的压力较低。

你当前的压力处于低水平，你对自己当前的生活有足够的掌控和控制，不会因为一些无法预期的事情发生而感到心烦意乱和惊慌失措。

29～42 分：知觉到的压力适中。

这个分数指出你的生活中的兴奋与压力量也许是相当适中的。偶尔会有一段时间压力太大，但你也许有能力去享受压力，并且很快地回到平静状态，因此你面临的压力对你健康并不会造成威胁。不过做一些松弛的练习仍是有益的。

43～56 分：知觉到的压力较高。

你当前经历较高的压力，它可能已经对你的身心健康造成负面影响，需要你采取措施加以调节。

57～70 分：知觉到的压力非常高。

你的压力过大，身体可能会有一些症状，急需减压，可以寻求专业人员的帮助。你面对那些模糊的、难以改变的、长期的压力问题就会显得更束手无策和焦灼不安。

这个分数表示你确实正以极度的压力反应在伤害你自己的心理健康。你需要专业心理咨询师给予一些忠告，他可以帮助你消减你对于压力的知觉，并帮助你改善生活的品质。

第2节 应激反应

一、概　　念

当人接受应激源刺激之后，经过一系列中介因素的作用，就可能引起一系列的应激反应。这种反应可分为生理反应和心理反应。从作用来讲，有的是为了应对应激源的积极反应，有的则是妨碍应对应激源的消极反应。积极反应包括大脑皮质的适度唤醒水平、注意力集中、思维活跃等，这些有助于个体正确认识应激源并做出合理判断，选择恰当对策，从而适应或解除应激状态。消极的反应表现为大脑皮质的过度唤起（转为焦虑）和消极的自我防卫，如攻击、愤怒等，这些常导致个体认识能力下降，影响正确判断和决策。为了区别，有时也把后者称为应激障碍。

二、生理反应

早期塞里在研究应激的生理反应后提出，不同的应激源引起的非特异性反应与下丘脑-垂体-肾上腺系统的激素有关。随着研究的深入，人们逐渐从心理-神经、心理-内分泌、心理-神经-免疫机制进行研究，并认为应激时产生的心理反应及应激对健康的影响，是上述三种途径整体协同作用的结果，因此参与应激反应主要涉及三个生理系统，即神经生理系统、内分泌系统及免疫系统。

（一）神经生理系统反应

应激的神经生理系统主要通过中脑皮质和边缘系统的多巴胺系统影响认知评价，应激发生时杏仁核与海马复合体激活影响情绪启动，下丘脑室旁核、脑干和其他脑区影响情绪反应。神经生化研究表明胆碱类、单胺类等中枢神经递质的功能可能与警觉情绪和行为有关。

（二）内分泌系统反应

下丘脑-垂体-肾上腺系统的激素反应兴奋引发糖皮质激素合成与释放，糖皮质激素属主要应激性激素，适量释放可增强机体抗应激能力，过量则会使代谢失衡及免疫功能受损。

（三）免疫系统反应

免疫功能的影响主要反映在T淋巴细胞、B淋巴细胞和NK细胞数量增减上，根据不同类型的应激源有所差异，通常在应激初期机体免疫功能处于高功能积极应战状态。

此外，应激带来的改变还体现在体相上的变化，如更高的腰臀比，生活在社会经济底层的瑞士人面临着更高的生存压力，这种压力体现在他们腰臀比的增长上。

三、心理反应

应激的心理行为反应涉及“知、情、意”各方面，使人出现情绪反应、认识偏差及一系列行为反应等。

（一）情绪反应

急性应激反应影响着情感灵活性和认知情绪调节，如一名突然经历裁员危机的工薪阶层，可能会因为突如其来的应激事件产生极度焦虑、愤怒或绝望的情绪体验，他可能会长时间陷入负性情绪中无法自拔，即使有了新的工作机会，也可能因为难以转换情绪状态积极面对，而错失情感上自我调节或灵活应对的机会。此外，处于急性应激状态下的个体会使与之接触的其他个体不自觉地受到负性情绪影响，形成生理及心理上的对应状态，称为应激传染。在生理层面上，应激传染可能导致接收者的自主神经系统激活，出现心跳加快、血压升高、呼吸急促等生理反应。在心理层面上，接收者可能会感到焦虑、不安、紧张或沮丧，甚至可能产生与原始应激源无关的情绪困扰。

应激可能通过情绪管理来促进亲社会行为的发生，其中的机制与个体所携带的催产素基因有关，携带体OXTR rs53576 AA/AG基因型的个体亲社会行为可以缓解应激和疾病间的关系。另外，一项关于年龄的研究表明，14～16岁青春早中期群体应激反应相对较高，且对之后青少年的情绪行为问题有预测作用。

将复杂的情绪归为喜、怒、忧思、悲、惊恐五类七种。并认为任何一种情绪的太过或不及可以使人致病。如过喜伤心、过悲伤肺等。不良情绪持久作用，郁而不解，亦可以使人致病。如暴怒与郁怒不解则伤肝，忧思不解则伤心损脾等。这些情绪致病的理论，至今仍有重要意义。情绪致病的特点如下。

1. 情绪的常与异维系着健康与疾病 作为人之常情，健康者皆有情绪反应，它是心理健康的标志之一，并非都有病理意义，而且有些情绪反应还可促进健康。如《医醇剩义·劳伤》说：“夫喜怒忧思悲恐惊，人人共有之境。若当喜而喜、当怒而怒，当忧而忧，是即喜怒哀乐发而皆中节也。

此天下之至和，尚何伤之有。”张景岳也认为“然随怒随消者，未必致病”。可见情绪反应中节者为常，不病。若情绪反应强度太过，或持续时间太久，则为异，为病。如沈金鳌说：“怒本情之正，惟发不中节，则肝胆之气横逆……怒所以为病也。”王冰在注释《素问·阴阳应象大论》时说：“恐而不已，则内感于肾，故伤也。”《灵枢·本神》亦说：“愁忧而不解则伤意，意伤则悗乱，四肢不举，毛悴色夭。”上述的“不已”“不解”等均说明持续时间久而致病。

另外，暴发或过激的情绪反应可以致病。如《素问·阴阳应象大论》曰：“暴怒伤阴，暴喜伤阳。”《灵枢·口问》也说：“大惊卒恐，则血气分离，阴阳破败，经络厥绝，脉道不通。”说明无论何种情绪，暴发或过激均可致病。

2. 异常情绪可引起生理变化而致疾病 情绪常自内郁发，多为内伤，每每伴有生理变化。陈无择归纳七情致病特点为：“七情，人之常情，动之则先自脏腑郁发，外形于肢体，为内所因”。另外《素问·疏五过论》所说的“故贵脱势”“尝贵后贱”“始乐后苦”等境遇恶化所诱发的不良情绪，可致“失精”“脱营”等躯体病变。

3. 情绪异常可影响疾病的全过程 情绪异常可作为诱因，干扰正常生理功能而促进某些疾病的发生、发展。如《素问·疏五过论》中的“失精”“伤精气”“脱营”等。亦可以由于过激的情绪直接引起病理生理骤变而引起疾病。如中风、呕血、晕厥等，还可以作为重要影响因素，影响疾病的转归和康复进程。如汪绮石在《理虚元鉴》针对“虚痨”一证说：“凡患此症者，如心性开爽，善自调养，又当境遇顺适，则为可治，若心性系滞，或善怒多郁，处逆境而冤抑难堪，处顺境而酒色眷恋，又不恪信医药，死何疑焉。”唐容川也曾深有体会地说：“吾临血证多矣，每有十剂之功败于一怒。病家自误，医士徒劳，堪发一叹。”由此可见，中医学强调情绪，可以影响疾病的发生、发展、转归和治疗愈合的全过程。

（二）认知偏差

在应激状态下，个体的认知能力会有不同程度的降低。主要表现在对事物的感知能力降低，甚或产生错觉，受应激源的影响，意识域狭窄，注意分配与转移出现困难，记忆的内容受到干扰或损害，判断力和社会适应能力下降，常常做出一些非理性行为，如偏执、灾难化、闪回及闯入性思维、反复沉思等，此外有些认知反应可能是建设性防御、替代性防御、掩饰性防御、逃避性防御、攻击性防御等心理防御机制启动的结果，如出现否认、幻想、压抑、投射、反向、转移、退行、冷漠、攻击、文饰、补偿、升华等。

个体对应激源的认知决定着其对反复应激的调节和适应力。在应激状态下，由于机体内稳态被破坏，使人的自主感和自信心受到影响，出现自我评价的降低或丧失。无助于自怜情绪产生，因而产生依赖行为，或过度自尊、自信而固执己见，然而反复接受刺激后 90%的个体会产生适应反应。

（三）行为反应异常

应激状态下，个体的行为反应也可能出现异常。有些人可能会出现逃避与回避、退缩与依赖、攻击与物质滥用等异常行为，这些行为不仅可能对自己造成伤害，也可能对周围的人造成困扰。例如，遭受创伤后的人可能会出现回避与人交往、过度警觉、失眠等症状，这些都是为了应对当时的创伤而出现的行为反应。然而，如果这些反应持续存在，就可能成为一种病态的行为模式，影响个体的日常生活和社交功能。

此外，应激状态还可能引发一些不良习惯，如过度饮酒、吸烟、滥用药物等，这些行为虽然能够暂时缓解紧张情绪，但长期下来会对身体健康造成严重影响。

（四）社会功能受损

应激状态下的个体，其社会功能也可能受到不同程度的损害。由于情绪、认知和行为反应的异常，个体可能无法正常地参与社会活动，甚至无法履行自己的社会角色。例如，学生可能因为过度焦虑而无法集中精力学习，导致学业成绩下降；工作者可能因为情绪不稳定而影响工作效率，甚至导致工作失误。这些社会功能的受损不仅会影响个体的生活质量，还可能对其社会地位和人际关系造成负面影响。

综上所述，应激状态对个体的身心健康、社会功能等方面都会产生不良影响。因此，我们需要关注并学会应对各种应激源，以保持身心健康和良好的社会功能。这包括学会调节情绪、提高认知能力、保持自我评价的准确性和积极性，以及培养健康的行为习惯等。同时，我们也需要关注那些已经处于应激状态下的个体，给予他们必要的支持和帮助，以促进其身心健康的恢复和社会功能的重建。

四、应激的临床应用

应激的临床应用广泛，在心身医学中的体现表现在慢性炎症、肠易激综合征、情感障碍、神经性厌食等表达机能亢进或低下。应激反应泛化可发展成慢性应激，引发多种疾病，如抑郁症、焦虑症、肿瘤、骨质疏松症和心理社会性侏儒症等疾病。在康复医学和体育训练中，应激的应用也备受关注。适度的应激刺激可以激发个体的适应机制，促进身体功能的改善和提升。例如，在体育训练中，通过逐渐增加运动强度和时间，可以刺激身体产生适应性变化，提高运动员的体能和竞技水平。但过度的应激刺激也可能导致身体受伤或过度疲劳，因此在康复医学和体育训练中，合理控制应激的强度和持续时间至关重要。

从发病机理上，明晰特异性应激通路对全面理解不同种类应激源对器官功能障碍发生作用是关键，明确应激对这些通路是激活或是抑制的作用为今后探索治疗手段提供思路。例如，药物研发就是通过通路中神经递质的选择性释放机制来调节应激反应。

知识链接 应激医学

应激医学是研究人体对特殊环境、职业因素和需求等应激源的应对反应及其相关医学问题的一门综合性交叉学科，由心理学、基础医学、临床医学、预防医学等相关学科整合而来，常见于《生理心理学》《健康心理学》《医学心理学》《临床心理学》等多门学科，2022 年至今隶属于特种医学（一级学科），早期应激医学多关注军人群体，当前主要研究方向有应激生理学、应激心理学、应激神经生物学、心身医学等。从国家自然科学基金目录上看，与“应激”相关目录呈逐年递增态势。

应激医学领域可关注的国内外相关学术机构与科研院所有：美国应激研究院、国际应激调查协会以及我国成立的“应激生理学专业委员会”、中国神经科学会应激神经生物学分会等。应激医学领域可关注的学术期刊有《应激》（*Stress*）、《应激与健康》（*Stress and Health*）、《创伤应激杂志》（*Journal of Traumatic Stress*）、《工作与应激》（*Work and Stress*）、《焦虑、应激与应对》（*Anxiety*，*Stress & Coping*）等。

应激医学未来发展：一方面，应激医学将更加注重跨学科合作，与心理学、神经科学、免疫学等多个领域进行深度交叉，共同研究应激反应的机制和应对策略，如应激治病的共性通路研究，主要通路下细胞分子层面的研究，尤其是炎性因子在其中的作用研究。另一方面，应激医学将更加注重实践应用。通过机制的研究，制定新的诊断标准，提出预防性治疗手段，开发出更加便捷、实用的应激管理工具和方法，帮助人们更好地应对生活中的各种压力，提高生活质量。

第3节 应 激 源

一、应激源的定义和分类

应激源（stressor）是指引起应激反应的各种内外环境的刺激。普通刺激成为应激源需要两个指标：一是个体的认知方式，二是个体的生理反应。这两个指标对应个体对应激源的生理、心理反应。

（一）按其性质分类

1. 躯体性应激源 包括物理、化学、生物的刺激。如冷热、噪声、恶味、细菌、病毒侵害和放射性物质等均属躯体性应激源。这类应激源引起应激反应，是由于它对机体所造成损伤或具有潜在威胁所引起。

2. 社会性应激源 是以个体生活事件为主的最普遍的一类应激源，与疾病的发生有密切联系，因此，在心理应激研究领域，按照生活事件按其内容大致可将社会性应激源分为三大类。

（1）与社会环境相关的社会性应激源：包括自然灾害、战争和动乱、社会政治制度变革、交通事故、生活节奏加快、竞争加剧、人际关系紧张、环境污染及文化污染等。

（2）与学业、工作相关的社会性应激源：包括职业（如高度集中工作、强体力和脑力劳动、远离人群、倦怠、职业转换、晋升通道狭窄等）、同事关系、上下级关系，下岗待业及知识更新等。

（3）与生活相关的社会性应激源：包括亲密关系（恋爱、夫妻关系、离婚、配偶患病或死亡）、亲子关系、住房拥挤、经济拮据、生活无保障、有长期需要照顾的病残亲人及家庭成员关系紧张等。

此外，按照生活事件性质可分为正性和负性两类。正性有积极意义，但太过或突然亦可致病。负性有消极作用，达到一定量时可以影响身心健康。

3. 心理性应激源 在心理性应激源中挫折和冲突是最重要的两种，如个体长期处于矛盾或冲突之中，会影响身心健康，导致自尊感降低。心理性应激源也能够产生某些躯体性应激源引起的反射或大脑化学物质的改变，进而引起躯体化症状，而这些症状又可以作为躯体性应激源引起心理反应。

4. 文化性应激源 特指社会环境的改变给个体带来的深刻而持久的影响。如迁居异地、文化、语言、风俗习惯、社会价值观的变化等。文化环境会影响个体对事件能否成为应激源的评估，并且通过对个体人格（自尊、自我概念等）的塑造来影响应激反应的发生。

（二）按应激源持续时间长短分类

1. 急性应激源 指那些持续时间短就快速消失的应激源，包括突发性、致伤性意外事件，如突然的交通事故可能导致个体受伤或面临生命威胁，自然灾害、意外伤害、急性疾病等，这类意外事件会给当事人带来巨大的心理压力和生理应激反应，都可能成为急性应激源。

急性应激源易导致个体的心理和生理产生强烈的冲击。在面对这些应激源时，个体需要及时采取应对措施，如寻求医疗救助、进行心理调适等，以减轻应激反应对身心健康的影响。

2. 慢性应激源 指那些持续时间长，对个体造成持续的压力和消耗的应激源，这些应激源可能来自生活的各个方面，如工作方面一个人的工作负荷过重，需要长时间工作，或者工作环境中存在持续的压力和紧张，家庭方面出现家庭关系紧张、家庭成员之间的冲突、亲子关系问题，人际关系方面出现人际关系紧张、社交圈子狭窄、缺乏社交支持等，这些都可能成为慢性应激源。

慢性应激源对个体的影响是长期的，可能会导致身体和心理上的问题，如焦虑、抑郁、身体不适等。个体需积极寻求支持、调整生活方式、学习应对技巧等，以减轻压力和消耗，保持身心健康。

二、心理应激的中介机制

（一）认知评价

认知评价是个体察觉到应激源对自身影响的认知加工过程。它是影响应激的产生或其强度的重要因素。不同的人，对同一应激源有可能做出完全不同的评价。

例如，同是配偶死亡，对大多数人是非常悲痛的创伤，但对某些人可能是解脱。在我们生活中很多事物本身是中性的，但它之所以引起应激，是因为它做出错误估计和判断。

应激事件的认知评价是个体对生活事件的性质、风险性、程度等因素的估计，心理学家拉扎勒斯等将认知评价分为初级评价和次级评价。初级评价指个体在刺激发生后及时判断与自己的利害关系，快速做出事件性质、程度与自我应对能力的评估。次级评价指个体继续在初级评价基础上对刺激是否可以改变，如若采取措施可能有的效果作出判断。一旦作出有效能的判断，个体将进入行动策略的思考，反之采取情绪关注应对策略。

认知因素在应激源与应激反应中起重要中介作用，然而认知因素本身也受其他各项应激相关因素影响。

1. 个体过去的经历 个体在童年时期的经历，可能对其应激源的认知解释产生影响。例如，一个在童年时期经历过家庭暴力的人，在成年后可能更容易将他人的正常行为解读为威胁，从而产生过度的应激反应。

2. 个性特质 个体的个性特质，如自尊、控制感、乐观主义等，都会影响其对应激源的认知解释。例如，具有高自尊的个体在面对挑战时更可能保持积极态度，而控制感较弱的个体可能更容易感到无助和焦虑。

3. 文化背景 不同的文化背景和价值观会影响个体对应激源的认知评估。在某些文化中，强调集体主义和服从权威，这可能导致个体在面对某些应激源时更加顺从和接受；而在其他文化中，强调个人主义和独立思考，这可能导致个体更加倾向于挑战和质疑应激源。

4. 健康状况 个体的身体健康状况也会影响他们的认知评估。例如，慢性疾病或疼痛可能会降低个体的认知功能，使他们更难以准确评估和处理应激源。

（二）应对方式

1. 应对的概念及影响因素 应对（coping）又称应付，该词由动词“Cope”变化而来。“Cope”原意为有能力或成功地对付环境的挑战或处理问题。20 世纪 40 年代以来，将应付引入应激研究领域，并逐渐成为该领域重要分支。

（1）应对的概念：应对是个体为解决生活事件或减轻生活事件对身心影响而采取的认知和行为措施。它是有意识的心理活动和行为策略。用之得当则具有缓冲应激反应的作用；用之不当则反而加剧应激反应，引发心身疾病。应对与心理防御机制常混淆讨论，两者虽然都是机体的保护机制，但应对是基于应激理论得出的意识层面的概念，心理防御机制是精神分析理论背景下潜意识层面的概念，在量化评价时应对的评估中也有合理化、压抑等心理防御机制的条目。

（2）应对的影响因素：个体的应对方式受认知评价、社会支持、个性特征生活事件、文化程度及年龄等因素的影响。此外，应对在心理病因学中的相关研究也从临床医学视角揭示了应对和应激过程的理论关系。

2. 应对方式的分类 人类应对应激发生的方式非常多。目前，应对的内涵和分类尚无统一认识。现介绍 2 种有影响的分类方法。

（1）积极应对和消极应对：积极应对通常指的是个体在面对压力或挑战时，采取主动、建设性的行动来解决问题或缓解压力。这可能包括寻求支持、寻找解决方案、调整认知、改变行为等。积极应对有助于个体增强自我控制感，提高应对效果，促进心理健康。

消极应对则是指个体在面对压力或挑战时，采取逃避、否认、退缩等消极行为。这些行为可能会暂时缓解压力，但长期来看，可能会导致问题加剧，对个体的心理健康产生负面影响。

（2）适应性应对和适应性不良应对：适应性应对是指个体在面对压力或挑战时，能够灵活运用各种应对资源，采取有效的行动来解决问题或缓解压力。这种应对方式有助于提高个体的适应能力和心理韧性。

而适应性不良应对则是指个体在面对压力或挑战时，无法有效应对，导致出现适应障碍或心理问题。这种应对方式可能与个体的个性特点、社会支持、生活经历等因素有关。

（三）社会支持

1. 社会支持的概念 社会支持是指一个人的社交网络带给它的维护情绪保证的其他资源，它来自社会各方面包括家庭、亲属、朋友、同事、伙伴及党团组织给予的精神上和物质上的帮助和支援。社会支持也指增强参与其间个人的归属感、安全感和自尊等各种社会因素的相互作用。它反映了一个人与社会联系的密切程度和质量，是应激过程中个体“可以利用的外部资源”。

2. 社会支持的分类

（1）根据具体内容和功能分类：社会支持可以分为5种基本类型：情感支持、尊重支持、实物或工具支持、信息支持及网络系统支持。情感支持涉及对个人表示同情、照顾和关心，提供安慰、依靠、归属和被爱护的感觉。尊重支持则体现在对个人的重视、鼓励、理解及积极地比较，这对应激评估非常有用。实物或工具支持包括直接的援助。信息支持则涉及提供意见、指导、建议或对个人行动的反馈。网络系统支持为共享兴趣和参加社会活动的一组人提供成员之间的情感交流。

（2）根据支持主客体及作用分类：社会支持可以分为客观支持、主观体验到的支持和对支持的利用度。客观支持，也称为实际社会支持，包括物质上的直接援助和社会网络、团体关系的直接存在和参与。这是人们满足社会、生理和心理需求的重要资源。主观体验到的支持，也称为领悟社会支持，涉及个体所体验到的情感上的支持，即个体在社会中受尊重、被支持、被理解而产生的情感体验和满意程度。对支持的利用度则是个体对社会支持的利用情况，有些人虽然可以获得支持，但可能拒绝别人的帮助。

（3）根据社会支持的来源分类：社会支持可以分为家庭支持、朋友支持和其他支持。这强调了个体对来自各种社会支持来源的理解和领悟。

3. 社会支持的作用 一方面社会支持对应激状态下的个体提供保护，即对应激起缓冲作用，对降低心身疾病、促进病愈有积极作用。另一方面，社会支持对维持一般的良好情绪体验有重要意义。

4. 社会支持的交互关系 社会支持与其他应激因素存在相关，它被视为一种缓冲机制，有助于减轻应激反应对个体心理健康和生理健康的负面影响。一些研究发现，当个体在应激环境中得到社会支持时，他们的应激激素水平会下降，血压也会恢复到正常水平。这表明社会支持有助于调节个体的生理反应，主观支持水平受认知程度影响，个性特征也与社会支持相关。

（四）其他中介因素

影响应激刺激与应激反应的中间因素，除上述外，还与个性特征、生活经验、遗传、年龄、性别和健康状况有关。

1. 人格特征 制约着人们对应激源的认知体验，影响应对方式的选择与应用，亦与社会支持的数量、质量有一定联系。有些人可能倾向于积极应对，他们可能将挑战视为成长的机会，而另一些人则可能更倾向于消极应对，他们可能将困难看作是威胁和障碍。这种认知体验的差异往往会导致人们在面对相同的应激源时会产生截然不同的反应和应对策略。

此外，人格特征也影响着个体寻求和利用社会支持的方式。一些人可能更善于利用社会支持，他们可能拥有广泛的人际关系，能够有效地寻求和接受帮助。而另一些人则可能因为他们内向、羞涩或者独立等人格特征，而较少寻求或接受他人的帮助。这种社会支持的差异，也会对个体的应对方式产生影响，进一步影响他们在应激源面前的适应和恢复能力。

同时，人格特征还与社会支持的数量和质量有着一定的联系。例如，那些外向、热情、善于交际的人，往往能够获得更多的社会支持，他们的社会支持网络可能更加广泛和深入。而那些内向、独立的人，可能较少寻求他人的帮助，他们的社会支持可能相对较少。然而，这并不意味着他们的社会支持质量就一定低劣，因为他们的支持网络可能更加紧密和有效。

2. 遗传素质 诸多研究表明，由于遗传素质的不同，使个体在病理上存在着对某些疾病的易患性；在心理上存在着对某些应激源的敏感性，以及应激后的生理、心理反应的特殊性。正是因为遗传素质，致使应激后所致疾病不同。如家族中有精神分裂症、神经症的人，在应激后可能易诱发此类病症；又如高胃蛋白酶血症者，应激后易发消化性溃疡等。

3. 生活经历、年龄、性别和健康状况 生活经历、年龄、性别的差异亦影响人们对应激源的认知以及当应激刺激后对应对方式的利用和社会支持的数量与利用程度。由于上述差异，当人接受应激之后会有不同的心理、生理反应。另外，身体健康状态不佳，对应激的认知评价、应对和对应激的耐受力等也会不同于健康者。

第4节 应激及预防和管理

应激作为一个系统性反应，包含应激源、中介变量和应激反应等过程，其中认知评价和人格特征是应激系统理论模型中核心因子，与之相对应的管理策略也是多维的，促进动态平衡的。应激预防与管理可以从应激源、认知评价、应对方式、社会支持和应激反应等方面入手。

一、应激源的预防与管理

适度的应激源刺激有助于提高个体适应性。此外要注意连续负性生活事件的累积效应，连续的急性应激将可能演化成慢性应激刺激，因此需要注意全面了解个体生活现状，将其置于大的生活框架中获取更为系统详尽的信息。

根据应激源的分类一部分应激源是客观的，受自然及社会规律的支配个体不能或很难控制的，如自然灾害或生老病死等事件的发生，相应的应激过程不能也没必要完全消除，另一部分是可控可减少的，如出现职业应激事件导致的职业耗竭，出现情感耗竭、对自身表现不满意、疏离无助、工作疲惫及易激惹等表现可以在初期通过工作制度优化、减少应激压力、关注并改善自身情绪，寻求专业帮助发现不合理认知并有意识改善，适当增加与家人相处时间等方式将急性应激控制住不发展为慢性应激状态。

二、认知评价的预防与管理

妥善运用成熟的心理测量工具有助于快速了解个体认知特点，认知评价是应激易感模型中重要一环，所谓应激易感模型是指通过对生理和心理指标的定性定量研究，在人群中筛出“脆弱个体”并对其进行多种方式的干预。认知评价因素是心理指标评价体系中重要组成部分，目前临床采用较为成熟的量表如生活事件量表、明尼苏达多相人格问卷等能够较好反映个体认识水平。对于筛选出的个体可以有针对性地制定认知矫正方案，从预防的视角转变个体认知模式，强化应对能力，从而最大限度减少应激影响。

三、应对方式的预防与管理

应对方式作为一种特质较难改变，一些应对方式是积极建设性的，如寻求社会支持、转移注意力、正念冥想、放松训练等，一些则是消极破坏性的，如过度思虑、拖延、过度自我关注、成瘾行为等，这些作为个体主观选择并长期惯用的应对方法在面对不同程度应激源时所起到的效果是不尽相同的，具有消极破坏性方式的个体更具有应激易感性，调整过往的应对方式较为困难，但应对风格是可以改变的，通过认知矫正技巧训练用积极的、有建设性的应对方式替代消极、破坏性的应对方式是降低个体应激易感性的有效方式，例如采用幽默、升华的方式应对应激事件替代回避、物质滥用的方式，是具有操作性的干预手段。

四、社会支持的预防与管理

提升个体对社会支持的主观感知度能起到缓冲应激的作用，习得社交技巧，加入专业团体以获得归属于爱的主观感受对减轻紧张情绪、获得人际支持有较好效果，技能技巧训练的团体辅导有助于个体建立更多支持性连接。

应激反应的预防和管理除了上述方面，还可从药物控制、保持健康的生活方式、学会调适情绪及放松技巧等方面提升心理弹性，此外，还可寻求专业帮助以获取更多专业、有效的应对策略。

知识之窗

人工智能技术（AI）在创伤救治领域的新进展

人工智能（artificial intelligence，AI）在医学领域的应用早期主要是拟人类专家在进行大量知识和经验数据积累情况下协助诊断和治疗，随着神经卷积网络算法等技术的广泛应用，逐渐向处理自动化复杂问题、语言或图像技能过渡，在创伤救治领域中，AI 技术主要应用集中在手术机器人及创伤后应激障碍（PTSD）风险转归的预测。创伤后应激障碍是一种严重的应激障碍，由突发性灾难事件或自然灾害等强烈的精神应激引起。

创伤预测是基于临床数据结合 AI 技术对患者可能出现的创伤风险预测和评估，以帮助提前采取预防措施，降低个体因意外事件受伤或死亡的风险。相比传统临床诊疗手段难以实现的快速、客观和准确判断，AI 技术通过大数据统计分析和计算机视觉技术的智能诊断系统发展，基于个体心理特征和工作情况预测创伤后应激障碍发生水平。此外，创伤后应激障碍还会对儿童的成长产生不良影响，AI 技术在儿童创伤后应激障碍的早期预测、识别和辅助诊断中逐步有了一些探索和尝试。

同时，AI 技术在创伤救治中的应用也有一定局限性，如受到数据量、数据真实性、时间、地域等因素影响在分析结果中的质效会受影响，特别是创伤救治中个体数据的特异性使得数据信息的获得本身存在一定难度；又如 AI 技术本身在隐私保护、道德伦理等方面还有很长的路要走，因此，医生需要结合人工智能所给出的建议结合专业判断，以确定最佳治疗方案。

本章习题

1. 请结合应激的概念，归纳应激在不同发展阶段的发展特点及对个体身心健康的影响。
2. 各理论模型的评价中各自的优点和缺陷是什么？
3. 在学习生活中，我们经常会面临各种压力和挑战，这些压力和挑战可能会转化为应激反应。请探讨如何有效地管理和应对这些应激反应，以提高个人的学习生活效率。
4. 结合自身生活经历谈谈你所遇到的应激事件以及当时你是如何应对的，如果现在让你调整，你将如何优化，并谈谈这些优化的思考是如何产生的。
5. 案例分析：小王的苦恼

小王，医学院大一新生，性格腼腆，高考发挥得不好，与自己喜欢的学校和专业失之交臂他很后悔沮丧。第一次离家近千公里来上学，面对独立的生活、新的同学朋友和从未接触过的繁重课业，小王十分焦虑，开学2个月以来常躲在被窝里哭泣，最近他还经常感到胸闷、头痛等身体不适。

（1）试分析小王案例的应激源及他所产生的应激反应可能有哪些？

（2）试分析小王产生这些应激反应的中介因素可能有哪些？

（3）综合小王面临的苦恼给出小王合理建议，并分析类似小王案例可能采取的预防措施有哪些？

第 5 章　临床心理评估

学习目标

1. 知识目标：领悟临床心理评估的概念、心理测验概念、智力测验定义；诊断性智力测验量表内容；筛查性智力测验的原理；MMPA、EPQ、16PF 量表的内容；罗夏墨迹测验、主题统觉测验的心理学原理。知晓临床心理评估的作用、方法、程序；心理测验基本要素、分类、使用；诊断性智力测验量表施测与评定方法；筛查性智力测验、婴幼儿智力测验、人格测验的工具；知晓症状自评量表的评分方法，能对分数的意义进行解释。

2. 技能目标：清楚临床心理评估的方法；说出诊断性智力测验量表、筛查性智力测验、婴幼儿智力测验、人格测量工具的类型和适用范围；能够认识和评估临床医学中的心理问题；能够用症状自评量表进行心理测试。

3. 思政目标：培养学生科学严谨的研究态度、客观务实的研究精神；强调学生研究伦理和道德。

第 1 节　绪　　论

一、概　　述

（一）临床心理评估的概念

1. 心理评估的概念　采用心理学知识与方法对各种正常或异常的心理现象及心理水平进行客观分析，并对结果进行定性或定量分析与判断。定性是全面记录、描述并分析个体心理状况，判定个体心理行为特征是否正常或异常。定量是用数量化方法评价个体心理行为变化偏离常态的程度。

2. 临床心理评估的概念　在临床实践中，出于诊疗需要及患者实际情况采用心理学相关知识与方法对患者进行评估、评定和甄别患者心理状态的手段和技术。

心理评估在临床上常涵盖心理诊断和心理测验。心理诊断指对患者心理问题及程度的判断和鉴别，目的是判定患者病情程度和性质。心理测验是为了解个体差异和心理特质状况，根据客观、标准化的程序对个体的心理现象或行为样本进行测量的一种技术。心理测验测量的是个体外显行为，通过个体对测验题目的反应来分析个体心理特点。好的心理测验工具需要满足标准化、常模、信度和效度三个基本要素。

心理评估、心理诊断、心理测量、心理测验常被混淆。心理评估的范畴比心理诊断广泛。心理测量指开展心理测验的活动和过程。心理测量是心理评估的组成部分，倾向于定量描述。心理测验是心理评估和心理测量使用的工具。

（二）临床心理评估作用

1. 发现和识别患者的心理问题、障碍的性质和程度　通过评估了解和研究患者心理状况及行为表现，确定引起心理行为问题或障碍的因素、性质与程度，为临床诊断提供依据。

2. 为对患者进行心理咨询、治疗提供重要依据　通过心理评估了解个体或群体心理行为特征，评估其心理问题性质或程度。寻找引发心理问题形成的症结，进而制订心理干预工作方案。开展治疗后可以通过心理评估，了解干预成效，决定干预方案是否需要调整。

3. 通过对精神病理现象的掌握，辅助诊断精神障碍　许多精神障碍疾病的病因、病理机理仍不明确。目前常通过对患者精神症状的收集，即患者的动作、表情、语言等外显行为可以观察到异常精神活动。病情严重程度、功能损害、病程的资料也可诊断精神障碍疾病。心理评估能够全面、准确地掌握患者的信息，有助于精神障碍的诊断。

4. 促进心理卫生教育工作的开展　通过心理评估了解不同个体、群体的心理特征，帮助正常人群维护和促进心理健康，同时有针对性对不同人群开展心理卫生教育工作，让大众了解不健康行为及其对个人的影响，促进人们改变不良行为，保持自身心理健康。

5. 预防和治疗心身疾病　通过评估了解心身疾病患者病前及病中的心理问题或心理障碍的情况，引导其意识到躯体症状和心理症状相互影响导致病情反复难愈。评估两者关系，采用合适的心理咨询和康复措施，帮助患者协调身心，配合治疗，尽早恢复健康。

（三）临床心理评估者的条件

临床心理评估对评估者基本素质、业务素质和心理素质有较高的要求。

1. 基本素质　具备开展评估所需的心理学基础知识，熟悉个体心理状态、行为表现，健康与疾病关系等有关知识。掌握心理测量学基础知识。有一定的适应能力与人际沟通能力，能顺利与不同类型、层次评估对象沟通。

2. 业务素质　受过系统、严格专业培训。熟悉测验的适用对象、施测程序和计分方法。熟练掌握心理评估的操作技术。能正视自己的业务水平，不妄用、误用自己不熟悉的评估工具，能根据评估对象选择适合的评估工具。

3. 心理素质　乐于与人交往，有包容心和共情能力。能与不同的评估对象建立良好的关系，顺利开展评估工作，认真对待评估工作。尊重评估对象人格，保护其隐私。对评估结果保密，对评估材料进行妥善保管。

（四）临床心理评估的方法

临床心理评估主要采用调查法、观察法、会谈法和心理测验四种方法。

1. 调查法　指采用调查问卷搜集研究对象资料的方法。围绕与当前问题有关的现实生活表现、适应能力等开展。也可了解过去经历、个性、人际关系等。通过一般问询、调查表的方式，收集研究对象的资料，是科学研究中最常用的方法之一。调查法用自我报告的方式获得信息。个体提供的信息因受社会赞许影响，即按社会上认可应该或正确的方式作答，不表达个人真实想法。因而要结合当事人的社会关系网络开展调查，并收集相关材料等多方面信息，并验证信息的可信度和真实性。调查法能在短时间内以书面形式收集个体、群体的相关资料，简单易行。但结果的真实性、可靠性受多方因素影响，常需辅以其他研究方法。

2. 观察法　指通过直接而系统地观察个体外显行为，分析和判断其心理行为特点和规律的一种方法，是获得信息最常用的方法。可以简单易行地直接观察个体的行为，获取一手资料。可直接与个体接触来观察，也可通过录音、录像、摄像头监控等媒介获得。观察法尤其适用于对婴幼儿、儿童、精神疾病患者的评估。但是观察法有许多限制，有些行为因很少发生而难以观察；有些行为在某些特定情境下发生，难以推断其在其他情境的发生情况；观察者往往被动观察，或者观察工作被突发情况干扰；同时需要观察者有一定经验以保证能够客观记录观察信息和不偏离观察目标和程序。

3. 访谈法 （又称会晤或晤谈）。指针对特定目的，在编制原则和整套设计指导下形成访谈计划，以了解个体心理倾向、行为特点的方法。该方法能简单、直接、有效地收集资料，是心理评估中最基本的方法。访谈可通过面对面、书信、电话、网络等方式进行。访谈法常见类型有无结构访谈和结构化访谈两种。前者也称自由式访谈，是一种开放式、自由提问与回答的访谈方式。双向沟通良好，但耗时，易偏离主题。后者是一种正式的访谈形式，一般根据评估目的，设计好题目并预估对方的可能反应。谈话主题明确，效率较高，但评估对象可能感到拘束。

评估者具有良好的人际沟通技巧有利于与评估对象建立良好的互动关系，能通过顺畅沟通获得较为真实的信息。评估者在访谈过程中还可以观察到对方非语言信息，以了解评估对象个性特点、情绪反应、表达能力等丰富相关资料，为分析和判断提供参考依据。

4. 心理测验法 指为分析个体差异和心理特征，根据客观标准化程序对个体行为样本进行测量的方法。医学领域的心理测验工具有智力测验、人格测验、症状评定测验三大类。心理测验广泛运用于心身医学，通过测验、评定来量化影响疾病发生、发展、转归、预防中的心理社会因素。常用生活事件量表（LES）来测量生活事件对人们的心理刺激强度，分数越高表示个体承受精神压力越大。常使用明尼苏达多相人格调查表来发现和治疗心理异常患者，对神经质、精神病进行临床诊断。儿科保健与发展咨询门诊常采用智力测验、神经心理学方法来评估儿童身心发展中智力问题。

（五）心理评估程序

1. 确立评估问题 根据评估对象主述，梳理重要信息并结合个人观察，了解其表现问题的范围；判断是否有心理问题；心理问题属于哪种类型；评估心理问题的严重程度，是否有伤人或自残自杀观念或行为；推断产生心理问题的原因及初步治疗方法。

2. 确立方法与工具 为进一步确定评估对象心理问题，为评估者进行心理诊断提供依据。在开展一段时间治疗后，用来评定心理问题是否有转变，向何方向转变。评估者要根据患者心理问题类型和性质以及评估目的选择合适的评估方法及工具。如学习困难，可采用智力测验；抑郁状态可用抑郁自评量表；人格问题可用人格测验。为了确定心理问题，评估工具应该针对患者问题来选择。应能测查出尚不明确、需证实的信息，要为诊断提供有用信息。当测查心理疗效时，评估工具应与前面评估所用工具一致。具体选择时要考虑患者年龄、教育程度、问题性质。

3. 科学施测 测量环境可以在专门的测量室、医院诊室、教室等安静、整洁场所，并确保不受外界干扰。事前获得评估对象同意和配合，并告知测验目的和注意事项。主试需熟悉测验程序，严格按照心理测验工具使用手册规范操作。测试中注意收集评估对象身体语言线索、情绪反应特征、外显行为等方面表现，以充实信息资料。

4. 撰写评估报告与结果解释 根据心理测验工具计分方法计分及进行统计分析。对评估结果、已收集信息等资料进行处理、分析。就评估患者心理问题性质及测评表现进行说明。书写评估报告，对患者心理状态、心理问题作出客观诊断，告知患者结果并确立解决问题的建议和工作目标。

二、心理测验的标准化

（一）概念

美国心理学家卡特尔（Cattell）为心理测验学科发展作出巨大贡献。他首先提出“心理测验”的概念，指出“心理学若不立足于实验与测量，就绝不能够有自然科学之准确性”，主张统一规定测验程序，与常模比较后对测验结果进行解释。

多数人同意美国心理学家阿纳斯塔西（A. Anastasi）提出的定义：“心理测验实质上是对行为样本的客观的和标准化的测量。”从以下三方面来理解。

第一，因为无法直接测量个体的心理活动，只能间接通过个体对测验题目的反应来推测其心理特点，所以心理测验是对外显行为的测量。

第二，样本是从目标人群中具有代表性的取样。好的样本从明确界定的范围、性质、特征的群体中选择，所选能够代表测验群体。通过对选择的行为样本的观察和分析，推断被试的心理特征。标准化样本随着时代的变迁而变化，常模样本需要定期修订，尽量使用较新的常模标准。

第三，对所有的被试使用标准化的工具，才能获得具有可比性的测验结果数据。要求测量的内容、施测条件、评分规则、测验常模的标准化。标准化是心理评估的基础。

（二）心理测验的基本要素

1. 常模　即标准，指某一心理测验在一定群体中测量结果的标准量数。个体经心理测验得到测验结果的数据称为原始分数。本身无多大意义，不能孤立地看待测量分数，需要根据常模将其转换为标准分数再来评定，即把该分数与他人（群体）的测验分数进行比较。常模是参照点，解释测验分数需要通过它找到一个可比较的参照。判断个体差异的依据和比较需要常模作为标准。通俗来说，常模是一组有代表性的被试群体的平均测验分数。要想知道某被试在群体中的相对位置，将其测量分数与常模分数比较即可。

2. 信度　指同一被试在不同时间内多次采用同一测验，重复测量得到结果的一致性程度。是衡量测量科学性的基本指标，反映测验分数的可靠性。一个好的测量工具，对同一事物反复多次地测量，其结果应当保持不变。信度反映测量工具的可靠性和稳定性。在遵守操作规则前提下，好的测量工具的测验结果变化不大。信度的评估方法包括重测信度、复本信度、分半信度、评分者信度。需要根据实际情况采用不同的信度指标。

3. 效度　指一个测验是否将所要测量的内容指标准确地反映出来的程度。它反映测验的准确性。表明心理测验工具测到它所要测量的特征。在选择标准化的心理测验工具时，效度是必需的考虑指标，不能使用没有效度的测验工具。随机误差和系统误差影响测验的效度，信度高的测验并不一定是有效的，但有效的测验必定是可信的，信度是效度的必要条件。效度包括内容效度、构想效度、校标效度。

（三）心理测验的分类

1. 按测验组织方式分类　分为个别测验，在规定的时间内一个主试对一个被试实施测验，如韦氏智力测验。团体测验，在规定的时间内主试可以对多个或者一批被试实施测验，如瑞文智力测验。

2. 按测验材料分类　分为文字也称纸笔测验，量表用语言文字表达和展示，被试用文字答题。如艾森克人格测验、16PF 等。非文字也称操作测验，如韦氏智力测验的操作分量表、瑞文智力测验等。

3. 按测验目的分类 用于测量智力，如韦氏智力测验、瑞文智力测验、丹佛发育筛查测验；用于了解人格类型，如明尼苏达多项人格测验、艾森克人格测验、罗夏墨迹测验、主题统觉测验；用于评估心理健康状况，如生活事件量表、抑郁自评量表、焦虑自评量表、SCL-90。

4. 按测验回答方式分类 分为常规测验，对文字型测验材料根据量表要求选择“是”或“否”或者在提供的几种选项中进行选择。对非文字型测验材料按要求进行动手操作。投射测验，由于材料无严谨结构，被试自由表达出自己想到、看到、感觉到的即可。

（四）心理测验的合理使用

1. 测验工具的选择 每个测验工具有特定的测验对象和内容范围，应根据不同目的进行选择。根据临床、科研需要的心理诊断、疗效比较、心理能力鉴定等来选择种类，或根据实际需要进行一定组合。选用标准化程度高的测验。选用引进的国外量表时，应首选经过我国修订和再标准化的量表。

2. 施测程序规范 主试经过专业训练、具备一定资质，应选用自己熟悉和有使用经验的测验。不滥用、乱用测验，在有临床诊断、治疗等需要时，才进行心理测验。应该在建立良好的关系，具备适宜的环境前提下开展测验。需要按规范的测试过程操作程序及指导手册要求开展测试，不允许出现临场发挥，随意解释的错误行为。熟悉不同测验工具的程序，做好事先准备与分工。根据常模样本来选择被试，要求被试年龄、教育程度、心理特点、居住区域等必须符合常模样本的要求。

3. 测验结果解释 撰写、阅读心理测验报告的工作者要有心理学、心理测验知识。要注意被试的实际情况，不要机械套用常模。尊重被评估者的隐私，对测验结果妥善保管。对测验结果保守秘密，除非被评估者有自残、自杀或者危害社会的倾向，保密是心理测验的基本要求。

第2节 智力测验

目前尚无统一的对“智力”的定义，比奈-西蒙智力测验是世界上第一个正式智力测验，比奈（Binet A）和西蒙（Simon T）将“智力”定义为：“在我们看来，在智力中存在某种基本才能，它的改变或欠缺，对于实际生活至关重要。这种才能包括判断力、辨别力、主动性和适应能力。善于判断、善于理解、善于推理，这些都是智力的基本活动”。韦克斯勒智力量表的作者将“智力”定义为，“智力是个人行动有目的，思维合理，有效地应付环境的一种综合才能”。智力测验的编制者常根据自己对智力定义的理解编制智力测验。

智力测验是用于评估个人的智力水平，根据有关智力的理论按照标准化程序编制而成，通过测验的方法来衡量人的智力水平高低的一种科学方法。智力测验广泛运用于人力资源开发、司法鉴定、临床医学、教育等多个领域。

一、智 商

智商是智力的量化，将智力水平用数量表示，智力测验的结果一般以智力商数（intelligence quotient，IQ）来表示。智商是衡量个体智力发展水平的一种指标。智商分为比率智商和离差智商。

（一）比率智商

公式为 IQ=MA/CA×100，MA（mental age）为智力年龄（又称心理年龄），指某儿童智力测验成绩所达到的水平。如某儿童智力年龄为 10 岁，说明其智力相当于 10 岁一般儿童的平均智力。CA（chronological age）为实际年龄，儿童测验时实际年龄，要求准确到月份，满 15 天以上者按月计，不满 15 天者可省略。如某儿童智力测验时 10 岁，智力测验成绩达到 12 岁儿童的平均水平，用比率智商公式计算该儿童 IQ 为 120。公式是斯坦福教授推孟（L. M. Terman）在斯坦福-比奈量表（Stanford-BinetIntelligence Scale）中采用斯腾伯格首先提出的智力商数概念，作为比较儿童聪明程度的相对指标得出的。儿童的智力水平随着年龄增长而增长，但智力发展到一定年龄就停止发展。因此比率智商不适用于成年人。

（二）离差智商

韦克斯勒认为智商在任何年龄均呈现常态分布，可以用标准分计算智商。公式为 IQ=100+15（X–M）/S。X 为被试的智力测验实得分数，M 为该年龄组样本智力测验平均分数，S 为年龄组样本分数标准差。（X–M）/S 是标准 Z 分，如果 X–M=0，为避免 IQ 为 0，升值到 100，每个 Z 分升值 15 倍。在韦克斯勒量表中的 IQ 不是一个商数，当被试 IQ 为 100 时，表示智力中等；IQ 为 115 时，表示高于一般人智力的一个标准差；IQ 为 85，表示他低于一般人智力的一个标准差。离差智商不受年龄限制，是目前通用的 IQ 计算方法。

二、诊断性智力测验

（一）韦克斯勒智力量表

1. 概述 韦克斯勒智力量表是目前世界上使用最广泛的智力评估测验。以美国心理学家韦克斯勒（D. Wechsler）1939 年发表的韦克斯勒-贝勒维智力量表为基础，经多次修订而成。韦氏智力量表有三种：用于 16 岁以上人群的韦氏成人智力量表（WAIS）及修订本（WAIS-R），用于 6～16 岁学龄儿童的儿童智力量表（WISC）及修订本（WISC-R），用于 3～6 岁半儿童的学龄儿童智力量表（WPPSI）及修订本（WPPSI-R）。

2. 修订情况 我国于 1981 年引入韦克斯勒智力量表。目前我国修订的具有常模的韦氏智力测验有：1981 年龚耀先等修订的韦氏成人智力量表（WAIS-RC），根据我国国情分别建立了农村和城市两套常模。适用于 16 岁以上成人；1986 年林传鼎等修订的韦氏儿童智力量表（WISC-CR），适用于 6～16 岁 11 个月的儿童；同年龚耀先等修订的韦氏幼儿智力量表（C-WYCSI），适用于 3 岁 10 个月 16 天～6 岁 10 个月 15 天的小孩，分城市版和农村版；后龚耀先等修订了适用于 6～16 岁的中国韦氏儿童智力量表（C-WISC）。

3. 施测与评定 本量表属个别测验，按手册完成各分测验项目。有些分测验不是从最初项目开始，按年龄不同有一定起点，各分测验规定连续若干项目都失败时终止该分测验。按手册规定的评分标准计算分数。一个分测验的原始分（粗分）由分测验中各项目得分相加。粗分按手册规定换成量表分。言语和操作量表分由言语和操作测验的各分测验量表分相加。全量表分由所有分测验量表分相加而得。根据手册换算成言语智商（VIQ）、操作智商（PIQ）和总智商（FIQ）。智商和智力等级关系见表 5-1。

表 5-1 智力水平的等级名称与划分（按智商值划分）

智力等级名称	韦氏量表	斯坦福-比纳
极优秀	130 以上	132 以上
优秀	120～129	123～131
中上	110～119	111～122
中等	90～109	90～110
中下	80～89	79～89
临界	70～79	68～78
轻度智力低下	55～69	52～67
中度智力低下	40～54	36～51
重度智力低下	25～39	20～35
极重度智力低下	＜25	＜20

韦氏量表操作程序比较复杂，全程测验需要 2 个多小时，但因该量表能较好反映一个人全貌，而且信度、效度较高，被公认为是较好的智力量表。临床上可用于鉴别脑器质性损害和功能性障碍。

4. 韦氏成人智力量表各分测验内容 包括言语测验和操作测验两个部分。言语测验包括常识、类同、算术、词汇、理解、背数 6 个分量表。操作测验包括填图、图片排列、积木、拼图、译码 5 个分量表。

（1）言语测验

常识：有 29 个涉及常识性知识的题目。测试被试知识的广度、一般学习能力、对日常事物的认识能力。

类同：有 14 对题目，要求说出每对事物的相同点。主要测量逻辑思维和抽象思维能力。

算术：有 14 道小学程度的算术题。主要测量运算技巧、数学推理、解决问题、记忆及抗分心的能力。

词汇：用小卡片将 35 个逐渐增大难度的词，向被试呈现，要求被试说出词义。测量言语理解能力，了解被试知识范围和文化背景。

理解：有 16 个题目。主要测量运用常识解决问题的能力，对伦理道德和价值观念的理解能力。

背数：包括顺背和倒背两部分。主要测量短时记忆能力和注意力。

（2）操作测验

填图：有 20 张图片，每张图片缺少一部分，让被试指出缺少的部分。主要测量被试知觉组织和推理能力，视觉记忆，辨认能力。

图片排列：把 10 组有一定情节的图片，打乱顺序向被试呈现，要求其按适当顺序组成一个有意义的故事。主要测量分析综合能力，言语理解能力，社会情境理解能力等。

积木：有 9 块红白两色正方形积木，每块两面白色，两面红色，另两面按对角线分成红白两色。另有 10 种图案，让被试用木块摆出图案。主要测量知觉组织及视觉-运动综合协调能力。

译码：每个数字对应相应符号，让被试在 90 秒内在 90 个数字下面填上代表该数字的符号。主要测量一般学习能力，知觉辨别和书写速度。

拼图：有 4 套图像拼版，每个图像被分割成若干部分，要求被试将其组合成一个熟悉物体的完整画面。主要测量处理部分与整体关系的能力，思维能力和知觉组织能力。

（二）比奈-西蒙智力量表

由法国心理学家比奈（Binet A）和西蒙（Simon T）编制。源于研究智力低下儿童的诊断方法，以帮助改进对其教育方式。他们于 1905 年发表《诊断异常儿童智力的新方法》，是世界上第一套智力测验工具，被称为比奈-西蒙测验（B-S）。比奈和西蒙在 1908 年与 1911 年对其进行修订。1908 年修订版在测验中使用“智力年龄”，是比奈的创举。简单明了、易于理解地使用智力年龄来表示智力的高低。如某 6 岁儿童能通过 6 岁的测验题目，而不能通过 7 岁的测验题目，他的智力年龄为 6 岁，属于正常或普通智力水平。把智力年龄与实际年龄相比，可以看出儿童的智力高低程度。如某儿童的生理年龄，即实际年龄（CA）为 6 岁，如果他通过 8 岁的测验题目，说明他较聪明，如果他只能通过 4 岁的测验题目，那他比较笨。

关于比奈-西蒙测验的各种文字翻译本和修订本相继出现，最负盛名的是美国的推孟 1916 年修订本，称为斯坦福-比奈量表。美国分别于 1986 年和 2000 年进行了第四次、第五次修订。我国学者陆志伟于 1924 年发表中国比奈-西蒙测验版本。1982 年吴天敏对陆志伟版本进行修订，被称为中国比奈测验。中国比奈测验年龄适用于 2～18 岁，测验共 51 个题目，题目按简单到复杂排列。开始测验题目根据指导说明书对照被试年龄选定。如 6～7 岁儿童从第七题开始作答。连续 5 个题目作答错误停止测试。每通过 1 题记 1 分，采用离差智商计算测验结果并评价智力水平。

三、筛查性智力测验

（一）画人测验

画人测验又称为绘人测验，是简便易行的智能评估工具，可用来评估人格。1885 年，英国人库克（E. Cooke）就儿童画人的年龄特点进行了描述。1926 年，美国心理学家古迪纳夫（F. L. Goodenough）首次提出画人测验可作为 4～12 岁儿童智力测量工具，并将其标准化。1963 年，海瑞斯（D. B. Harris）全面修订画人测验，发表“古迪纳夫-哈里斯画人测验”。1968 年，科皮茨（Kopitz）首次提出了画人测验的 30 项发育指标，并编制了画人计分量表。画人测验原理为引导儿童通过绘画将自己的内在世界投射出来。因为儿童，尤其是较低年龄及有适应困难的儿童，要求他们用口语表达自己内在压抑或强烈的情感需要是很难做到的事情。透过儿童自行创作的绘画作品，并通过引导式访谈等方法来引导儿童讲出作品的内容故事则比较容易。

（二）丹佛发育筛查测验

儿科医生筛查高危新生儿运动障碍和整体发育状况常使用智力测验。有助于早发现脑发育不全或脑瘫患儿并对其进行早期干预。幼儿神经检查常使用丹佛发育筛查测验（Denver developmental screening test，DDST），适用于 0～6 岁儿童。共 104 个题项。内容包括对 4 个功能区的测验。①回应他人功能：测查幼儿对养育者、照顾者的回应和与其互动能力。②精细动作功能：测查幼儿注意物体、用手拿物体和涂鸦的能力。③言语发展功能：测查幼儿对声音的反应，说话和理解养育者话语的能力。④粗动作功能：测查幼儿端坐、行走、跑跳等能力。

（三）瑞文测验

英国心理学家瑞文（J. C. Raven）1938 年创制的一种团体智力测验，又称瑞文标准推理测验，是非文字智力测验。分为标准型、彩色型、高级渐进方阵三套测验。标准型适用于 5.5 岁以上智力发展正常的人。彩色型适用于幼儿和智力低下水平者。高级渐进方阵是对标准型测验得分高于 55

分的被试者进行更为精细的区分评价。1986 年我国张厚粲及全国协作组完成对瑞文标准型测验的修订。标准型和彩色型合并本联合型瑞文测验（CRT）中国修订版由李丹、王栋于 1989 年完成。制定了成人、城市和农村儿童三个常模。联合型瑞文测验一般正常三年级以上儿童与 65 岁成年人都可以团体进行。幼儿、智力水平低下者、不能自行书写的老年人需个别测验。

瑞文标准测验一共由 60 张图片，分成难度逐步增加的 A、B、C、D、E 共 5 组。A 组测知觉辨别力、图形比较、图形想象力等；B 组测类同、比较、图形组合等；C 组测比较、推理和图形组合；D 组测系列关系、图形组合、比拟等；E 组测互换、交错等抽象推理。每一组包含 12 个逐渐增加难度的题目，编号为 A1、A2……A12；B1、B2……B12 等。每个题目是一幅缺少一小部分图案的主题图。答题选项是 6～8 张小图片，受试者需要找出题目隐藏的一系列抽象符号与图案的构成规律，选择最合适的一张小图片填补主题图缺失部分，使其完整与合理。计分方法为受试者总得分即其测验的原始分数，需将原始分数换算为相应的百分等级，再转化为 IQ 分数。联合型瑞文测验采用离差智商计算。瑞文测验的优点在于：对象不受文化、种族与语言等条件限制，适用年龄广泛，且不排除一些生理缺陷者。

（四）50 项学前儿童智能筛查量表

该量表借鉴美国儿科学院加州分院使用的“儿童入学准备测验”，1979 年，全国智能协作组根据卫生部提出的“儿童智能迟缓和智能测验”国家课题，参考国外资料，结合我国国情编制。50 项量表可以评定 4～7 岁儿童智能发育水平。属于智力筛查方法。测试自我认识能力（3 项）、运动能力（13 项）、记忆能力（4 项）、观察能力（6 项）、思维能力（9 项）、常识（5 项）。本量表对儿童按 50 题顺序进行个别测验。用于儿童保健和儿科临床检查了解幼儿智能发展情况，给予促进智能发育方面的指导；分析和判断智力低下患儿，及早进行训练和矫治；为小学入学检查、均衡分班提供依据。

四、婴幼儿智力测验

（一）格塞尔婴幼儿发展量表

由美国耶鲁大学的格塞尔（A. Gesell）与同事编制并于 1925 年发表，后多次修订。测验对象从出生至 5 岁、重点为 3 岁以下幼儿（1974 年修订版），时间约 30 分钟。格塞尔量表可以测量婴幼儿发展水平，对伤残婴幼儿的临床诊断更具价值，被认为是婴幼儿智能测试的经典方法。

量表主要诊断动作能、应物能、言语能、应人能 4 个方面的能力。根据婴幼儿年龄使用 8 个分量表对其进行相应诊断。4～16 周婴幼儿从仰卧位开始，＞28 周以上婴幼儿从坐式开始。完整记录体格检查表、家长谈话，详细记录对儿童行为的观察结果。及格项目（+）、不及格（–）、超过要求（++）、没做出反应（？），最后综合分析并评估智能。格塞尔反对计算婴幼儿智商，认为通过对 4 个领域进行计算，得出 4 个方面的发展商数（developmental quotient，DQ）。用发展商数评价婴幼儿发展水平。如发展商数＜65～75，表明发育严重落后，应物能发展商数＜85，表明机体损伤。

（二）贝利婴儿发展量表

美国心理学家贝利（Nancy Bayley）等于 1933 年发表，1969 年修订。适用两个月到 30 个月的婴儿。包含智能量表（163 个项目），测试辨别形状、搭积木、放置形状板等；运动量表（81 项），测试俯卧抬头、坐、站、走、翻身、跑等；社会行为量表，测试婴幼儿在测验过程的情绪反应和合作行为。

贝利量表共 244 个行为项目，其中心理量表 163 项，运动量表 81 项。按年龄组将婴儿在心理量表和运动量表上的分数转换成平均数为 100，标准差为 16 的标准分数，计算出心理发展指数（mental development index）和心理运动发展指数（psychomotor development index）。贝利量表被公认为是最好的婴儿测验。在心理实验中常用来对比智力前后变化。该量表主要用来测量婴儿当前发展状况，而不预测将来的能力水平，不能用婴儿测验分数预测长远的发展。

（三）0～6 岁儿童神经心理发育检查表

首都儿科研究所牵头与 12 个省、市密切合作，收集 15053 例婴幼儿神经、心理发育资料，经过 10 年编制而成。掌握了我国各地区婴幼儿神经、精神发育的基本情况，确定适合我国国情的婴幼儿神经、心理发育常模。

测量婴幼儿大运动、精细动作、适应能力、语言、社交行为五方面能力。大运动包括抬头、翻身、坐、爬、站、走、跳、独脚站、上下楼梯、四肢活动和姿势反应，躯体平衡等运动能力。精细动作包括抓握、摇动、把弄、拇食指对捏、握笔乱画、搭积木、穿扣眼、折纸、用筷子、画人像等。适应能力包括对声音有反应、寻找声源，找掉落玩具，把东西从杯子、盒子中取出，盖瓶盖，搭高积木，按页翻书，知道简单数目等。语言包括与其他孩童交谈，听音乐、歌曲，读故事、歌谣，写字、画画等。社交行为包括对照料者逗引有反应，见人会笑，能认识亲人，认生等。该量表为智能超常或发育迟缓提供了可靠的早期诊断依据。

知识之窗

国际常用的智力水平分级方法

智力水平	IQ 值	标准差范围
天才	145～160	+3～4SD
极超常	130～144	+2～3SD
超常	115～129	+1～2SD
平常	85～114	±1SD
边界	70～84	–2～–1SD
轻度智力低下	55～69	–3～–2SD
中度智力低下	40～54	–4～–3SD
重度智力低下	25～39	–5～–4SD
极重度智力低下	<25	–5SD 以下

第3节　人格测验

一、明尼苏达多相人格调查表

明尼苏达多相人格调查表（MMPA）是世界上最常引用的人格量表。我国宋维真等于 1980 年开始 MMPA 的修订工作，1984 年完成修订并建立中国常模。它由美国明尼苏达的（S. R. Hathaway）和（J. C. Mckingly）编制，最初是根据精神病学的经验校标来对个体进行诊断，后来发展成为人格测验，现常用于帮助鉴别诊断精神障碍。MMPA 有 566 道题目和 399 道题目两个版本。常用 10 个临床量表及 4 个效度量表，题目内容包括对身体各个方面的情况、精神状态、家庭、婚姻、宗教、法律等方面的态度和看法。被试根据个人实际情况对题目做出“是”或“否”的回答。被试在各分量表上得分反映其人格剖面图。

（一）效度量表

1. 疑问（Q） 对问题不作是否回答或是否都选择的题目总数。原始分超过 30 分（566 题目版本）、原始分超过 22 分（399 题目版本），说明被试持逃避态度，测验无效。

2. 掩饰说谎（L） 共 15 题，原始分超过 10 分测验无效。高 L 分提示被试没有真实答题，测验效度不可靠。避免使用 L 分>6 的被试。

3. 诈病（F） 共 64 个题目，题目内容比较古怪或荒唐。正常人不认真答题或试图装病时，得分较高。精神疾病患者得分越高越能提示精神病程度越重。

4. 校正分（K） 共 30 个题目，评估被试的测验态度，高分者表示测验中隐瞒或自我防御较强。

（二）临床量表

1. 疑病（Hs） 反映被试对自己健康、身体功能过分担心。高分者身体健康，但主观认为自己生病，有疑病倾向。

2. 抑郁（D） 测验情绪问题，高分表示情绪低落、自杀思想、有轻度焦虑或激动。高分者常被诊断为抑郁症。

3. 癔症（Hy） 测验被试关注心身症状和敏感、自我中心等。高分者自我中心、自私，期待他人的关爱。存在心理问题转换成躯体症状现象，有功能性的身体症状。

4. 精神病态性偏倚病态人格（Pd） 测量被试的社会行为偏离特点。高分者脱离一般社会道德规范，漠视社会习俗，有复仇攻击观念。

5. 男性化/女性化（MF） 测量女性男性化和男性女性化倾向。女性高分者有好攻击、情感迟钝等男性倾向，男性高分者有敏感、爱美、被动等女性倾向。

6. 妄想（Pa） 测量病理性思维。高分者多疑、敏感，甚至有妄想。平时很少自省，强词夺理甚至侵犯他人。超过 70 分可能存在偏执妄想，极端高分可能被诊断为偏执型精神分裂症。

7. 精神衰弱（Pt） 识别精神衰弱、强迫状态、恐怖症或高焦虑。高分者有强迫观念、非常焦虑、高度紧张等反应。Pt、D、Hs 三个量表得分同时升高形成神经症剖析图。

8. 精神分裂症（Sc） 测量思维异常和行为古怪等精神分裂症患者的一些临床特征。高分者思维怪异、行为退缩，可能存在幻觉妄想、情感不稳定倾向。

9. 躁狂（Ma） 测量情绪激动、过度兴奋、易激惹等轻躁狂症特征。高分者联想过多、过快、精神运动兴奋和观念飘忽。

10. 社会内向（Si） 测量社会化倾向。高分者胆小、退缩、过分自控。低分者外向、健谈、冲动。

各量表结果采用 T 分在 MMPI 剖析图上标示。MMPI 中国版（1982 年）T 分>60 表示可能有病理性异常或某种心理偏离现象。综合分析要结合各个量表 T 分高低情况。精神疾病患者的 D、Pd、Pa、Sc 分高，剖析图呈现“右高左低”模式，神经症患者 Hs、D、Hy、Pt 分高，剖析图呈现“左高右低”模式。

MMPI 被翻译成 100 多种文字版本，广泛运用于各个领域。适用于 16 岁以上，具有小学毕业文化水平，无影响测验结果的生理缺陷者。可以用于评定正常人的个性，可以用于研究病理心理，协助临床诊断。可以个别和团体施测。其已经成为广泛使用的人格测验工具。

二、艾森克人格问卷

艾森克人格问卷（Eysenck personality questionnaire，EPQ）是英国心理学家艾森克夫妇在 20 世

纪 60 年代编制，经过修订在国际上被广为采用。EPQ 是艾森克根据自己的多维个性理论编制。含有适合 16 岁以上成人问卷和适于 7～15 岁的青少年问卷，均有 88 个项目，包含 4 个分量表，3 个量表测 3 种不同个性维度，1 个为效度量表。我国龚耀先于 1983 年修订制定了儿童和成人两套全国常模，适用于 16 岁以上的成人问卷和适用于 7～15 岁儿童的儿童问卷，两者均为 88 个题项。同时，陈仲庚修订的 EPQ 有 85 个题项，并建立了 EPQ 成人北京常模。

EPQ 由一个效度量表和三个人格维度组成。

1. E 量表（外向—内向） 分高者性格外向，喜欢社交，渴望刺激和冒险、情绪容易冲动。分低者性格内向，喜欢安静、善于内省、喜欢有秩序的生活方式，情绪较稳定。

2. N 量表（神经质） 反映情绪的稳定性。分高者容易焦虑，在应激情况下情绪反应强烈，易出现过激行为。分低者情绪反应缓慢且轻微，性情温和，稳重自持。

3. P 量表（精神质） 分高者多孤独，不关心他人，不近人情，对他人有敌意，具有攻击性，喜欢做异于常人的事情，有冒险行为。分低者能较好适应环境，能与他人相处，态度和善。

4. 量表（掩饰） 测量被试的掩饰、假托及自身隐蔽，或者测定被试朴实、幼稚水平。从而识别被试答题时诚实程度。

艾森克将 N 量表和 E 量表组合，形成外向稳定的多血质，外向不稳定的胆汁质，内向稳定的黏液质，内向不稳定的抑郁质 4 种气质类型。

EPQ 为自陈量表，被试根据自己实际情况选“是”或“否”。根据 4 个量表记分标准统计各量表得分，进行人格分析。量表项目少，便于操作，可以个别与团体施测。但其条目较少，反映信息也相对较少，因而反映的人格特征类型有限。

三、十六种人格因素问卷

十六种人格因素问卷（16 personality factor，16PF）由卡特尔（Cattell JM）根据人格特质学说，采用因素分析法编制而成。他通过因素分析抽取了 16 种根源特质。这 16 种根源特质各自独立，并普遍存在，是真正构成人格的砖块。只要测量出个体 16 项基础因素的表现程度，即可知其人格特征。

16PF 原版有 A、B、C、D、E 共 5 个版本，A、B 为全版本，各有 187 个陈述题目，C、D 版，各有 105 个题目。小学以上文化程度并且 16 岁以上者使用前四种版本；E 版 128 个题目，为阅读水平低者设计。16PF 主要用于认识和测量正常人的人格特征，以及对某些次级人格因素的评估。1970 年我国刘永和、梅吉瑞将 A、B 合并，发表了中文修订本（表 5-2）及全国常模。

表 5-2 16PF 结构及意义

因素	低分者特征	高分者特征
乐群（A）	孤独、冷淡、缄默	外向、乐群、善于合作
聪慧（B）	思想迟钝、学识浅、抽象思维能力弱	富才识、善思考、学习能力强
稳定（C）	激动、易烦恼、易受环境影响	情绪稳定、行动有魄力
恃强（E）	谦逊、顺从、通融	好强、固执、独立
兴奋（F）	严肃、审慎、内省	轻松、兴奋、健谈
有恒（G）	权宜、敷衍、缺乏较高目标	有恒负责、细心周到
敢为（H）	畏怯、退缩、缺乏信心	冒险敢为、敢作敢为

续表

因素	低分者特征	高分者特征
敏感（I）	重现实、客观独立处理问题	感情用事、不务实际
怀疑（L）	依赖随和、顺应合作	怀疑、刚愎、固执己见
幻想（M）	合乎实际、妥善行事	富于幻想、狂放不羁
世故（N）	直率、天真、感情用事	精明能干、世故、得体
忧虑（O）	安详、沉着、自信	忧虑、烦恼、担忧
实验（Q_1）	保守、重传统、少勇于尝试	勇于尝试、不拘泥现实
独立（Q_2）	随群、附和、依赖	自立自强、当机立断
控制自律（Q_3）	矛盾冲突、不顾大体	自律严谨、言行一致
紧张（Q_4）	心平气和、宁静、知足常乐	紧张困扰、挣扎、疲乏

来源：张旺信，智慧树医学心理学课程，2024

我国常用的修订本合并了 A、B 本，共 187 个题项。每个题项分“是”“否”“介于两者之间”三种选择。分量表一般由 12～13 个题项组成，测量个体某一方面的人格因素，16 个人格因素用字母表示。16PF 施测后，根据被试答案计分，0 分为答案与计分标准相反，2 分为相符，1 分为介于中间。计分采用标准 10 分，即平均数 5.5，标准差为 1.5 的标准分数。结果用标准分 Z 分表示。得分高低分两极，<4 分为低分（1～3 分），>7 分为高分（8～10 分）。高分、低分表现不同的人格特征。注意不能孤立地解释 16 个人格因素的分数，每个因素分数高低及重要性都与其他因素及其组合方式有关，16 个人格因素构成个体的人格剖析图，从而展现个体的人格特征。

四、罗夏墨迹测验

由瑞士精神病学家罗夏（Rorschach）在 1921 年创立，目的是临床诊断，对精神分裂症与其他精神病进行鉴别，也用于研究感知觉和想象能力。1940 年罗夏墨迹测验才被作为人格测验在临床上广泛运用。龚耀先于 1990 年完成对该测验的修订工作，现已有中国正常人常模。材料有 10 张墨迹图，全黑 5 张，黑色和红色再折叠成对称浓淡不匀的墨迹图 2 张，彩色 3 张。测试时依次将图片交给被试，要求被试说出从图中看到了什么。不限制时间和回答数目，直到没有回答时再换一张。10 张图看完后，再从头对每一回答都询问一遍，询问看到的图是整体还是某部分，要求其对自己的回答进行原因解释。对患者的选择和解释进行记录。随后对结果评分和分析。美国伊克斯勒（J. Exner）在 1974 年建立了罗夏测验结果综合分析系统，目前常用于正常和病理人格的理论和临床研究。

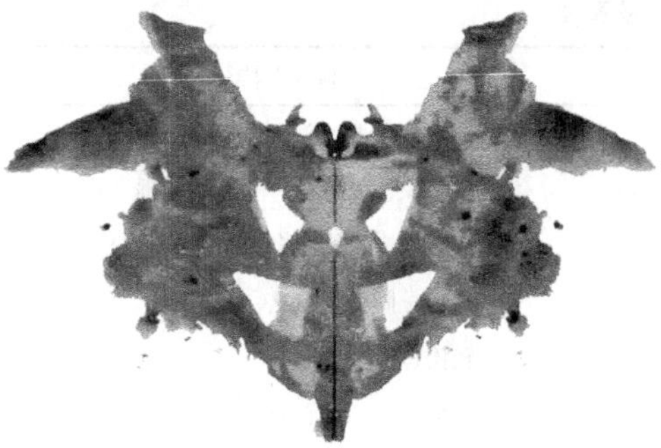

图 5-1　罗夏墨迹图（姜乾金，2010）

罗夏墨迹测验在投射测验中最常见。投射测验指使用模糊或缺乏完整结构的测验材料，观察被试对材料的反应，通过被试的想象将其内心深处的心理活动透露或投射出来，让主试了解其心理冲突、人格特征。它在被试不了解测试目的的前提下，通过无结构的刺激材料，引发被试通过自由联想、唤起幻想等对测试材料进行联想。答案无对错之分，通过整体解释、分析，揭露被试的内心，探讨其人格特点（图 5-1）。

虽然测验结果主要反映人格特征，但也可得出对临床诊断和治疗有意义的精神病理指标，它们都是经验性的，但在临床上对患者人格特征分析有一定借鉴作用。目前常用于正常和病理人格的理论和临床研究。该测验记分和解释方法复杂，且在较大程度上依赖于主试的经验、技能，主试需要经过长期训练和经验积累才能逐渐正确掌握和使用。

五、主题统觉测验

主题统觉测验（TAT）由亨利·默里（Henry A. Murray）在 1938 年创立，测验共有 30 张以人物或景物为主的黑白图片（图 5-2）。主试的指导语鼓励被试尽情地想象，任意自由发挥，对看到的图片或景物进行生动描述，越充满戏剧性越好。主试按顺序展现图片，要求被试通过自己的想象和体验，对图片情景中的人在干什么，想什么，故事如何开始，如何结尾进行生动、丰富的讲述。默里认为被试在讲述故事过程中会不自觉地把自己潜意识中的欲望、情绪、动机或冲突等展现出来。主试通过分析故事内容，发现被试关心的问题、动机和人格特点，从而了解被试独特的内心世界。

图 5-2　主题统觉测验中的一种图片

TAT 的图片刺激有结构性，要求被试进行无限制、具有意义的言语表达。但其没有标准化的施测程序，常依据年龄、性别等特征告知被试指导语。做完全套测验的人较少，主试也常围绕自己关心的问题来选择其中部分图片。评分参考默里提出的分析原则，但不是客观的评分标准和方法。

知识之窗

十六种人格因素问卷（16PF）剖面图

因素	原始分	标准分	低分者特征	标准分 1 2 3 4 5 6 7 8 9 10	高分者特征
A	11	6	缄默孤独	A	乐群外向
B	7	4	迟钝、学识浅薄	B	智慧、富有才识
C	13	5	情绪激动	C	情绪稳定
E	13	6	廉虚顺从	E	好强固执
D	12	5	严肃审慎	D	轻松兴奋
G	9	4	权宜敷衍	G	有恒负责
H	14	7	畏缩退怯	H	冒险敢为
I	8	5	理智、注重实际	I	敏感、感情用事
L	11	5	信赖随和	L	怀疑刚愎
M	11	6	现实、合科常规	M	幼想、狂放不羁
N	10	6	坦白直率、天真	N	精明能干、世故
O	13	8	安详沉着、有自信心	O	忧郁抑郁、烦恼多端
Q1	12	6	保守、服从专统	Q1	自由、批评激进
Q2	10	4	依赖、随群附众	Q2	自主、当机立断
Q3	10	4	矛盾冲突、不明大体	Q3	知己知彼、自律谨严
Q4	13	6	心平气和	Q4	紧张困扰

注：红色曲线为各个特征上得分连一起，形成曲线，表示人格剖面图。

第4节　症状评定量表

症状评定量表是指临床心理卫生领域常使用的，用于量化个体身心特征、情绪状态和行为特征的评定工具。评定量表强调操作性和实用性，大多数量表均经过标准化，具有量化功能，由于量表简单易操作，被广泛应用于精神病学、医学和社会科学领域。采用各种症状或临床综合征的评定量表，让患者来衡量自己的症状极其严重程度。由于症状评定量表的实施需要对自身心理问题有一定的觉察和认识，需要患者具有一定的文化水平。在临床中常用的症状评定量表包括 90 项症状自评量表，抑郁评定量表、焦虑评定量表等。

一、90 项症状自评量表

90 项症状自评量表，又称 90 项症状清单（symptom checklist-90，SCL-90），该量表由德罗加蒂斯（L. R. Derogatis）编制，20 世纪 80 年代被引入我国，并得到广泛应用。该量表具有较高的信效度，能客观地反映来访者多维度身心状况，同时能反映来访者症状的严重程度，是临床使用最为广泛的精神障碍和心理疾病门诊检查量表之一，该量表能够帮助来访者了解自己的心理健康程度。该量表适用于 16 岁以上的青少年、成年和老年人群体，且文化程度达到初中及以上水平，同时也适用于除痴呆和重度精神病外的各种心理障碍患者。该量表能较好反映病情和程度，对于神经症、综合医院的住院患者及心理咨询门诊被评估者有较好自评作用，能较快了解自觉症状及严重程度。可重复测查、观察病情发展或评估疗效。

90 项症状自评量表测查内容包括 10 个症状因子，即躯体化、强迫症状、人际关系敏感、抑郁、焦虑、敌意、恐怖、偏执、精神病性及其他。因子分用于反映有无各种心理症状及严重程度。每个项目分为没有、很轻、中等、偏重、严重 4 个等级由来访者根据自己最近的身心状况进行评分。通过总分及各因子的得分了解来访者问题的范围、表现以及严重程度等。评定的时间范围是来访者“现在”或者是“最近一个星期”的实际感觉。

（一）指标

1. 具体分析指标

（1）总分：是所有项目得分的总和。

（2）总症状指数：总分/90，代表被试总体自我感觉介于 1～5 级评分中的等级。

（3）阳性项目数：评分在 2～5 之间的项目数，表示被试呈现“有症状”的项目数量。

（4）阴性项目数：指评分为 1 的项目数，即被试“无症状”的项目数量。

（5）阳性症状均分：阳性项目得分/阳性项目数，表示“有症状”项目平均得分，即被试自我感觉不佳的项目的程度的范围。

（6）阳性症状痛苦水平是指总分除以阳性项目数。

2. 因子分　组成某一因子的各项目总分/组成某一因子的项目数。每个因子反映患者的某方面症状痛苦情况，通过因子分可以了解被试的症状分布特点，若某一因子分大于或等于 2，表明该因子所反映的指标需引起注意。

根据总分、阳性项目数、因子分等对被试是否存在阳性症状及严重程度进行判断和评估，因子分越高、反映的症状越多、症状越严重。

3. 因子含义

（1）躯体化：个人对身体舒适度的自我觉察，包括心血管、胃肠道、呼吸和其他系统的不适及头痛、肌肉酸痛和焦虑的身体表现，包括 1、4、12、27、40、42、48、49、52、53、56 和 58，共 12 项。

（2）强迫症状：主要指明知没有必要，但又无法摆脱的无意义的思想、念头和行为，某些一般的认知障碍也在这一因子中反映，包括 3、9、10、28、38、45、46、51、55 和 65，共 10 项。

（3）人际关系敏感：个人在人际关系中舒适度的自我觉察。在人际交往中的自卑，心神不宁，消极期待，包括 6、21、34、36、37、41、61、69 和 73，共 9 项。

（4）抑郁：以郁郁寡欢、心情不畅、情绪低落的心境症状，还以生活兴趣减退，动力缺乏，活力丧失等为特征，包括 5、14、15、20、22、26、29、30、31、32、54、71 和 79，共 13 项。

（5）焦虑：一般指烦躁、不安，神经过敏，紧张及由此产生的躯体症状，包括 2、17、23、33、39、57、72、78、80 和 86，共 10 项。

（6）敌对：主要从思想、情感及行为三个方面反映出对抗。包括 11、24、63、67、74 和 81，共 6 项。

（7）恐怖：与传统的恐怖状态或广场恐怖、社交恐怖反映的内容基本一致。恐惧的对象包括出门旅行，空旷场地，人群，或公共场所和交通工具，包括 13、25、47、50、70、75 和 82，共 7 项。

（8）偏执：以偏执性思维为核心症状，主要指投射思维、敌对，猜疑，关系观念，妄想，被动体验和夸大等，包括 8、18、43、68、76 和 83，共 6 项。

（9）精神病性：反映多种精神病性症状及行为，有代表性、隐晦的、限定不严的精神病过程的指征，也可反映精神病性行为的继发征兆和分裂性生活方式的指征，包括 7、16、35、62、77、84、85、87、88 和 90，共 10 项。

（10）其他：主要反映饮食和睡眠状况，包括 19、44、59、60、64、66 及 89 共 7 个项目，未能归入上述因子。

（二）评定方法

量表有 90 个项目，即 10 个因子。每个项目采用 5 级（0～4 分）评分制，0=没有，1=很轻，2=中度，3=偏重，4=严重。5 级评分含义如下：①没有：自觉并无该症状；②很轻：自觉有该症状，但发生不频繁、不严重；③中度：自觉有该项症状，其严重程度中度，在一定程度上影响其社会职能和功能；④偏重：自觉常有该项症状，其程度偏重，在很大程度上影响其社会职能和功能；⑤严重：自觉该症状的强度十分严重，频率较高，严重影响其社会职能和功能（表 5-3）。

表 5-3 90 项症状自评量表（SCL-90）

1. 头痛	9. 忘性大
2. 神经过敏，心中不踏实	10. 担心自己的衣饰整齐及仪态的端正
3. 头脑中有不必要的想法或字句盘旋	11. 容易烦恼和激动
4. 头晕或晕倒	12. 胸痛
5. 对异性的兴趣减退	13. 害怕空旷的场所或街道
6. 对旁人责备求全	14. 感到自己的精力下降，活动减慢
7. 感到别人能控制您的思想	15. 想结束自己的生命
8. 责怪别人制造麻烦	16. 听到旁人听不到的声音

续表

17. 发抖	54. 感到前途没有希望
18. 感到大多数人都不可信任	55. 不能集中注意力
19. 胃口不好	56. 感到身体的某一部分软弱无力
20. 容易哭泣	57. 感到紧张或容易紧张
21. 同异性相处时感到害羞不自在	58. 感到手或脚发重
22. 感到受骗，中了圈套或有人想抓住您	59. 想到死亡的事
23. 无缘无故地突然感到害怕	60. 吃得太多
24. 自己不能控制地大发脾气	61. 当别人看着您或谈论您时感到不自在
25. 怕单独出门	62. 有一些不属于您自己的想法
26. 经常责怪自己	63. 有想打人或伤害他人的冲动
27. 腰痛	64. 醒得太早
28. 感到难以完成任务	65. 必须反复洗手、点数目或触摸某些东西
29. 感到孤独	66. 睡得不稳不深
30. 感到苦闷	67. 有想摔坏或破坏东西的冲动
31. 过分担忧	68. 有一些别人没有的想法或念头
32. 对事物不感兴趣	69. 感到对别人神经过敏
33. 感到害怕	70. 在商店或电影院等人多的地方感到不自在
34. 您的感情容易受到伤害	71. 感到任何事情都很困难
35. 旁人能知道您的私下想法	72. 一阵阵恐惧或惊恐
36. 感到别人不理解您、不同情您	73. 感到在公共场合吃东西很不舒服
37. 感到人们对您不友好，不喜欢您	74. 经常与人争论
38. 做事必须做得很慢以保证做得正确	75. 单独一人时神经很紧张
39. 心跳得很厉害	76. 别人对您的成绩没有做出恰当的评价
40. 恶心或胃部不舒服	77. 即使和别人在一起也感到孤单
41. 感到比不上他人	78. 感到坐立不安、心神不宁
42. 肌肉酸痛	79. 感到自己没有什么价值
43. 感到有人在监视您、谈论您	80. 感到熟悉的东西变成陌生或不像是真的
44. 难以入睡	81. 大叫或摔东西
45. 做事必须反复检查	82. 害怕会在公共场合晕倒
46. 难以做出决定	83. 感到别人想占您的便宜
47. 怕乘电车、公共汽车、地铁或火车	84. 为一些有关“性”的想法而很苦恼
48. 呼吸有困难	85. 您认为应该因为自己过错而受到惩罚
49. 一阵阵发冷或发热	86. 感到要赶紧把事情做完
50. 因为感到害怕而避开某些东西、场合或活动	87. 感到自己的身体有严重问题
51. 脑子变空了	88. 从未感到和其他人很亲近
52. 身体发麻或刺痛	89. 感到自己有罪
53. 喉咙有梗死感	90. 感到自己脑子有毛病

二、抑郁自评量表

抑郁自评量表（self-rating depression scale，SDS）由美国精神医学家宗氏（Zung）于1965年编制，该量表由20个项目组成（表5-4）。量表操作方便，易于使用，能直观地反映来访者的主观感受。本量表适用于评定来访者抑郁有关症状及严重程度和变化趋势，适用于具有抑郁症状的成年人，对于文化程度较低或智力水平稍差的人的评定效果不佳。该量表评定范围是自评者过去一周的实际感觉，目前多用于门诊抑郁患者的筛查、情绪状态的评估及科学研究中。

指标为总分，20个项目得分相加即得总分，计分及结果解释有两种。①粗分计算结果及解释：SDS总粗分的正常上限为41分，总分超过41分可考虑筛查阳性，即可能有抑郁存在。抑郁严重指数为总分/80，指数范围在0.25～1.0，指数越高，反映抑郁程度越高。0.5以下者为无抑郁；0.5～0.59为轻微至轻度抑郁；0.6～0.69为中至重度；0.7以上为重度抑郁。②标准分计算及解释：标准分为总粗分乘以1.25后所得的整数部分，按照中国常模标准，SDS标准分的分界值为53分，其中53～62分为轻度抑郁，63～72分为中度抑郁，72分以上为重度抑郁。

抑郁自评量表按照1～4级计分，反映20个项目抑郁状态的四组特异性症状。1分为很少有症状，2分为有时候有症状，3分为大部分时间有症状，4分为绝大部分时间有症状。标有*的项目2、5、6、11、12、14、16、17、18、20为反向计分题，按4～1级计分，括号中为症状名称。

表5-4 Zung抑郁自评量表（SDS）

1. 我觉得闷闷不乐，情绪低沉（忧郁）	*11. 我的头脑和平常一样清楚（思考困难）
*2. 我觉得一天中早晨最好（晨重晚轻）	*12. 我觉得做经常做的事情并没有困难（能力减退）
3. 一阵阵哭出来或觉得想哭（易哭）	13. 我觉得不安而平静不下来（不安）
4. 我晚上睡眠不好（睡眠障碍）	*14. 我对将来抱有希望（绝望）
*5. 我吃得跟平常一样多（食欲减退）	15. 我比平常容易生气激动（易激惹）
*6. 我与异性密切接触时和以往一样感到愉快（性兴趣减退）	*16. 我觉得做出决定是容易的（决断容易）
7. 我发觉我的体重在下降（体重减轻）	*17. 我觉得自己是个有用的人，有人需要我（无用感）
8. 我有便秘的苦恼（便秘）	*18. 我的生活过得很有意思（生活空虚感）
9. 心跳比平常快（心悸）	19. 我认为如果我死了，别人会过得好些（无价值感）
10. 我无缘无故地感到疲乏（易倦）	*20. 平常感兴趣的事我仍然感兴趣（兴趣丧失）

三、焦虑自评量表

焦虑自评量表（self-rating anxiety scale，SAS）由宗氏（Zung）于1971年编制，从量表构造的形式到具体评定的方法，用于评定患者焦虑的主观感受及其在治疗中的变化，适用于有焦虑症状的成年人，该量表评定范围是自评者过去一周的实际感觉，是临床咨询门诊中使用较为广泛的焦虑症状的自评工具（表5-5）。

该量表共有20个项目，按照1～4级计分。1表示没有或很少时间有，2是小部分时间有，3是相当多时间有，4是绝大部分或全部时间都有。标有*的项目5、9、13、17、19为反向计分题，按4～1级计分，括号中为症状名称。总分又称为粗分，是20个项目得分相加，粗分乘以1.25以后取整数部分，为标准分。按照中国常模结果，SAS标准分的分界值为50分，其中50～59分为轻度焦虑，60～69 分为中度焦虑，69 分以上为重度焦虑。

表 5-5 Zung 焦虑自评量表（SAS）

1. 我觉得比平常容易紧张和着急（焦虑）	11. 我因为一阵阵头晕而苦恼（头晕）
2. 我无缘无故地感到害怕（害怕）	12. 我有晕倒发作或觉得要晕倒似的（晕厥感）
3. 我容易心里烦乱或觉得惊恐（惊恐）	*13. 我呼气、吸气都感到很容易（呼吸困难）
4. 我觉得我可能将要发疯（发疯感）	14. 我手脚麻木和刺痛（手足刺痛）
*5. 我觉得一切都很好，也不会发生什么不幸（不幸预感）	15. 我因为胃痛和消化不良而苦恼（胃痛、消化不良）
6. 我手脚发抖打颤（手舞足蹈）	16. 我常常要小便（尿意频数）
7. 我因为头疼、头颈痛和背痛而苦恼（躯体疼痛）	*17. 我的手脚常常是干燥温暖的（多汗）
8. 我感到容易衰弱和疲乏（乏力）	18. 我脸红发热（面部潮红）
*9. 我觉得心平气和，并且容易安静坐着（静坐不动）	*19. 我容易入睡，并且一夜睡得很好（睡眠障碍）
10. 我觉得心跳得很快（心悸）	20. 我做噩梦（噩梦）

知识链接　五态人格测验

杨秋莉、薛崇基于中医的“五态人”理论及人格测验的方法，编制了本土化的“五态性格测验表”，该量表根据中医的气质阴阳学说制定而成，是具有中医特色的人格测验量表。《黄帝内经》中有专章论及气质，从性格、体形、神志与举止等方面作了甚为详细的描述，并涉及气质与疾病及其治疗的关系。中医的气质分类有阴阳与五行两种，阴阳学说中又分为太阳、少阳、阴阳平和、少阴与太阴等 5 型。除阴阳平和型外，其余四型与古希腊学者依四液所分的四种类型和巴甫洛夫根据神经活动的两个过程所分的四种类型的性格和行为表现极为相似。该量表是我国第一个自建的人格测定类量表，为通过大样本的流行病学调查修订，并结合国情建立了全国和各个地区的常模，是目前较为全面测量、研究中医阴阳气质的量表。

本章习题

1. 心理评估的方法有哪些？
2. 标准化心理测验的基本条件有哪些？
3. 心理评估对临床心理工作的作用有哪些？
4. 诊断性智力测验有哪些代表性工具？
5. 筛查性智力测验有哪些代表性工具？
6. 人格测验有哪些代表性工具？
7. 罗夏墨迹测验的心理学原理是什么？
8. 症状自评量表的代表性测评工具有哪些？

第6章 心身疾病

第1节 概 述

学习目标

1. 知识目标：知晓心身疾病的概念，常见的心身疾病，异常心理的定义，心理障碍的概念、说出心身疾病的发病率及人群特征，心身疾病分类，领悟心身疾病的发病机制。

2. 技能目标：能够识别常见心身疾病、知晓心身疾病的临床分科或系统，说出心身疾病的诊断与防治方法。

3. 思政目标：培养学生的心身统一的理念，引导学生深刻认识不良情绪导致各种躯体疾病的意识，培养乐观积极、豁达开朗的生活与工作态度，加强抗挫能力的培养，减少心身疾病的产生。

一、心身疾病概念

心身疾病亦称心理疾患，是一些与心理、社会因素有密切相关的躯体性疾病的总称。一般来说，是介于躯体疾病和神经症及心理异常之间的一大类疾病。严格意义上，心身疾病有狭义和广义之分，狭义的心身疾病指心理-社会因素等在其发生、发展过程中起重要作用的躯体/器质性疾病。广义的心身疾病指心理-社会因素在疾病或病症发生、发展过程中起助推作用的躯体/器质性疾病和躯体功能性障碍。就心身关系而言，临床疾病大致可分以下三种模式。

（1）无明显躯体异常的心理疾病：这类疾病多由心理社会因素引起，无显著躯体病理变化，临床表现以精神、心理异常为主，包括精神病、神经症等。

（2）与心理因素无明显关系的躯体疾病：这类疾病多由理、化、生（物）因素引起，有显著的躯体病理变化，临床上以躯体症状为主，可伴有不同程度的精神心理症状。

（3）与心理因素有密切关系的躯体性疾病：其中心理社会因素在其发生、发展、转化、防治过程中起主导地位。

（一）心身疾病的发病率及人群特征

关于心身疾病发病率问题，人们对心身疾病范围的理解不同，导致调查结果的不一致。有人对综合性医院初诊患者，进行粗略估计，有略高于1/3的患者为单纯的躯体性疾病，不足1/3的患者为心理疾病，其余1/3的患者为心身疾病。

心身疾病发病人群特征如下。

（1）性别：总体上女高于男，两者比例3∶2，但有些疾病男高于女，如冠心病、高血压、消化性溃疡、支气管哮喘等。

（2）年龄：15 岁以下或 65 岁以上患病率最低，从青年到中年期，可能由于承受更多压力而患病率呈上升趋势，至围绝经期前后到顶峰。

（3）社会环境：研究表明，不同的社会环境，患病率不同。就冠心病而言，患病率最高为美国，其次为芬兰、希腊及日本，尼日利亚最低。这可能与社会环境因素有关。就我国而言，有人估计，心身疾病总体上农村少于城市。经济文化越发达，工业化水平越高的地区患病率越高，脑力劳动者多于体力劳动者。

（二）心身疾病分类

关于心身疾病的分类，国内外学者各执己见，分法不一。目前较多的分类方法是按器官系统和临床学科分类。根据《国际疾病分类（ICD-10）精神与行为障碍分类》中列出的疾病，并结合心身医学界的有关文献报道，表 6-1 中的疾病被纳入心身疾病范畴。

表 6-1　临床各科常见心身疾病分类表

系统或分科	常见的心身疾病
循环系统	冠心病、原发性高血压、短暂脑缺血发作、动脉硬化性脑梗死、原发性脑出血、雷诺病、冠脉痉挛、β受体过敏综合征、心因性心律失常、神经性低血压、心血管性神经官能症、阵发性室性心动过速、脑心综合征等
消化系统	消化性溃疡、溃疡性肠炎、肠易激综合征、慢性胃炎、慢性胰腺炎、胃肠神经官能症、心因性吞咽困难、心因性消化不良、心因性呕吐、心因性厌食、心因性进食过多、心因性嗳气（吞气症）、心因性腹泻、心因性腹痛、习惯性便秘、肝炎后综合征等
呼吸系统	支气管哮喘、过度换气综合征、心因性咳嗽、心因性呼吸困难等
内分泌系统	糖尿病、甲状腺功能亢进症、单纯性肥胖、心因性多饮等
神经系统	偏头痛、心因性头痛、面肌痉挛、书写痉挛、痉挛性斜颈、疲劳综合征等
泌尿与生殖系统	慢性前列腺炎、心因性阳痿、性欲减退或缺失、遗精、早泄、阴茎异常勃起、性欲亢进、心因性尿频、夜尿症等
内科其他系统疾病	类风湿关节炎、系统性红斑狼疮、痛风、心因性疼痛、癌症等
妇产科	心因性不孕症、功能失调性子宫出血、功能失调性月经紊乱、经前期紧张综合征、心因性痛经、原发性闭经、心因性外阴瘙痒症、乳房小叶增生、妊娠剧吐、妊娠高血压综合征、心因性流产和早产、围绝经期综合征、绝育术后综合征等
儿科	支气管哮喘、消化性溃疡、溃疡性结肠炎、肥胖症、胃肠道功能紊乱、心因性消化不良、心因性呕吐、心因性厌食、心因性进食过多、心因性腹泻、心因性腹痛、心因性发热、心因性呼吸困难、口吃、多动症、多动秽语综合征、遗尿等
皮肤科	神经性皮炎、银屑病、慢性荨麻疹、斑秃等
眼科	原发性青光眼、中心性浆液性视网膜脉络炎、眼肌疲劳症、眼睑痉挛等
耳鼻咽喉科	梅尼埃病、心因性突发耳聋、口吃、神经性失语等
口腔科	口腔黏膜溃疡、心因性牙痛、口臭、心因性三叉神经痛等

另外，有的学者将外科术后、全麻术后、假体及器官移植后所致心身障碍也列入其中。

二、心身疾病的发病机制

现代医学几乎把所有疾病的发生都看成是多因素交互作用所致，心身疾病更不例外。早期人们对心身疾病发病与病因多从某一生物因素或某单一心理因素进行研究，如细菌、病毒或性格因素等。但随着研究的深入，人们逐渐发现，单一因素研究不能合理解释疾病的病因与发病。因此，人们逐渐将研究方向转到多因素、多变量交互作用的研究上。

流行病学调查研究发现：促进心身疾病发病的主要心理因素有不良情绪、不良行为、性格特征、认知评价、应对方式和心理应激；主要社会因素有生活事件、社会支持、人际关系、不良社会环境；生物因素有遗传、病毒或细菌感染、生理始基、生理中介机制等。本节主要介绍生理始基和生理中介机制（其他详见有关章节）。

（一）生理始基

生理始基是指心身疾病患者在患病前所具有的机体生理学特点。研究表明，不同生理始基，可使个体对不同的心身疾病具有相应的易患性。如高胃蛋白酶原血症是消化性溃疡的生理始基；高甘油三酯血症是心脑血管病患者的生理始基；高尿酸血症是痛风病患者的生理始基；高蛋白结合碘血症是甲状腺功能亢进症的生理始基。

（二）生理中介机制

社会、心理和行为因素作用于机体，通过神经系统、神经内分泌系统和免疫系统的中介而对躯体各器官发生影响。如果不良的社会、心理及行为因素超强或持久地作用于机体，会引起上述中介机制紊乱而引发心身疾病。

1. 神经系统中介机制 社会心理因素作用于机体，可以影响中枢活动，主要表现如下。

（1）丘脑：是情绪中枢，是除嗅觉外所有感觉传导通路的换元站，又与丘脑下部、基底神经节、大脑半球、脑干等发生着双向联系，并将感知觉、情绪、自主神经内脏反应和骨骼肌反应整合起来。丘脑上行的特异性投射和非特异性投射决定了各种感知觉等心理活动的产生和大脑皮质的觉醒状态、注意力和警觉性等。

（2）丘脑下部：是自主神经高级中枢所在，丘脑下部后部是恐惧中枢所在之处。丘脑下部外侧是怒中枢。研究证明，情绪反应与内脏反应整合在丘脑下部，心理应激都有丘脑下部参与。

（3）网状结构：其活动决定大脑皮质的觉醒程度、激活程度、意识水平和情绪状态。

（4）边缘系统：是高级情绪中枢、高级自主神经中枢、内分泌调整中枢和认知、行为调整中枢。

（5）大脑皮质：是各种感觉、知觉、学习、记忆、思维、意志、人格、情绪高级中枢所在地。因此，应激必将通过大脑皮质的认知评价而产生各种情绪反应和生理反应。

2. 内分泌中介机制 心理通过中枢神经系统（CNS）对各种靶腺产生影响，从而影响心身健康，甚至促成心身疾病。

（1）心理应激-CNS-交感神经-肾上腺髓质系统：是研究最早、最多的中介机制，当急性应激时，经中枢神经系统、下丘脑、交感神经、肾上腺髓质被激活，释放儿茶酚胺，引起肾上腺素、去甲肾上腺素、多巴胺的大量分泌，导致中枢神经兴奋性升高。网状结构对刺激更敏感，会增强机体的警觉性和敏感性；骨骼肌肉紧张度增强。由于交感神经被激活，内脏生理发生一系列变化，如心率、心收缩力和心排血量增加，血压升高，血液重新分配，脾缩小，皮肤和内脏血流减少，心、脑、肌肉获得充分血液，分解代谢加速，肝糖原分解，血糖升高，脂类分解加速，血中游离脂肪酸增多，瞳孔扩大，汗腺分泌增加等。这是引起高血压、心肌梗死等心脑血管病的主要机制之一。

（2）心理应激-CNS-CRF-ACTH-肾上腺皮质系统：也是研究最早、最多的机制之一，当应激原作用后传入下丘脑，下丘脑分泌促肾上腺皮质激素释放因子（CRF）刺激腺垂体分泌促肾上腺皮质激素（ACTH），进而促进肾上腺皮质激素分泌。其中糖皮质激素氢化可的松的合成和分泌引起一系列生理变化。如 ACTH 和皮质醇增加、尿 17-OHCS 升高、血糖升高、抑制炎症和蛋白分解，增加抗体等，是心理应激引起高血压、糖尿病、精神病的机制之一。

（3）心理应激-CNS-交感神经-RAA 系统：应激通过 CNS-交感神经系统激活肾素（R）、血管紧张素（A）、醛固酮（A）系统，从而引起高血压、心脑血管病等心身疾病。

（4）心理应激-CNS-TRH-TSH-甲状腺素系统：应激通过下丘脑的促甲状腺素释放激素（TRH）刺激垂体的促甲状腺素（TSH）分泌，进而刺激甲状腺分泌甲状腺素。该系统是引起甲状腺功能亢进等心身疾病的机制之一。

（5）心理应激-CNS-GNRH-性激素系统：应激促进下丘脑分泌促性腺激素释放激素（GnRH），它们共同调节生殖性功能和青春发育，长期作用可引起该系统变化而产生相应心身疾病。

（6）心理应激-胰岛系统：应激和不良情绪作用于人体，通过交感神经系统，抑制胰岛素释放，可促使糖尿病发生。

另外，应激还可通过生长激素、加压-抗利尿激素，从而影响人的代谢功能、适应环境的能力和注意力、记忆力、学习能力等。

3. 免疫中介机制 心理社会因素对免疫系统的影响，是通过心理-脑-递质、激素-免疫细胞这一途径实现的。

心理社会因素对免疫力的作用，有正性和负性作用。如心情愉悦、乐观、安定、爽朗时，通过副交感神经系统释放的乙酰胆碱递质作用于胆碱能受体，或通过下丘脑肽类激素的分泌，作用于免疫细胞肽类受体可以增强免疫功能。许多心理疗法、音乐疗法大都是通过改善人的心境，引导人产生乐观、愉快的情绪使免疫力增强而达到治疗目的。

相反，不良情绪或长期的应激则通过交感神经释放大量儿茶酚胺递质或通过脑-垂体-肾上腺皮质系统释放糖皮质激素，作用于免疫细胞，从而使免疫力降低，引发各种疾病。例如杨来启等用放射免疫测定法研究 69 例应激障碍患者及 31 例正常人血清白细胞介素-2、肿瘤坏死因子-α、粒细胞-淋巴细胞集落刺激因子水平，应激障碍组低于对照组。各因子呈正相关。正常组无此相关性。说明应激障碍患者的免疫功能被抑制。又如 Riley 用老鼠先接触能引起乳房肿瘤的 Bitthen 病毒，然后分成两组，一组生活于强烈应激拥挤环境中，另一组正常喂养环境。结果前者发生肿瘤为 90%，而后者发生仅为 7%。以上研究表明，不良的情绪或应激通过神经内分泌免疫中介机制，使免疫功能受到抑制，引发心身疾病。

三、心身疾病的诊断与防治

（一）心身疾病的诊断

1. 诊断程序

（1）病史采集：对疑有心身疾病的病例应该特别注意收集患者心理、社会方面的有关材料，例如心理发展史、人格特点、行为方式、生活事件、人际关系、社会支持和情绪状态等。从而确定躯体疾病的生物性因素，寻找与心身疾病发生、发展有关的心理社会因素。

（2）体格检查：注意观察体检时患者的心理行为反应方式、患者对待体检和治疗的特殊反应方式，判断患者的心理特征，确定诊断心身疾病所必需的躯体病变客观依据。

（3）心理行为检查：用会谈、行为观察、心理测试或必要的心理生物学检查方法等，确定心理社会因素的性质、内容和与疾病的关系。

（4）综合分析：根据收集到的材料，结合心身疾病的基本理论，对是否有心身疾病、为何种心身疾病、哪些心理社会因素起主要作用、可能的作用机制等问题做出合理的评估。

（5）心理诊断：往往伴随心身疾病治疗的全过程。在治疗过程中，患者原有的心理问题解决了，新的问题又会出现，这就要求医生针对变化了的情况重新评估并采取新的干预措施。

2. 诊断 心身疾病是心理社会因素起主导作用的躯体性疾病，所以它的诊断应具备以下基本条件。

（1）必须具有确定的躯体症状，这种症状有明确的器质性病理改变，该症状必须是相对固定且局限的，或存在已知的病理生理学变化。

（2）必须具有明确且不良的与躯体症状有明确时间关系的心理社会因素。

（3）有特定的人格特征或心理缺陷等易患素质，排除神经性障碍或精神病。

3. 鉴别诊断 心身疾病应与躯体性疾病和神经症相鉴别。

（1）心身疾病与躯体性疾病：当躯体性疾病伴有明显心理变化、情绪障碍时，二者需要鉴别。主要从心理、情绪障碍与躯体症状的前后时间关系上加以鉴别区分。心身疾病在发病前就存在明确的心理社会因素，同时伴有人格或心理缺陷；躯体疾病则相反，心理社会因素在发病后或发病中。中医将此区分为因郁而病及因病而郁。

（2）心身疾病与神经症：其鉴别要点如下。

1）症状：心身疾病以躯体症状为主，并且症状相对固定而局限；神经症以心理症状为主，若伴有躯体症状，则为多系统、多器官性质表现且反复易变。

2）病理：心身疾病的病理变化或器质性病变比较明显；神经症则缺乏或无此变化。

3）病因：相对而言心身疾病的心理社会因素成分更小，神经症可能有社会适应不良的情况存在。

值得注意的是，在实际工作生活中三者鉴别有时比较困难。因此，有的学者也将神经症或躯体病症的一部分纳入心身疾病范围。

（二）心身疾病的防治

1. 预防 心身疾病涉及心和身两大相互影响、相互作用的系统，因而坚持“心身综合防治模式”是心身疾病预防和治疗的宗旨。预防的关键是对引起应激和心身疾病的各种社会心理因素进行干预，因此可综合采用诸多心理学理论与技术。

（1）个体预防：预防心身疾病的第一环节就是个体预防。可针对正常人群和罹患风险较高者，在心理应激阶段就开展相应的自我防护与心理卫生知识宣传，或者接受应激接种训练、行为自我监测控制、放松训练、示范法和认知疗法等心理咨询。从而学会有效的应对策略与方法，培养健全人格、正确对待生活、工作和学习中的各种挫折、应激性事件。

（2）社会预防：社会预防主要涉及医院、学校和家庭。除了承担院内患者的诊疗活动外，医护工作者还担负着预防医学所赋予的使命，要与社会工作者、患者及其家人、朋友、同事保持合作，降低各种社会应激对心身的损害。如陈嵘等长期使用支持性疗法、人际交往训练、家庭疗法对应激状态下医学生进行咨询性干预，提高心身健康水平，证实其能有效预防心身疾病的发生。

（3）针对个体高危因素进行专业干预：当前很多学校、医院都建立了心理健康咨询室，对某些易患个体提供指导。如冠心病除传统告诫戒烟、合理饮食、运动以外，还需要从专业心理干预的角度，修复以往经历的严重创伤，化解内心冲突，改变某些A型行为，促进人格完善。否则单一采用告诫的方式，很难取得良好的预防效果。

2. 治疗 治疗心身疾病，必须采用“躯体治疗为根本，心理治疗为主导，中西医结合为主线，综合护理为平台”的综合治疗。

（1）综合治疗的基本目标

1）治疗躯体疾病：采用针对性药物、中医疗法、心理学技术、恰当的护理，保护脆弱的脏器，防止并发症发生。

2）重建合理认知：面对同样的应激刺激和躯体疾病，认知结构不同，做出的反应也不同。医护工作者要善于在理解、接纳、信任的基础上，合理运用面质、解释、辩论等方法改变其消极观念和态度，使其重新对应激源进行合理评价，用更积极的认知方式予以应对，达到更好的治疗效果。

3）建立合理的心理防御方式：个体之所以产生心理症状、导致躯体功能受损，很多是原有的心理防御方式失效或者过时导致的。医护人员应及时洞察患者所使用的心理防御方式，给予及时正确的引导，重建升华、幽默、韬晦、利他、压制等成熟策略。

4）调动一切可利用的社会支持系统：医护人员不仅要在言语、肢体语言等方面体现共情、责任心，引导患者把心中的郁闷倾诉出来，以此缓解应激性压力，而且要能根据患者的人格特征、认知结构、智力水平、期望和疾病特点进行有效表达和沟通，个体化地提供正确、通俗的解释、让人信服的合理保证和鼓励，使医患、医护氛围温暖和谐，而不是虚言安慰、冷漠处理或给予无法达到的保证，导致患者出现较大心理落差。同时，调动患者的亲友、同事等，给予精神和物质上的支持。

5）鼓励患者适应环境、回归社会：在重建患者的心理结构、完善人格的同时，应鼓励其面对现实、克服困难，摆脱对原环境的敏感性，增强社会适应能力，不断实践新方法，验证治疗效果。

（2）具体治疗方法

1）西医治疗：首先，治疗躯体疾病需要针对性选择相应的药物，如使用依那普利、卡托普利等抗原发性高血压药物，以降低并维持动脉血压。其次，认知功能降低时，单纯心理治疗一般无法立刻缓解不良情绪，这是由于负性情绪水平较高或已持续较长时间引起的，可适时、恰当、短期使用改善精神症状的药物。但须注意的是，在使用药物的同时应配合心理治疗，一旦症状减轻、认知功能恢复须适时停止精神类药物，因为这类药物均有一定的副作用或容易引起药物依赖，特别当药物对某一脏器具有特殊不良反应，而该内脏恰又患有疾病时，要禁用该药。

2）中医治疗：在中医理论的指导下，各种心身疾病均可纳入某种证型，从而辨证施治。方药在调节脏腑功能治疗躯体病变的同时，还能调节情志，降低应激反应。如逍遥散、甘麦大枣汤等在治疗相应病症的同时，还可通过疏肝解郁缓解心身疾病伴发的各种抑郁情绪。同时可采用针灸、推拿、拔火罐、艾灸等方法，经临床实践和现代动物实验研究证实疗效确切。其次，充分发挥中医饮食治疗的特色，在调护过程中，进行合理饮食搭配，亦能提高治疗效果。

3）心理治疗：心理治疗涉及中医情志相胜疗法、移精变气法疗法、气功疗法等中医学方法，以及精神分析、认知行为、人本主义、家庭等不同的理论取向和具体技术的现代心理治疗，有着规范的要求、原则和程序，目的在于促进自我探索、自我领悟、自我改变，进而缓解负性情绪、改变不合理认知、矫正不良行为，最终完善人格，重建心身状况的平衡、协调。

当前临床心理治疗出现整合趋势，包括技术整合与理论取向整合两种模型，前者是在某种理论框架指导下，在某一具体环节采用多种技术进行治疗，如在认知疗法的同时进行行为干预或者针对某个梦进行动力学分析；后者是在治疗中选择2种以上有理论交叉且在不相互冲突的情境下加以综合应用，如患者经过精神分析达到领悟后，进行意识化的认知干预。

第2节 常见的心身疾病

一、原发性高血压

（一）原发性高血压的概念

原发性高血压（essential hypertension）是遗传和环境因素相互作用引发的高血压。以体循环动脉压升高为主要表现。占所有高血压的90%以上。有家族聚集倾向，父母一方有高血压者子女高血压的患病率是无高血压者子女的2～3倍。

高血压是最常见的慢性非传染性疾病，发病率逐年上升，已成为我国脑卒中和冠心病的主要危险因素。脑力劳动者因工作繁重、精神紧张，发病率相对较高，且男女患病比例逐渐平衡。中医学将本病多归为“眩晕”“头痛”等范畴。目前有研究认为原发性高血压与遗传、不合理饮食、肥胖等生理因素有关，除此之外，心理社会因素也是引发本病的重要因素。

（二）原发性高血压的致病因素

1. 负性情绪 某些负性情绪也与高血压的发生有关，如焦虑、愤怒、恐惧、痛苦等能引发紧张的情绪因素。如消防队员由于其职业特性，更容易患上高血压病；而在医学院的学生中，毕业班学生的高血压患病率竟然是低年级学生的3倍之多。有研究发现，当人们强行抑制焦虑和愤怒情绪时，血液中的肾上腺素浓度会上升；而当这些情绪得到表达时，血液内的去甲肾上腺素的水平则会升高。

2. 社会环境 从事高压职业或长期处于紧张环境下的人易患高血压。不同人群高血压发病率差异显著，这与社会文化背景和心理紧张程度密切相关。安静乡村居民血压通常较低，而城市居民生活节奏快、竞争激烈，血压易升高。动物实验也同样证明，紧张状态能显著导致血压升高。比如，研究人员让棕鼠为了争夺食物而长时间处于争斗状态，结果大部分棕鼠的血压都有所上升。

3. 人格特征 原发性高血压患者的人格特征存在多样性，如急躁、易怒、孤僻、刻板等，且与其病前性格密切相关。有些学者认为性行为、敌意神经质等也与高血压发病有关。然而，也有研究表明高血压患者并不具备某一种特定的人格类型。因此，尽管多项研究探讨了原发性高血压患者的人格特征，但目前尚未形成统一结论，仍需进一步深入研究和探讨。

4. 其他因素 高血压与高盐饮食、肥胖、缺少运动及过量吸烟酗酒等行为因素密切相关。

（三）原发性高血压的治疗调护

当前观点认为，单纯依赖西医药物治疗或中医药的方剂、针灸等方法治疗高血压，往往只能取得短暂效果。因此强调在治疗过程中应配合适当的心理调适，以获得更全面的疗效。

1. 适度宣泄情绪 在临床实践中，众多学者发现，针对被压抑的焦虑与愤怒情绪，运用情绪宣泄的心理疗法能够取得显著且令人满意的疗效，不仅有助于释放压力，更能有效维持动脉血压的稳定。

2. 放松心身状态 正念疗法、生物反馈疗法以及气功锻炼等多种方法，都被证实能够有效改善高血压症状，缓解焦虑烦躁等不良情绪状态。

3. 改变生活习惯 纠正高盐、高糖、高脂等不良饮食方式，同时纠正过度吸烟、酗酒、缺乏运动等不健康的生活习惯。

二、冠　心　病

（一）冠心病的概念

冠心病（coronary atherosclerotic heart disease）是冠状动脉粥样硬化使血管腔狭窄或阻塞和（或）冠状动脉功能性改变（痉挛）导致心肌缺血缺氧或坏死而引起的心脏病。临床分为隐匿型、心绞痛型、心肌梗死型、心力衰竭型（缺血性心肌病）、猝死型5种类型。

冠心病自20世纪80年代以来，其死亡率已经上升到第一位。中医学多将冠心病归为“真心痛”“胸痹”等范畴。研究表明，冠心病的发生与发展，除了受到其他生物因素的影响，同时与心理应激、人格特征、行为类型及职业等心理社会因素密切相关。

（二）冠心病的致病因素

1. 生活事件 冠心病的发生与刺激性生活事件存在密切相关。文献报道，事业上有四次或更多重大挫折者，比未受重大挫折者冠心病患病率高4倍。Parker等于1969年进行了一项追踪研究，对象为4486名55岁以上的鳏夫，自他们妻子去世之日起持续追踪了9年，这些鳏夫中有5%的人在妻子去世后的6个月内相继离世，比同龄人的死亡率高40%。

2. 人格特征 研究指出，A型行为模式是冠心病发生的主要原因。早在1959年，弗里德曼与罗斯曼便提出A型人格的人易患冠心病。1977年，国际心、肺及血液病学会将A型人格确立为冠心病的一个独立危险因素。目前，国外也有研究指出，D型人格可能是冠心病患者生存质量的潜在风险因素。Pedersen等追踪随访了692名PCI治疗患者，发现D型人格患者一年内生存质量下降概率显著增高。

3. 负性情绪 负性情绪与冠心病的发病与死亡也有关系。一项荟萃分析结果显示，抑郁症现已成为冠心病的一个新的危险因素，其存在使得冠心病的发病风险增加了30%。还有研究表明，有焦虑病史的冠心病患者，其死亡率相较于无焦虑病史的患者高出两倍。

4. 社会环境 冠心病的发生深受社会职业因素的影响。以美国为例，其冠心病发病率显著较高，心血管疾病导致的成人死亡比例高达55%，而尼日利亚等国家的发病率则相对较低，这背后可能与种族特性、饮食习惯及社会文化背景的差异相关。在我国，老年冠心病患者中抑郁状态的发生率较高，其中教育水平较低、自费医疗负担沉重、病程漫长以及发作次数频繁等因素，均增加了抑郁的风险。

5. 其他因素 饮酒、压力增加、缺少运动、高脂高糖饮食等也是冠心病发生的重要危险因素。

（三）冠心病的治疗调护

对于冠心病患者，除了采用中西医药物针对躯体症状进行治疗外，心理因素对其治疗和预防同样具有重要意义。

1. 矫正A型行为 冠心病患者若能矫正A型行为，将有助于减缓病情发展。矫正A型行为关键在于调整不利于健康的AIAI反应，同时保留其高效、快节奏和竞争性等积极特征。罗斯曼为此提出AIAI反应自我训练，如建立每天记录自己匆忙事例的新习惯，及时总结，检查出现匆忙的原因，以便找出克服匆忙的办法；学会安静倾听他人讲话，不要随意打断；避免同时处理多项任务或思考多项问题；遇事冷静思考，如让舌头在嘴里转动30圈后再发言。

2. 缓解“好胜心过强”的自我训练 增强对他人的同理心，深入理解他们的需求，减少对他人行为敏感和易“被冒犯”的感觉；学会真诚表达感激之情，当受到他人帮助时，用诚挚的话语表达感谢，说话时注视着对方的脸庞，以示尊重；练习向所有认识的人展现微笑，虽然起初可能感到不自在，但须通过不断锻炼使其变得自然。一旦你能够自然地微笑，这便意味着你已经逐渐远离了“好胜心过强”的困扰；当遇到分歧且不确定自己是否正确时，学会以谦逊的态度说“可能是我错了”。

3. 心理干预 我们可运用正念疗法、音乐疗法及叙事疗法等，来缓解患者的负性情绪，进而改善其身心健康状况。

三、消化性溃疡

（一）消化性溃疡的概念

消化性溃疡（peptic ulcer）是胃肠道黏膜被胃酸和胃蛋白酶等自身消化而发生的溃疡，是一种常见的胃肠道疾病。

相关统计数据显示，平均每10个人中就有1人曾经患过此病。中医将本病多归为“胃痛”“嘈杂”“吞酸”等范畴。消化性溃疡的成因复杂，除了生物学因素，心理社会因素也占据重要地位。胃肠道是情绪的“晴雨表”，遗传、环境及心理因素共同影响溃疡的发生。

（二）消化性溃疡的致病因素

1. 生活事件 过多或重的生活事件，特别是负性生活事件，与消化性溃疡的发病或复发关系密切。一项配对研究显示，将1980名消化性溃疡患者与正常人进行对比，发现研究组的各种负性生活事件明显高于对照组，特别是十二指肠溃疡。动物实验证实，应激状态易导致动物发生应激性溃疡。实验中，猴子和白鼠处于争斗、无法休息及承受电击等强应激下，出现溃疡。进一步研究发现，这些动物的后代在相同应激下发生溃疡的概率更高，显示应激性溃疡的遗传倾向。

2. 社会环境 在诸如司机、医生等高度紧张的职业中，消化性溃疡的发病率相对较高。此外，随着女性越来越多地参与社会竞争，男女患病比例已经由过去的4∶1逐渐转变为现在的3∶2。研究表明，长期处于紧张状态不仅会导致胃酸分泌量增加，还可能对胃蛋白酶分泌起“扳机”效应，从而诱发消化性溃疡。在对2000名新兵进行的研究中，发现经过紧张的军训后，胃蛋白酶原高的人群中十二指肠溃疡的发病率明显高于胃蛋白酶原低的人群。

3. 人格特征 消化性溃疡患者常展现出过度竞争和自我控制的人格特点，精神生活过于紧张焦虑，情绪易波动。这类患者常存在人格缺陷，社会支持不足，应对方式不成熟。他们敏感内向，不善交往，对应激事件反应强烈且难以平复。同时，他们不善于表达情感，惯于自我克制，依赖性强，缺乏主见。

4. 其他因素 吸烟、酗酒、饮食不规律，以及幽门螺杆菌感染、长期服用某些药物，均是消化性溃疡的重要诱因。此外，胃排空延迟、胆汁反流、遗传等因素也与该病发生相关。

（三）消化性溃疡的治疗调护

除了采取针对性的生物治疗，我们还需格外注意以下事项。

1. 合理情绪疗法 为了缓解消化性溃疡患者的心理冲突，我们提倡采用合理情绪疗法。用积极的生活理念来取代那些不合理的想法，并用理性的思维方式来指导我们的行动，从而减少不合理信念带来的情绪障碍。通过调整思维方式，患者面对外界刺激时，能够更平静、乐观，减少对应激事件的过度反应。

2. 纠正不良行为 特别是不良饮食行为，对预防消化性溃疡的发生或复发具有重要意义。调整饮食习惯，避免吸烟、酗酒、暴饮暴食等不良行为，以降低疾病复发的风险。

3. 综合心理疗法 通过生物反馈疗法，调整胃肠状态，减少胃酸分泌，消除病理反应。配合正念疗法、气功疗法等，能更有效地治疗消化性溃疡，降低复发率。

四、恶 性 肿 瘤

（一）恶性肿瘤的概念

恶性肿瘤（malignant tumor）是细胞分化不成熟、生长较迅速、浸润破坏器官的结构和功能并可发生转移、对机体影响较为严重的肿瘤。除可引起局部压迫和阻塞等症状外，还可因浸润和转移而导致相应的临床表现，有时会出现贫血、发热、体重下降、夜汗、感染、恶病质等全身表现。

在我国，恶性肿瘤的发病率和死亡率逐年上升，成为威胁人类健康的重要疾病，已成为我国的主要死因之一。城市中最常见的恶性肿瘤依次为肺癌、胃癌、肝癌等，而农村则以胃癌、肝癌为主。肿瘤的发生不仅与物理、化学、生物因素相关，还受到内分泌、免疫以及心理社会因素的影响。

（二）恶性肿瘤的致病因素

1. 负性情绪 早在公元 2 世纪，盖伦便发现情绪抑郁与乳腺癌风险之间的关联。现代研究进一步证实，负性情绪如抑郁、绝望和难以排解的悲痛，往往源自负性生活事件，这些情绪状态易促发肿瘤生长。

2. 人格特征 巴尔特鲁施提出的 C 型行为，即癌症行为模式，强调过度压抑情绪，特别是愤怒和悲伤等负面情绪。这种行为模式在肿瘤患者中尤为常见。他们通常情绪不稳定，表现出过度合作、谨慎、克制和孤独等性格特点。用 C 型行为测试工具测量发现，具有 C 型行为特征的人，癌症发生率比非 C 型行为者高 3 倍以上。

3. 其他因素 当人体暴露在环境中的化学、物理、病毒等致癌物质之下，或者由于遗传、内分泌、性别、年龄等内在因素的作用，可能会触发一系列基因异常改变，最终导致恶性肿瘤的形成。

（三）恶性肿瘤的心理社会干预

大量证据表明，有效的心理干预服务可以改善恶性肿瘤患者的症状和心理痛苦，改善生活质量甚至延长生存期。

1. 情绪管理与疼痛缓解 恶性肿瘤患者常伴随情绪问题，如焦虑、抑郁等。心理干预是为了帮助患者纠正对恶性肿瘤的错误认知，接受现实，并配合治疗。同时，应允许患者在一定时间内采用心理防御机制来应对疾病，但长时间的否认可能延误治疗，因此需要加以引导。此外，可采用多种措施减轻患者的疼痛，并关注疼痛带来的心理问题，以缓解患者的紧张和痛苦情绪。

2. 心理疗法干预 支持性心理治疗、认知行为治疗、家庭治疗、团体心理治疗等多种方式，可帮助患者减少负性情绪症状同时，正念减压疗法、临床催眠疗法、表达性艺术治疗以及生物反馈治疗等方法也为患者提供了多样化的心理支持。宣传健康知识，倡导健康的生活方式，是预防恶性肿瘤的重要途径。对于恶性肿瘤患者，重建健康的生活方式，增强防癌意识，也是心理干预的重要目标之一。

五、糖　尿　病

（一）糖尿病的概念

糖尿病（diabetes mellitus，DM）是一组由于胰岛素分泌缺陷和（或）胰岛素作用缺陷引起的，以慢性高血糖伴碳水化合物、脂肪和蛋白质的代谢障碍为特征的代谢性疾病。可造成眼、肾脏、心脏、血管和神经系统等多种器官的慢性损害、功能障碍和衰竭。

2018 年的调查数据显示，我国 18 岁及以上成年人的糖尿病患病率高达 11.6%，而处于糖尿病前期的比例更是达到了 50.1%。这意味着，在每 10 位中国成年人中，就有 6 位的血糖水平不正常。中医将本病多归属“消渴”等范畴。糖尿病不仅受到遗传和环境因素的共同影响，不良心理社会因素也可能促发和加剧病情。

（二）糖尿病的致病因素

1. 生活事件　临床发现，负性生活事件如工作压力、家庭矛盾等，可引发不良情绪，降低胰岛素分泌，进而诱发或加重糖尿病。动物实验表明，应激状态下多种激素的释放会抑制胰岛素作用，导致血糖升高，易诱发糖尿病。Robinson 等通过生活事件量表，深入研究了胰岛细胞抗体阳性家庭成员中 1 型糖尿病患者的心理社会因素。研究结果显示，IC 阳性患者的家庭在量表上得分显著较高。与对照家庭相比，这些家庭中有一半的成员在确诊糖尿病前的五年里，曾经历过严重的生活事件，并且这些家庭长期面临着严重的困境。

2. 负性情绪　安定、良好的情绪状态对糖尿病患者病情缓解有明显作用。相反，抑郁、紧张和悲愤等负面情绪常导致糖尿病病情加剧或恶化。作为一种易复发的慢性疾病，糖尿病迁延不愈，易引发心情抑郁。研究显示，约 30%的糖尿病患者合并抑郁症状，其中中重度抑郁占 10%。糖尿病患者患抑郁症的风险是非糖尿病人群的 2 倍，且抑郁情绪还可能增加 2 型糖尿病的发病率。抑郁时，患者处于应激状态，皮质醇分泌增加，导致胰岛素抵抗和血糖升高，进一步加重病情。

3. 其他因素　吸烟喝酒，经常摄入高脂高糖食物而致肥胖，以及缺乏运动或运动过少，这些不良的生活方式，都会促发糖尿病。

（三）糖尿病的治疗调护

1. 患者教育　向患者传授糖尿病的基本知识，教授他们改善血糖的有效方法，并讲解如何科学控制糖尿病。同时，强调良好控制糖尿病对健康的巨大益处，以帮助他们树立战胜疾病的信心。针对患者的不同症状和心理反应，我们需要实施个性化的教育指导工作。这些措施有助于患者更全面地认识疾病，同时有效减轻他们的焦虑情绪，从而达到更好的治疗效果。

2. 心理干预　糖尿病患者的焦虑、抑郁情绪均可能对血糖产生不良影响，导致血糖波动，从而影响糖尿病的稳定性。对于轻度情绪问题的患者，可以尝试通过生物反馈疗法和松弛训练等方法来有效降低血糖水平；而对于情绪问题较重的患者，则需要遵医嘱，服用适当的抗焦虑、抗抑郁药物以缓解症状。

六、支气管哮喘

（一）支气管哮喘的概念

支气管哮喘（bronchial asthma）是由多种细胞（如嗜酸性粒细胞、肥大细胞、T 细胞、中性粒细胞、气道上皮细胞等）和细胞组分参与的气道慢性炎症性疾病。通常表现为气道高反应性产生，出现广泛多变的可逆性气流受限，引起反复发作的喘息、气急、胸闷或咳嗽等症状。

近年来发病率呈上升趋势，该病全球患者数量已突破3亿人，且这一数字仍在逐年增长。在中国，哮喘发病率显著，甚至已成为全球哮喘死亡率最高的国家之一。中医将本病多归为“哮病”“喘证”等范畴。支气管哮喘的生物发病因素多与遗传、环境相关。随着生物—心理—社会医学模式的逐渐确立，越来越多的学者开始深入探讨心理和社会因素在哮喘的发生、发展、转归及防治中所起的重要作用。

（二）支气管哮喘的致病因素

1. 生活事件 经临床调研发现，负性生活事件是哮喘发病和加重的重要诱因。运用生活事件量表（LES）评估，患者负性事件分值多超过30。研究显示，这些事件主要源自家庭、工作、生活。高危家庭环境，如单亲、疾病困扰或矛盾频发，其哮喘发病率显著上升。丧偶、失业等生活变故亦成为哮喘发作甚至致死的关键因素。

2. 负性情绪 研究表明，负性情绪是哮喘发作的重要诱因，而改善不良情绪状态则有助于缓解病情。多数患者在具有明显的过敏或感染基础上，又遭遇强烈的情绪体验或受到精神刺激而引发。Luparello 通过对比实验，认为哮喘患者极易受暗示，这是心理刺激诱发疾病的重要原因。Carrl 等发现对哮喘症状不利后果的认知导致惊恐发作，从而加重哮喘症状。

3. 人格特征 综合文献报道，哮喘患者常展现出内向、依赖、顺从及易受暗示等人格特质。有实验证明，暗示和条件反射性刺激可以改变气管平滑肌的收缩和气喘症状，以及气道阻力。例如，某些对花粉敏感的哮喘患者，即便仅看到或听到相关描述，都可能发病。格瑞尔指出，过度依赖、敏感和过于被动、神经质倾向是该病的人格因素。

4. 家庭因素 家庭关系，特别是母子关系，被认为是影响儿童哮喘发作的重要因素。Rurcall 等让情绪因素较高且对变应原过敏的儿童留在家里，父母亲离开家，结果即使变应原依然存在，但这些儿童并未发生哮喘。这暗示了家人的过度关注、过高要求和保护，可能诱发哮喘。心理学家认为，这种现象可能与患儿潜意识中寻求保护的愿望有关，进而导致哮喘行为模式被强化。

（三）支气管哮喘的治疗调护

除针对性的躯体治疗之外，还需采用如下心理调护方法。

1. 降低暗示性、顺从性，增强主动性、自主性 运用支持与鼓励等技巧，帮助患者培养更强的独立性和自主性；结合中医学中的顺志从欲、移精变气等疗法，有效缓解患者的不良情绪，调节心神。同时针对患者高暗示性的特点，还可采用暗示和催眠治疗。

2. 改变认知 运用认知技术来改变消极的极端预期，并调节情绪体验，是预防哮喘反复发作的关键举措。

3. 家庭调节 家庭冲突，特别是母子间的矛盾，是哮喘的主要应激源，且与父母的行为模式及家庭习惯密切相关。研究显示，接受家庭治疗的患儿在呼气峰值流速（PEF）、每日气喘症状、临床总体评价及功能受损天数等方面均呈现出明显的改善。

七、肠易激综合征

（一）肠易激综合征的概念

肠道易激综合征（irritable bowel syndrome，IBS）是一组以腹痛、腹胀或大便习惯改变为主要特征，并伴大便性状异常，持续存在或间歇发作，同时缺乏形态学和生物化学异常改变等，不能用器质性疾病解释的临床症状。

该病可发生于任何年龄段，但以 20～50 岁的中青年人群最为常见，且女性患者数量约为男性的两倍。肠道易激综合征是胃肠道功能紊乱性疾病的典型代表，也是心理胃肠病学中的重要疾病。据统计，肠道易激综合征在门诊患者中占比高达 10.6%，且患病率逐年上升。中医将本病多归为“泄泻”“腹痛”等范畴。肠易激综合征的发生是多因素共同作用的结果，其中心理因素尤为重要。

（二）肠易激综合征的致病因素

1. 负性情绪 研究指出，不良的情绪如抑郁、愤怒、焦虑和恐惧等，均能明显影响自主神经功能，导致结肠运动紊乱及分泌功能异常。亢奋情绪如激动、对抗等，会使乙状结肠收缩力增强，进而发生痉挛，出现便秘和肠绞痛；而抑郁、无助等心理状态，则可能导致结肠自缩力减弱，黏液分泌增多，出现黏液性腹泻。研究人员通过长期观察乙状结肠镜发现，当受试者处于愤怒、敌意、对抗情绪时，乙状结肠非推进性收缩增强；而情绪失望、恐惧、自责时，非推进性收缩减弱，推进性收缩增强。

2. 心理应激 临床研究发现，心理应激是诱发或加剧肠道易激综合征症状的重要因素。相较于正常人，肠道易激综合征患者对于应激的反应更加敏感、剧烈且持久。生活中的负性事件，如人际冲突、家庭矛盾、学业与工作压力、疲劳过度、婚恋困扰事件等，常导致精神紧张和情绪障碍，如焦虑、忧郁等，进而干扰自主神经系统，引发肠道功能紊乱，加剧病情。通过动物实验观察发现，采用制动等应激手段，会引发大鼠的肠运动功能出现紊乱，进而导致腹泻症状的产生。

3. 人格特征 通过艾森克人格问卷调查（EPQ），肠易激综合征患者常显示出 N 分高、E 分低的特征，意味着他们性格偏内向且情绪不稳定。用明尼苏达多相人格量表（MMPI）测验则进一步指出，患者疑病、抑郁等倾向偏高。90 项症状自评量表（SCL-90）也揭示，躯体化症状、人际敏感及焦虑抑郁等情绪障碍在肠易激综合征患者中普遍存在。同时，抑郁自评量表（SDS）和焦虑自评量表（SAS）均显示，肠易激综合征患者在这两方面的评分均高于对照组。

4. 其他因素 IBS 的生物学致病因素众多，其中包括肠道动力功能异常、不合理的饮食习惯、药物使用不当、肠道感染、腹部受凉等。

（三）肠易激综合征的治疗调护

1. 综合心理疗法 调整心理状态对缓解肠易激综合征症状至关重要，能有效减轻腹痛、腹泻等不适感。通过认知心理疗法，帮助患者了解本病，消除其疑病、恐癌心理，提升治愈信心。同时，配合放松训练、催眠疗法、正念疗法等，以助患者缓解症状，恢复健康。

2. 矫治人格 对于防止肠易激综合征复发的关键措施，通过针对性地调整患者的人格特点，能够提升其应对能力，减少对应激刺激的反应，从而维护健康状态。

3. 中西合治 针对患者具体情况，可选择抗焦虑、抗抑郁药物进行治疗，并辅以解痉止泻或通便的对症药物。此外，众多临床资料显示，采用中医方剂“痛泻要方”作为主要治疗手段，往往能取得较好的治疗效果。

八、急慢性湿疹

（一）急慢性湿疹的概念

湿疹（eczema）由多种复杂的内外因素引起的一种表皮及真皮浅层的皮肤炎症性反应。一般认为与变态反应有一定关系。

有研究显示，发达国家湿疹的患病率高达 10%～20%，而在我国，其发病率也已达到约 7.5%，且发病率逐年上升。当急性或亚急性湿疹反复发作且长期未愈，或由于频繁搔抓和摩擦，可能会逐渐转变为慢性湿疹。病程可能长达数月甚至数年，慢性湿疹的患处皮肤常表现为浸润肥厚、边缘清晰的局限性斑块，表面粗糙，呈暗红色或伴有色素沉着。

（二）急慢性湿疹的致病因素

急性湿疹多为外界刺激或过敏源引发，而慢性湿疹常因急性湿疹未及时治疗或长期受潮湿环境刺激所致。其病理机制复杂，涉及内外多种因素。除物理和化学诱因外，心理应激可促发、加重病情或导致慢性病程而迁延不愈。

1. 负性情绪 焦虑和抑郁是湿疹患者最为常见的情绪问题。多项研究证实，湿疹患者的焦虑和抑郁评分明显高于健康人群。过度的精神紧张会扰乱大脑功能，影响免疫系统，导致湿疹反复发作。皮肤剧烈瘙痒不仅严重影响患者的日常活动和睡眠，更加剧了他们的焦虑情绪。特别是外露皮肤等特殊部位的病损，常让患者感到自卑，回避社交，不良情绪难以宣泄，进一步加重抑郁。因此，焦虑、抑郁不仅是湿疹的诱因，湿疹的反复发作也会成为新的应激源，加重不良情绪，形成心理与生理的恶性循环。

2. 人格特征 关于湿疹与人格特征的研究相对较少。有资料表明，个性内倾的患者在与人交流、表达情感及寻求社会支持方面较为保守，情绪宣泄受到抑制，进而引发内心冲突和慢性情绪紊乱。尽管这些因素与湿疹发病有关，但它们并非湿疹的特异性致病原因。

3. 其他因素 外部诱因多为汗液浸渍、清洗剂、重金属、兽毛、花粉、尘埃等物理与化学因素；内因如过敏体质、感染、代谢紊乱等。

（三）急慢性湿疹的治疗调护

无论是急性发作期还是慢性病程，我们都可以在中西药治疗的基础上，针对患者的具体情况，实施一系列合理的心理干预措施，比如支持疗法、认知行为疗法、松弛训练（可结合生物反馈）以及气功锻炼等整合式心理治疗，消除其心理负担，多靶点调整全身免疫状态，以达到更好的治疗效果。

案例讨论

胸腺恶性肿瘤

言某，女，53 岁，某银行职员，患者于 2020 年诊断为胸腺瘤，行“胸腺切除术”，未进行化疗，2023 年病情加重，转移到胸膜、膈肌，先后进行四次化疗，化疗后于 2023 年 10 月诊断为重症肌无力，于华西医院诊治后出院，半个月前右手手背变白，进展迅速，诊断为白癜风，现情绪焦虑，少寐多梦，早醒易惊，食少纳差，心慌，潮热盗汗。患者丈夫工作于水电站，久不归家，爱打麻将，患者一人必须承担起家庭和抚养孩子，生病后缺乏关爱。

1. 恶性肿瘤的致病因素有哪些？请列举。

2. 针对上述病例，如何进行治疗？请阐明理由。

本章习题

1. 心身疾病的概念，常见心身疾病有哪些，防治措施是什么？
2. 描述心身疾病中常见的心理因素有哪些？
3. 请列举几种可能用于心身疾病治疗的心理疗法。
4. 举例说明心身疾病中心理因素与生理反应之间的相互作用。
5. 在预防心身疾病方面，个体可以通过哪些方式降低心理压力？

第7章 异常心理

第1节 异常心理概述

学习目标

1. 知识目标：领悟概念、说出异常心理障碍产生的原因、知晓各类精神障碍的诊断标准、阐释神经症的分类、不同类型神经症的临床表现、不同类型心境障碍的诊断标准、应激相关障碍与分离（转换）障碍的诊断标准。

2. 技能目标：能够识别正常与异常心理、知晓常见精神疾病的治疗方法、学会临床各类神经症的诊断标准和治疗方法、不同类型心境障碍的治疗方法、说出应激相关障碍与分离（转换）障碍的治疗方法。

3. 思政目标：培养学生的心理健康意识，引导学生思考如何爱己及人；培养学生的同理心，为患者提供帮助和支持；培养学生的职业素养和职业道德，强调心理工作的伦理要求；培养学生的社会责任感和担当意识，让学生了解心理咨询和治疗工作的社会意义。

一、异常心理的定义

变态心理又称异常心理（abnormal psychology），指的是人们心理活动中出现变态或接近变态的情况，包括思想、情感、行为、态度、个性心理特征等方面。这些异常表现可能导致各种心理活动出现异常或者难以适应环境。

要准确理解这一概念，需要明确以下几点。

（1）患者可同时存在正常和异常心理活动。例如，人格障碍可能表现为持续性的行为异常并伴有思维障碍，但感知和认知方面可能仍然保持正常。

（2）正常心理与异常心理活动之间可相互转化。例如，经过系统治疗，异常心理者心理异常的部分可获改善，甚至被完全矫正。

（3）异常心理可能是由于器质性缺陷（如脑损伤）或机能性缺陷（认知误解、缺乏应对能力或动机），甚至两者兼有。

（4）社会文化是决定行为常态的重要因素。不同历史时期、地域和环境中的行为规范可能大不相同。

（5）行为违反社会常规的人并不一定是“异常心理”患者。强奸犯、凶杀犯、道德败坏者之所以违反社会常模与心理失能无关，与异常心理的“无能力”存在本质区别。

二、异常心理的界定标准

异常心理活动是一个非常复杂的现象，确定正常心理与异常心理的标准和范围是理解心理与行为异常发生、发展和变化过程的关键，尤其在精神病的诊断、预防及流行病学调查中至关重要。在许多情况下，正常与异常心理之间存在着实质性的差异，需要加以区分。由于正常与异常心理活动之间的差别往往是相对的，又受客观环境、主观经验、心理状态、人际和社会文化关系等许多因素的影响，有时极难规定一个正常、异常的分界线。

因此，很难规定一个明确的正常与异常的分界线。心理的正常状态实际上是一个常态范围，在这个范围内允许存在不同程度的差异。要判断一个人的心理是否异常，必须将其心理状态和行为表现放置在当时的客观环境和社会文化背景中进行考虑。需要通过与社会认可的行为常模进行比较，同时分析个体的一贯心理状态和人格特征，才能够准确判断其是否存在心理异常以及异常程度如何。专业人员一般用以下几种标准来综合判断。

（一）内省经验标准

内省经验标准是指通过个体主观体验和观察者的经验来判断心理是否异常的标准。其一是指患者的主观体验，包括患者自身的感受和行为表现，如感到焦虑、抑郁或无法控制的行为，需要他人的支持和帮助。但是，在某些情况下没有这种不舒适感反而可能表示有心理异常，如亲人丧亡或因学业不及格而退学时，如果没有一点儿悲伤或忧郁的情绪反应，也需考虑其有心理变态。其二是从观察者而言的，即观察者根据自己的经验做出心理是正常还是异常的判断。当然这种判断具有很大的主观性，其标准因人而异即不同的观察者有各自评定行为的常模。然而，经过专业教育和临床实践的观察者往往会形成相似的评判标准，对大多数心理异常能够达成一致看法，但对少数患者则可能有分歧，甚至截然相反。

（二）统计学标准

统计学标准是通过对普通人群进行心理特征测量，并将结果进行常态分布的方式来判断心理是否异常的标准。一般来说，大多数人的心理特征处于正常范围内，处于分布曲线的中间位置，而处于分布两端的个体被视为“异常”。但是，有时也存在某些例外。因此，统计学标准不是普遍适用的。统计学标准提供了心理特征的数量化数据，比较客观，易于比较，并且操作简便，因此得到广泛接受。然而，统计学标准也存在明显的缺陷。例如，智力超常或具有非凡创造力的个体在人群中占比极少，但很少被人认为是病态。此外，有些心理特征和行为也不一定成常态分布，而且心理测量的内容同样受社会文化制约。因此，统计学标准并不是适用于所有情况的普遍标准。

（三）社会学标准

社会学标准是通过对个体行为是否符合社会准则来判断心理是否异常的标准。在正常情况下，人体保持生理心理平衡状态，能够适应和改造环境，行为符合社会规范和常模，是适应性行为。如果个体存在器质或功能上的缺陷，或两者兼有，导致无法按照社会认可的方式行事，造成行为后果对个体或社会不适应，就被认为存在心理异常。举例来说，一位德高望重的自然科学的院士，留着染成金黄色的长发，上着大花T恤，下穿时髦的绿色灯笼裤，其行为与其身份、地位、年龄极不符合、不能为人们所接受，他就可视为心理异常。然而，用社会适应作为判断标准时，需要考虑国家、地区、民族、时间、风俗和文化等因素的影响，不能一概而论。例如，男子留长辫在清代被视为正常，但在当今社会可能被视为异常。因此，社会学标准在判断心理异常时需要考虑多种因素，以避免片面性和误判。

（四）现代医学标准

现代医学标准将心理异常视为类似躯体疾病的概念，通过病因和症状的存在与否来作出判断。医学通过各种生理生化检查，发现相应的病理指标，以此来确诊心理异常。如果一个人的心理现象或行为可以在生理生化水平上找到相应的病理解剖或病理生理变化，就被认为有精神疾病。这种标准被临床医师广泛采用，他们认为异常心理患者的脑部应有病理过程存在。有些目前未能发现明显病理改变的异常心理，可能将来会在更精细的分子水平上发现变化，这种病理变化的存在才是心理正常与异常划分的可靠依据。医学标准使异常心理纳入了医学范畴，对变态心理学研究作出了重大贡献。

医学标准十分重视物理、化学检查和心理生理测定，较为客观，许多医学的概念现在仍为变态心理学所采用。但是，医学标准也并不完全令人满意。虽然像麻痹性痴呆、癫痫性精神障碍和药物中毒性心理障碍使用医学标准非常有效，但对于神经症和人格障碍等问题，医学标准可能无法提供有效的解决方案。异常心理的原因通常不是单一的，它是多种原因共同作用的结果。除了生物学的原因，还有心理和社会文化的原因。因此，划分心理正常与异常还需要其他的标准来综合考虑。

（五）中医学标准

中医对异常心理的诊断判定主要是通过“四诊心法”来完成的。清代吴谦等在《医宗金鉴·四诊心法要诀》中明确提出望、闻、问、切四种基本诊断方法，后人高鼓峰的《四明心法》及朱丹溪的《丹溪心法》等都以“心法”来概括许多疾病的诊断方法。这种基于“四诊心法”的诊断方法在中医学中有着悠久的历史，并且在实践中得到了验证和应用，对于判断心理异常具有一定的参考价值。

三、异常心理的病因

（一）生物学因素

1. 遗传因素 近年来，随着分子生物学、分子遗传学和细胞遗传学的发展，揭示了遗传影响的物质基础。许多心理异常和神经系统疾病与染色体异常、基因异常、基因异位或畸变等遗传因素有关。在精神疾病中，如精神分裂症、躁狂抑郁症和癫痫性精神病等内源性精神病，遗传因素在发病过程中起重要作用。研究发现，精神病患者的家属血缘关系越近，患病率越高。

2. 神经类型 临床上很多异常心理的患者虽然没有明显的遗传缺陷或脑器质病变，但在精神刺激和适应不良性行为等因素的刺激下更易产生异常心理。如应激事件的刺激，在内心的矛盾冲突、适应不良性行为等因素的诱发下，更易产生异常心理。这种易感性和敏感度的差异可能与个体躯体和大脑本身的结构或功能素质特征有关。

3. 躯体疾病 脑器质性病变、感染性疾病和非感染性疾病也可能导致心理异常。脑器质性病变可以直接影响大脑功能，而某些感染性或非感染性疾病也可能导致心理状态的改变。

（二）心理因素

1. 个性特点 个性心理的发展过程中，不良的教养方式、环境干扰、负面刺激和挫折等因素都可能对个性心理的形成和发展产生阻碍或扭曲的影响。这种不完善和扭曲的个性心理可能导致生理心理功能的紊乱，引发感知觉的扭曲，思维的混乱，从而构成心理障碍的人格基础。许多临床资料表明，极端内向、敏感、孤僻、多疑、偏执、自我中心、追求完美等个性特点与心理异常的形成、预后和防治密切相关。

2. 认知方式 不良认知是指歪曲的、不合理的、消极的信念或思维方式，常导致情绪障碍和非适应行为。例如，绝对化、非黑即白、糟糕至极等不合理认知往往会引发过度焦虑、情绪低落和易激惹等情绪问题；而表演型人格者易患癔症，疑病型人格者易患疑病症；此外，A 型行为方式倾向者易患上冠心病和高血压，而 C 型行为方式倾向者则易罹患癌症和糖尿病等疾病。

3. 应对水平 恰当评估面临事件的性质和个人的应对能力，选择合适的应对方式，运用心理防御机制等措施，对维护心理健康、防止心理障碍和适应环境至关重要。当今社会是一个充满变数的时代，社会环境变化快，竞争日益激烈，缺乏社会适应能力和解决问题能力的个体更容易患上变态心理。

（三）社会学因素

1. 生活事件 任何一种生活事件都对个人产生社会心理刺激，引发应激或心理压力。例如，精神分析心理学指出，幼年时遭遇创伤性事件可能导致成年后易罹患心理疾病。然而，生活事件是否导致疾病的发生取决于多个因素，如事件的性质、强度、持续时间；个体对事件的认知和态度；情感体验的强度；当时的生理、心理状态；以及社会支持系统的存在与否。这些因素共同决定了生活事件是否成为心理问题的诱因。

2. 社会文化 涵盖智能文化、规范文化和思想文化三类。这些文化类型从不同角度塑造和引导着人们的精神生活、行为方式、生活方式和个人心理健康。此外，个体所处的社会地位、性别、年龄、职业、城乡背景以及文化程度等因素也对个人心理健康和行为产生影响。社会文化模式强调社会文化环境因素在导致异常心理中的作用。该模式认为，异常心理的形成并非仅由个体内部心理过程的偏差所致，而可能与个体所处的病态社会文化环境有关。一个人的社会角色冲突，行为偏离社会常模，人格发展受到损害，就会发生心理异常。重大的社会变革，如制度改革、城市化进程、竞争激烈的社会机制以及贫富差距扩大等社会问题，都可能增加异常心理发生的风险。

3. 不良生活方式 随着社会快速发展，人们的生活方式发生了巨大变化。例如，越来越多的家庭选择独自生活，儿童主要通过电视和电脑游戏来娱乐，这些变化为儿童产生综合不良症状创造了条件。此外，酗酒、吸毒、赌博、性行为不当等已经成为当今不良生活方式的表现。

（四）神经生化因素

1. 中枢神经传递 研究表明，异常心理与中枢神经传递相关，包括乙酰胆碱、去甲肾上腺素、多巴胺、儿茶酚胺和 5-羟色胺的含量及代谢。

2. 神经内分泌 对异常心理也有影响，如下丘脑-垂体-肾上腺轴（HPA）、下丘脑-垂体-甲状腺轴（HPT）、下丘脑-垂体-性腺轴（HPG）等均与异常心理有关。

四、异常心理的诊断及分类

准确诊断是临床工作的关键。因此，有必要深入研究异常心理的发生发展规律，以制定科学的诊断标准和分类原则。

不同的学科有不尽相同的分类方法。变态心理学根据心理过程与人格特征异常分为心理过程障碍和人格障碍。临床医学则将其分为神经症、心身疾病、人格障碍和精神病等类别。医学心理学则分类更为细致，包括以下几类。①严重变态心理：包括精神分裂症、双相情感障碍、偏执性精神病、反应性精神病、病态人格和性变态；②轻度变态心理：主要指神经症；③心身障碍：包括躯体疾病伴发的精神障碍和各种心身疾病；④大脑疾病和躯体缺陷时的变态心理：包括中毒性精神病、感染性精神病、脑器质性精神病；聋、哑、盲、跛等躯体缺陷时的心理异常；⑤特殊条件下的心理异常：包括某些药物、致幻剂引起的心理异常、特殊环境（航天、航海、潜水、高山等）下引起的心理异常、催眠状态或某些特殊意识状态下的心理异常等。

现行的国际精神疾病诊断标准包括美国精神医学学会《精神疾病统计与诊断手册》（DSM）和WHO 的《国际疾病与相关健康问题统计分类》（ICD-10）。为了与国际接轨并结合我国国情，1996年 9 月，中华精神科学会成立了由 41 家精神卫生机构组成的 CCMD-3 工作组，完成了对 24 种精神障碍的分类与诊断标准的前瞻性随访测试。2001 年正式颁布《中国精神障碍分类与诊断标准第 3版》（CCMD-3），该标准主要内容包括：①脑器质性精神障碍；②精神活性物质或非成瘾物质所致精神障碍；③精神分裂症和其他精神病性障碍；④心境障碍；⑤癔症、应激相关障碍和神经症；⑥心理因素相关生理障碍；⑦人格障碍、习惯与冲动控制障碍、性偏好障碍心理；⑧精神发育迟滞与童年和少年期心理发育障碍；⑨童年和少年期的多动障碍、品行障碍、情绪障碍；⑩其他精神障碍和心理卫生情况。本书主要以 CCMD-3 为基础，并结合 ICD-10 进行简要介绍，以符合国际标准和我国实际情况。

值得注意的是，现行的诊断标准与分类中已不再使用“精神病”（psychosis）一词，而仅保留“精神病性”（psychotic）一词用于描述幻觉、妄想、显著的兴奋和过度活动，以及非由抑郁和焦虑引起的持久社会性退缩、显著的精神运动性迟滞、紧张症性行为。同时，抑郁性神经症和癔症已从神经症中剔除，新加入了“躯体形式障碍”（somatoform disorder），并将疑病症视为其中一种亚型。

人格障碍在 ICD、DSM 和 CCMD 中较为一致的分类包括偏执型、分裂型、反社会型、冲动型、表演型和强迫型，这 6 种类型在不同文化背景下表现出一定的稳定性和特异度。然而，CCMD-3 并未单独明确列出抑郁型、被动攻击型、依赖型、焦虑型、边缘型、回避型和自恋型等类型，因这些类型的概念比较含糊，不易掌握。

第 2 节　异常心理的症状学

一、概　　述

人的心理活动是大脑在反映客观事物过程中所进行的一系列复杂的认识活动。人的心理活动包括正常心理，也包括异常心理。当机体受到内部或外部有害因素的刺激，使大脑功能失调时，心理活动就会偏离正常，对客观现实反映紊乱和歪曲产生异常心理。人类心理与行为的正常与异常是相对的，绝对的健康和正常很难找到，即使是有心理障碍的人，他们的心理活动也并不是完全异常的。异常心理活动和正常心理活动之间的差别很难规定一个分界线。通常会通过经验标准、统计学标准、症状学标准、社会适应性标准等来判断异常心理。

在异常心理学领域中，症状学是一个重要的方面，关注精神障碍中表现出的各种症状，异常心理学症状学的研究对于诊断、治疗及预防精神障碍至关重要。通过深入了解和分析精神症状，我们能够更好地认识到心理障碍的本质、病因及发展过程，从而为临床实践提供科学依据和指导。这些症状包括感知觉、思维、注意、智能、定向力、情感、意志行为及意识等方面的异常表现。例如，幻觉、妄想、注意力缺陷、情感低落等都是常见的精神症状，它们可能单独出现，也可能相互交织或并存。了解这些症状不仅有助于精神疾病的诊断和分类，也为精神健康的维护和促进提供了重要的参考。通过对精神症状的深入研究，医师可以更好地制定针对性的治疗方案和干预措施，帮助患者恢复或改善其心理健康状况。

此外，症状学的研究也为异常心理学理论的进一步发展提供了重要的支持。通过对精神症状的系统观察和分析，我们能够不断深化对心理障碍的认识，探索更为精细化的诊断和治疗方法，推动异常心理学领域的发展与进步。异常心理学症状学的研究对于我们理解和应对精神障碍具有重要意义。

二、常见的精神症状

（一）精神症状的定义

1. 精神症状的定义 精神症状是指精神活动异常的表现，包括内心体验和外部表现，是精神障碍的表现形式、诊断的依据、观察疗效的指标。在心理和行为方面出现的异常表现，反映了个体心理功能的失调或异常状态。这些症状可以是主观体验的感知、情感和意识的异常，也可以是客观行为的变化和失常。精神症状通常是精神障碍的核心表现之一，是精神疾病诊断和治疗的重要依据之一。

2. 精神症状的分类体系 多种多样，常见的包括根据症状的表现形式、内容特点、严重程度等方面进行分类。根据症状的表现形式，可以将精神症状分为感知觉、思维、情感、意志行为、意识等几个大类；根据内容特点，可以将其细分为幻觉、妄想、焦虑、抑郁等不同类型；根据严重程度，可以分为轻度、中度、重度等级别。此外，还有一些特殊的分类方法，如将精神症状按照其对日常生活功能的影响程度进行分类，或者按照其对社会交往能力的影响程度进行分类等。

（二）精神症状的分类

1. 知觉障碍

（1）感知觉障碍：由各种原因引起的知觉异常现象。包括错觉、幻觉和感知综合障碍等。是精神疾病中常见的一种症状，涉及个体对外界信息的感知和理解。在感知觉障碍中，个体的感知体验常常出现异常，包括幻觉、妄想和错觉等表现。

（2）幻觉：是一种主观的感知体验，个体在没有外界刺激的情况下产生了虚假的感知。这种感知可能包括视觉、听觉、触觉、味觉和嗅觉等感官。幻觉的特点是患者将虚假的感知体验视为真实，而且常常与现实世界的感知相分离。

（3）妄想：是一种固定且错误的信念或观念，患者坚信自己的想法是真实的，尽管没有证据支持或存在反证。妄想通常涉及被迫害或关系等内容，患者对这些妄想持有坚定的信念，无法通过逻辑或事实来改变其观念。

（4）错觉：是一种对外界刺激的错误感知或错误理解，个体对实际情况产生了误解或错误的感知体验。错觉与幻觉不同，它是在存在外界刺激的情况下产生的，个体对刺激的感知产生了错误的理解或误解。常见的错觉包括错觉性视觉、听觉错觉等。

知觉障碍的出现常常与精神障碍、神经系统疾病或药物滥用等因素密切相关。对于这些感知觉障碍的深入理解有助于临床医生进行准确的评估和诊断，为患者提供及时有效的治疗和干预。

2. 思维障碍 受检者言语、交流或思维出现紊乱的一种精神病理状态。常是多种精神障碍的核心症状之一，如精神分裂症、情感障碍等。对于思维障碍的准确评估和理解，对于临床医生制定有效的治疗方案和干预措施具有重要意义。思维障碍包括思维内容的异常、思维形式的异常以及思维速度的异常。

（1）思维内容的异常：指个体思考过程中出现的异常内容或思想。这可能包括对现实情况的错误理解或不合理的推断，以及对特定主题的过度关注或过度思考。例如，患者可能出现固定的妄想内容，或者产生与现实不相符的奇特想法。

（2）思维形式的异常：指个体思考过程中表现出的异常逻辑或结构。这可能包括思维跳跃、思维紊乱、言语不连贯等表现。患者的思维可能在逻辑上不连贯，或者出现与主题无关的话题转换，导致交流困难和理解困难。

（3）思维速度的异常：指个体思考过程中的速度异常，包括思维加速或思维迟缓。思维奔逸是一种兴奋性的思维联想障碍，主要指联想速度加快和量的增加，表现为思维和谈话都非常快，思维冲动、言语飞扬、大量词汇涌现；思维迟缓是一种抑制性的思维联想障碍，主要特点是思维活动显著缓慢，思考问题吃力，反应迟钝，语量少，语速慢，语音低沉，并为此而苦恼，是抑郁症表现之一。

3. 注意力障碍 是一种常见的精神症状，涉及个体对外界信息的注意力分配和集中程度的异常。在注意力障碍中，个体可能表现出注意力缺陷、注意力过度集中或注意力不稳定等特征。

（1）注意力缺陷：是指个体对外界信息的注意力分配不足或不够集中，导致注意力无法持续聚焦在特定任务或活动上。患者可能表现出分散注意力、易受干扰、难以长时间保持注意力等特征。这种注意力缺陷可能会影响个体的学习、工作和日常生活功能，使其难以完成任务或维持持续的注意力状态。

（2）注意力过度集中：是指个体对特定信息或任务过度集中注意力，导致忽视周围的其他信息或任务。患者可能表现出过度专注于某个活动或思维，忽视了其他重要的任务或信息，甚至可能导致对外界刺激的过度反应。这种注意力过度集中可能会影响个体的社交互动、情绪调节和行为控制。

（3）注意力不稳定：是指个体的注意力难以持续保持在特定任务或活动中，表现为注意力的频繁转移或波动性。患者可能表现出注意力跳跃、难以持续集中注意力、容易分心或中断等特征。这种注意力不稳定可能会影响个体的工作效率、学习成绩和日常生活质量，使其难以完成需要长时间持续注意力的任务。

4. 智能障碍 是以智力低下和社会适应困难为特征的精神障碍。认识客观事物并运用知识解决实际问题的能力异常。记忆、认识（如概括、计算、判断等）、语言、视空间功能和人格等至少 3 项受损。一种精神症状，表现为个体的智力功能受到影响，包括学习困难、记忆力减退和逻辑推理能力下降等表现。

（1）学习困难：是指个体在学习新知识或掌握新技能时遇到困难或障碍。这可能表现为学习速度慢、理解能力低下、记忆力不足或注意力不集中等特征。患者可能在学校、工作或日常生活中遇到学习困难，影响其获取新知识和适应新环境的能力。

（2）记忆力减退：是指个体的记忆功能受到影响，表现为记忆能力下降或记忆力减退。患者可能出现遗忘常识性信息、忘记重要事件或日期、难以记忆新学习的知识或技能等情况。这种记忆力减退可能会影响个体的学习、工作和日常生活功能。

（3）逻辑推理能力下降：是指个体对逻辑推理和思维分析能力出现障碍或减退。患者可能表现为难以理解抽象概念、逻辑思维混乱、推理能力不足或逻辑错误等情况。这种逻辑推理能力下降可能会影响个体的问题解决能力、决策能力和社交交流能力。

5. 定向力障碍 是指个体对时间、地点和自我身份的认知和理解能力出现异常或受到影响的精神症状。

（1）时间定向力障碍：是指个体对时间的认知和理解能力出现异常或受到影响。患者可能表现为对日期、时间顺序或时间段的混淆、遗忘或错误理解。这种时间定向力障碍可能会导致患者在日常生活中错过约会、重复安排相同的事件或活动，或者无法准确判断时间的流逝和先后顺序。

（2）地点定向力障碍：是指个体对地点的认知和理解能力出现异常或受到影响。患者可能表现为对地理位置、方位或环境的不熟悉或混淆，无法准确辨认自己所处的位置或方向。这种地点定向力障碍可能会导致患者迷路、无法回到家或迷失在熟悉的环境中。

（3）自我定向力障碍：是指个体对自己身份、角色或生活经历的认知和理解能力出现异常或受到影响。患者可能表现为对自己的身份、姓名、年龄、性别或人际关系的混淆或错误认知。这种自我定向力障碍可能会导致患者产生自我认知困惑、身份认同问题或人际关系紊乱。

定向力障碍涉及个体对时间、地点和自我身份的认知和理解能力的异常，可能会影响个体的日常生活功能和社会适应能力。对定向力障碍的准确评估和诊断有助于制定有效的干预措施和支持服务。

6. 情感障碍 是指个体情感体验和表达方面出现的异常或受到影响的精神症状。常见的情感障碍包括情感高涨、情感低落和情感不稳定等即情感程度的改变、情感性质的改变和情感稳定性的改变。常见的情感过程障碍如下。

（1）情感高涨：患者情感活动病理性增强，特别愉快和乐观，讲话时眉飞色舞、喜笑颜开表情生动丰富，自我感觉良好，伴有明显的夸张和夸大色彩，语音高昂，或傲慢自负、盛气凌人，具有感染力，易激惹，情绪易波动。这一症状是躁狂症的典型表现。

（2）情感低落：是负性情绪增强的表现与情感高涨相反，患者情绪异常低落，自我感觉不良，度日如年，生不如死，缺乏活力，不与人交往，自我评价过低，意志减退，反应迟钝，甚至出现自杀观念和自杀行为，为抑郁症的典型表现之一。

（3）情感不稳定：是指个体情绪体验波动剧烈、变化不定或情感反应不稳定的状态。患者可能表现出情绪易变、情绪反应过度、情绪爆发或情绪控制困难等特征。这种情感不稳定可能导致患者社交问题、人际关系冲突或自我伤害行为等。患者常因一些细小或无关紧要的事情产生情感波动，反应也迅速，有时较强烈，常因无关紧要的事情而伤心落泪或兴奋激动，无法克制。

7. 意志行为障碍 是指个体意志力和行为控制方面出现的异常或受到影响的精神症状。常见的意志行为障碍包括行为冲动、行为自伤和意志力减退等。

（1）行为冲动：是指个体无法抑制冲动、难以控制行为或表现出突发性行为的状态。患者可能表现出冲动购物、冲动言语、冲动性行为或暴力行为等。这种行为冲动可能导致患者社交困扰、法律问题或人际关系紊乱。

（2）行为自伤：是指个体对自己的身体或生命产生意图性的伤害或自残行为。患者可能表现出自残刺伤、自毁行为、过量饮酒或药物滥用等。这种行为自伤可能是因为内心的痛苦和情感困扰而产生，需要及时干预和治疗。

（3）意志力减退：是指个体意志力和决策能力减弱或丧失的状态。患者可能表现出决策困难、责任逃避、行为被动或决断能力下降等。这种意志力减退可能导致患者的学习、工作和生活能力受到影响，需要帮助和支持。

8. 意识障碍 是指人对周围环境及自身状态的识别和觉察能力出现的障碍。一种以兴奋性降低为特点，表现为嗜睡、意识模糊、昏睡直至昏迷；另一种以兴奋性增高为特点，表现为高级中枢急性活动失调的状态，包括意识模糊、定向力丧失、感觉错乱、躁动不安、言语杂乱等。个体对周围环境和自我的感知、认知和理解能力出现异常或受到影响的精神症状。一般多表现为短暂性的意识障碍在急性发病的疾病中，意识障碍可分为环境意识障碍和自我意识障碍两种。

（1）环境意识障碍：以意识清晰度降低为主的意识障碍。①嗜睡：意识下降，昏昏欲睡，呼叫或推醒后能够简单应答，但刺激一消失就又入睡吞咽反射、瞳孔反射、角膜反射等均存在。②意识混浊：意识清晰度受损，似醒非醒，强烈刺激能引起反应，但迟钝，回答简单语音低而慢，有定向障碍，吞咽反射、对光反射、角膜反射尚存在，见于脑或躯体器质性疾病。③意识错乱：见于急、慢性脑器质性疾病的意识受损状态，主要表现是定向障碍，精神活动缓慢、情感平淡、注意力不集中，严重时不能保持与环境的接触。④昏迷：意识完全丧失，对外界的刺激没有反应，随意运动消失。吞咽反射、角膜反射、咳嗽反射、括约肌反射、腱反射，甚至对光反射均可消失。常见于严重脑部疾病及躯体性疾病垂危期。⑤朦胧状态：临床特点是意识范围缩小或狭窄，伴有意识清晰度水平轻度降低。⑥梦样状态：这是伴有意识清晰度降低的一种梦境样的体验。患者如同做梦，沉迷于幻觉、幻想之中，对外界环境毫不在意，但外表好像清醒，过后并不完全遗忘幻觉内容。常见于感染中毒性精神障碍和癫痫性精神障碍。

（2）自我意识障碍：双重人格患者在同一时间内表现为完全不同的2种人格，体验到2种完全不同的心理活动，有着2种截然不同的精神生活。常见于癔症、精神分裂症。交替人格患者在不同时间内表现为两种完全不同的人格特点和内心体验，在不同时间内交替出现，多见于癔症和精神分裂症。人格转换患者否认原来的自身，而自称为另一个人或者鬼神，如说“我是狐狸大仙下凡”。常见于癔症。

9. 自知力障碍 自知力又称领悟能力或内省力，是指患者对自己精神状态的认识判断能力，即患者是否能发现或认识自己有心理异常。自知力障碍是指个体对自己的身份、能力或状态产生认知偏差或困惑的精神症状。精神障碍患者一般都有不同程度的自知力障碍。自知力丧失在临床上是判断精神障碍的重要指标之一，其完整程度及变化又可作为判断精神障碍发生、发展、好转或痊愈的标准之一。自知力完整的人，如神经症患者，通常能认识到自己的病症，能主动就医，寻求帮助。精神病患者一般均有不同程度的自知力缺陷。

（1）自我认知能力减退：是指个体对自己的身份、特质或行为产生认知混淆或理解困难的状态。患者可能表现出对自己的能力、特点或行为的判断不准确、自我认知困惑或自我认同问题。这种自我认知能力减退可能会影响患者的自尊心、自信心和社交能力。

（2）自我评价能力异常：是指个体对自己的能力、价值或表现产生不合理或不恰当的评价或判断。患者可能表现出自我过高评价、自我贬低、自我否定或自我放弃等态度。这种自我评价能力异常可能会影响患者的情绪状态、人际关系和行为表现。

异常心理症状学作为心理学和精神医学领域的重要分支，对于理解和诊断各种精神障碍具有重要意义。本章系统地介绍了异常心理症状学的各个方面，包括感知觉、思维、注意力、智能、定向力、情感、意志行为、意识和自知力等方面的障碍。通过对这些症状的深入探讨和分析，有助于医生更准确地诊断和治疗精神障碍患者，提高其生活质量和康复率。随着科学技术的不断进步和社会的不断发展，异常心理症状学也将面临新的挑战和机遇。未来，我们可以期待更加精细化、个性化的诊断和治疗方法的出现，以满足不同患者的需求。同时，跨学科的合作和信息技术的应用将为异常心理症状学的研究和实践带来更大的推动力。未来，异常心理症状学研究将聚焦于以下几方面。

①生物学基础研究：进一步探索精神障碍的神经生物学机制和遗传学基础，为精准诊断和个性化治疗提供更加科学的依据。②跨学科合作：加强与神经科学、心理学、医学和社会学等领域的跨学科合作，促进对精神障碍的多角度理解和综合治疗。③临床实践创新：探索新的诊断工具和治疗方法，如虚拟现实技术在心理疾病治疗中的应用、个性化药物治疗等。④心理健康服务优化：加强对心理健康服务体系的建设和优化，提高心理健康服务的普及率和质量，减少精神障碍对个体和社会的负面影响。

第3节 常见的异常心理

一、精神分裂症

（一）精神分裂症的概念

精神分裂症（schizophrenia）是一组以感知、思维、情感、意志行为等多方面障碍及精神活动的不协调为临床特征的精神病性障碍。瑞士精神病学家布洛伊勒（E.Bleuier）在20世纪首次提出“精神分裂”这一概念。该病通常在青壮年时期开始显现，病程多迁延，呈反复加重或恶化趋势，部分患者最终出现精神衰退和精神残疾，部分患者经过药物治疗与心理治疗可痊愈或基本痊愈。

（二）精神分裂症发生的原因和机制

1. 神经生化因素 研究指出：①体内存在多种神经递质功能异常，中枢神经系统多巴胺水平增高、功能亢进；5-羟色胺水平异常；谷氨酸水平低下，功能不足。②脑特定区域如颞叶、额叶及边缘系统存在明显的脑组织萎缩，伴随脑室扩大和沟回增宽等。③孕期病毒感染、围生期并发症、幼年严重创伤性应激及躯体疾病引发神经系统发育缺陷，与精神分裂症的发病有密切关联。

2. 遗传因素 大样本人群遗传流行病学调查显示，精神分裂症患者的近亲属罹患此病的概率显著高于普通人群，且与患者的血缘关系越紧密，患病率就越高。尽管分子遗传学领域试图定位控制精神分裂症的易感基因，但研究结果存在诸多不一致。当前学界普遍认为，精神分裂症可能是多基因遗传，由若干基因的叠加作用所致。

3. 社会心理因素 不良的生活事件和个体病前的性格特点可能成为精神分裂症的诱发因素。然而，精神分裂症的具体病因及其发病机制目前仍未完全阐明，上述任一因素与疾病之间并无明确的因果关系。现普遍认为，精神分裂症是由多重因素交织影响而产生的结果。

（三）精神分裂症的诊断标准

1. 症状标准 至少满足以下两项症状，且这些症状并非由意识障碍、智能障碍、情绪高涨或低落所引发，才可能诊断为精神分裂症：①原发性妄想（包括妄想知觉，妄想心境），或产生其他无根据的、荒谬的妄想；②出现明显的思维散漫、思维破裂、言语不连贯、思考内容空洞无物；③反复出现的言语性幻听；④感受到思维被外力插入、抽离、播散、思维中断，甚至出现强制性思维；⑤思维逻辑出现混乱，病理性象征性思维或创造新词语；⑥体验到被控制、被洞悉等异常感觉；⑦情感表达与实际情况相悖，或者明显的情感淡漠；⑧表现出紧张、怪异或愚蠢的行为模式；⑨明显的意志减退或缺乏。单纯型精神分裂症主要包括思维贫乏、情感淡漠、意志缺乏，以及社交能力明显减弱或回避等阴性症状。

2. 严重标准 自我认知能力出现障碍，同时其社会功能严重受损或无法进行有效交流。

3. 病程标准 ①满足相关症状及严重程度标准，且发病至少持续 1 个月，单纯型病程至少 2 年；②若患者同时符合分裂症和情感性精神障碍的症状标准，当情感症状减轻到不能满足情感性精神障碍症状标准时，分裂症状需继续满足分裂症的症状标准至少 2 周，才能被确诊为精神分裂症。

4. 排除标准 排除器质性精神障碍，及精神活性物质和非成瘾物质所致精神障碍。对于精神分裂症症状尚未得到缓解的患者，若又罹患前述两类疾病，应该进行并列诊断。

（四）精神分裂症的主要临床类型与表现

1. 青春型精神分裂症 又称瓦解型精神分裂症，多发于青春期。发病年龄较早者起病缓慢，发病急骤者，短期内可达严重程度。症状表现如下。①联想障碍：联想松散、支离破碎，正常思维突然中止或涌现大量强制性思维，思维联想贫乏、空洞。②意志行为障碍：对外界事物不感兴趣，犹豫不决，常独处沉思、生活懒散、不修边幅。③情感障碍：疾病急发期，患者情绪受幻觉、妄想而剧烈变化，如忽而大哭、忽而大笑、忽而大发雷霆等。④自我意识障碍：表现为躯体不存在感、非己感，或以第二人称叙述自身体验，或自觉分裂成两部分并互相对话。⑤幻觉丰富：在意识清醒的状态下出现听幻觉、视幻觉、触幻觉、味幻觉、嗅幻觉等，幻觉内容离奇多变。⑥注意力涣散：工作、学习、生活粗枝大叶，丢三落四、心不在焉。⑦逻辑进程障碍：无法按正常逻辑分析问题，表现为概念混乱和逻辑推理异常。⑧妄想：凭空出现病理性观念，如有的患者说："人人都在监视我""人人都想害我"。

2. 偏执型精神分裂症 多在青壮年及中年发病，是精神分裂症中最常见的一种类型。症状表现如下。①敏感多疑与过分警惕：患者在起病初期常表现出过度的敏感和多疑，对周围的事物和人持有高度的警惕性，会无端怀疑他人对自己有恶意，或认为他人对自己的言行举止有特别的含义。②妄想：内容大多脱离现实生活，包括关系妄想、被害妄想、嫉妒妄想等，患者深信这些妄想内容，即使面对事实证据也无法动摇其信念。③幻觉：患者可能会出现幻听、幻视、幻触、幻嗅等幻觉，其中以言语性幻听最为常见。这些幻觉内容可能会加重患者的妄想信念，使其情绪和行为更加不稳定。④情感与行为异常：由于受到妄想和幻觉的困扰，患者常呈现情绪不稳定、焦虑、易怒、恐惧等，且可能出现攻击性行为、自伤行为等。⑤社交障碍：随着病情加重，患者可能逐渐丧失社交能力，与家人和朋友的关系疏远，甚至可能出现孤僻、退缩的行为。

3. 单纯型精神分裂症 多青少年发病，起病隐匿，缓慢发展，并逐渐趋向精神衰退。以思维贫乏、情感淡漠、意志缺乏、社会性退缩等阴性症状为主要临床表现，极少有幻觉、妄想等阳性症状。症状表现如下。①早期症状：表现出精神萎靡、专注力差、失眠、头晕等症状，较为隐匿，早期不易被察觉。②情感与社交障碍：孤僻离群，对亲人冷漠，对情绪刺激缺乏相应的反应，缺乏社交兴趣，避免与他人建立亲密关系，甚至性欲减退。情感迟缓，既无法合理表达自己的情感，也无法理解和辨认他人的情感。③意志消退：患者可能失去对有意义活动的兴趣和动力，表现出对未来的无计划或无追求，变得懒惰，不注重个人卫生，严重者可能卧床不起，生活不能自理。④思维与语言障碍：思维贫乏，缺乏创造性和灵活性，语言输出明显减少，回答问题时内容空洞，甚至无自然的语言。

4. 紧张型精神分裂症 大多起病于青年或中年，起病较急，个别可自行缓解。症状表现如下。①早期症状：失眠、发呆、专注力差、少言少动等，患者可能突然出现行为怪异，如一言不发、一动不动等，或认为有人欺负自己而莫名其妙地哭泣。②紧张性兴奋与紧张性木僵：此为最为突出的症状，紧张性兴奋和紧张性木僵交替出现，亦可单独发生，以木僵状态为多见。患者在紧张性兴奋的状态下，情绪激动、兴奋，行为剧烈，甚至具有破坏性。在紧张性木僵的状态下，动作缓慢、少语少动，严重时可能终日卧床，对周围刺激无反应。③运动抑制：肌张力可能会增高，患者可能出现蜡样屈曲、被动性服从或主动性违拗等症状。④模仿行为：重复一些毫无意义的词语，或模仿他人的行为。⑤意识清晰：患者对周围的事物仍能感知，病后也能回忆所经历的事情。

5. 未定型精神分裂症 符合精神分裂症诊断标准，不符合以上 4 种类型的诊断标准，有明显的阳性症状，难以分型或为混合形式者。症状表现如下。①幻觉与妄想：患者可能经历幻听、幻视、幻触等感知觉障碍，并伴随有妄想症状，如被害妄想、关系妄想等。②思维障碍：思维联想障碍、思维内容障碍等，导致患者思维过程变得混乱、不合逻辑，甚至难以理解。③情感障碍：情感平淡、情感倒错、情感淡漠较为常见，表现出情感反应迟钝、对周围事物缺乏兴趣或表现出不合理的情感反应。④意志行为障碍：意志活动减退、意志缺乏等导致患者缺乏动力和目标，生活懒散、被动，可能出现怪癖行为或冲动行为。⑤认知功能障碍：记忆力减退、注意力障碍等导致患者在学习、工作和社交等方面出现困难。

6. 其他型精神分裂症 ①儿童精神分裂症常缓慢起病，具有思维、情感、行为等多方面的障碍。患儿孤僻、退缩，与亲友疏远；年幼者言语减少、刻板重复，年长者出现妄想和幻想；兴奋不安、行为紊乱或懒散；多数患儿智力无明显障碍，部分早年起病者可能存在智能障碍。②晚发性精神分裂症见于青壮年后，症状包括幻觉、妄想、行为异常等，无明显人格或智力衰退。幻听内容多为被害、疑病，情感障碍以恐怖、愤怒、焦虑、烦躁不安等阳性症状为主，情感淡漠和情感迟钝则较少出现。③精神分裂症后抑郁是指精神分裂症残留期或精神病后出现的抑郁症状，表现为情绪低落、郁闷、伤感，以及不开心等。④残留型精神分裂症主要特点是在以阳性症状为主的活动期后，迅速转入以阴性症状为主的非特征性表现的人格缺陷阶段。⑤慢性衰退型精神分裂症主要特征为病程迁延，症状逐渐加重，并最终导致精神活动的衰退，包括思维贫乏、情感淡漠、意志和行为缺乏自发性等阴性症状。

（五）精神分裂症的治疗及预后

精神分裂症的防治原则为早发现、早治疗，其治疗的目的是控制各种症状、预防复发和恢复社会功能。治疗方法包括抗精神病药物治疗、电休克治疗和心理社会干预等，其中以抗精神病药物治疗为主。早期发现，可采用足量且足疗程的抗精神病药物进行治疗，如长效药物（癸酸氟哌啶醇、利培酮、帕利哌酮等）、一线药物（利培酮、奥氮平、喹硫平等）、二线药物（氯丙嗪、氟哌啶醇、奋乃静等）。在整个精神分裂症的病程中均需药物治疗（全程治疗），电休克治疗能够快速有效地控制急性期症状，康复期结合支持性心理治疗及心理社会干预有助于促进患者社会功能的全面康复。治疗预后与性别、发病年龄、临床分型、治疗的及时性、治疗措施的完备性、社会支持情况等因素有关。

二、心 境 障 碍

（一）心境障碍的概念

心境障碍（mood disorder）也称情感性精神障碍，是以显著而持久的情感或心境改变为主要特征的一组变态心理。主要表现为情绪低落或高涨，伴有相应的认知和行为改变，并出现幻觉、妄想等精神病性症状。多数患者有反复发作倾向，每次发作多可缓解。心境障碍的主要发病年龄为 21～50 岁，发病率女性高于男性，农村高于城市。

（二）心境障碍发生的原因和机制

心境障碍目前病因未明，研究发现发病机制可能涉及遗传、神经生化、神经内分泌功能异常、脑电生理变化、神经影像改变、社会心理因素等方面。

1. 神经生化因素 研究显示，5-羟色胺（5-HT）和去甲肾上腺素（NE）再摄取抑制剂，以及中枢兴奋性神经递质谷氨酸和抑制性递质γ-氨基丁酸（GABA）代谢与功能紊乱可导致患者发病；第二信使系统功能障碍与心境障碍有关，如抑郁症患者环磷酸腺苷（cAMP）水平低下。本病与下丘脑-垂体-肾上腺轴、下丘脑-垂体-甲状腺轴功能紊乱有关。

2. 遗传因素 大样本人群遗传流行病学调查显示，心境障碍发病者亲属患本病的概率为一般人群的10～30倍，血缘关系的紧密程度与患病率呈正相关，即血缘越近，罹患心境障碍的可能性越高，以双相障碍最为明显。

3. 社会心理因素 包括生活压力过大（工作、学习、家庭压力）、人际关系紧张（家庭矛盾、朋友纷争）等，可能导致患者的精神压力过大，从而引发心境障碍。心理因素主要涉及人的心理现象，包括认知、情感、意志等心理活动，以及气质、性格、能力、兴趣、爱好等个性心理特征。

（三）心境障碍的主要临床类型与表现

主要包括躁狂发作、抑郁发作、双相情感障碍、持续性心境障碍四种类型。

1. 躁狂发作（manic episode） 是以心境高涨为主，与其处境不相称，主要表现为情绪高涨、思维奔逸、精神运动性兴奋的心境障碍。某些病例仅以易激惹为主。严重者可继发幻觉、妄想等精神病性症状。

（1）躁狂单次发作的诊断标准

1）症状标准：以情绪高涨或易激惹为主，并至少有下列3项（若仅为易激惹，至少有以下4项）：思维奔逸（联想加快、语速增快、言语迫促等）、意念飘忽的体验；言语增多；专注力差或随境转移；自负，自我评价过高，言辞夸大；意志行为增强，精力充沛、不知疲倦、活动增多、难以安静，或频繁更改计划和行动；鲁莽行为（如毫无理由的挥霍、不负责任，或行为不计后果等）；睡眠减少；性欲亢进。

2）严重标准：重型躁狂症主要表现为严重损害社会功能，甚至给他人带来危险或不良后果。轻型躁狂症可使社会功能轻度受损，但仍能维持基本的生活与工作。

3）病程标准：符合症状标准和严重标准至少已持续1周；可存在某些分裂性症状，但不符合分裂症的诊断标准。若同时符合分裂症的症状标准，在分裂症状缓解后，满足躁狂发作标准至少1周。

4）排除标准：排除器质性精神障碍，或精神活性物质和非成瘾物质所致躁狂。

（2）躁狂发作的形式：除符合躁狂发作的基本诊断标准，轻性躁狂症对社会功能损害相对较轻；无精神病性症状躁狂症不会出现幻觉、妄想或紧张综合征等精神病性症状；有精神病性症状躁狂症伴有幻觉、妄想或紧张综合征等精神病性症状；复发性躁狂症目前发作符合上述某一型躁狂诊断标准，且间隔至少2个月前有过1次发作亦符合上述某一型躁狂标准，且从未有过抑郁障碍。

（3）狂躁发作的治疗：西医以碳酸锂为首选药物；电抽搐治疗有一定效果。中医药可根据患者辨证采用豁痰开窍、清心安神、益气健脾等相应治法。目前认为躁狂发作期不适用心理治疗。

2. 抑郁发作（depressive episode） 是一类以情绪低落、思维迟缓、意志活动减退的“三低”症状为主要特征的心境障碍。患者可从闷闷不乐到悲痛欲绝，甚至出现木僵，严重者伴有幻觉、妄想等精神病性症状，但这些症状继发于情绪低落而非主要临床表现；部分病例还可伴有或曾出现明显的焦虑与运动性激越，但达不到躁狂发作的诊断标准，若患者病史曾出现过躁狂发作，则诊断为双相障碍。因此，下列标准包括首次发作抑郁症或复发性抑郁症，但不包括发生于双相情感障碍中的抑郁状态。

（1）抑郁发作的诊断标准

1）症状标准：症状包括核心症状与附加症状，核心症状有心境低落、兴趣和愉快感丧失及疲劳感、活力减退或丧失。附加症状有自信心丧失和自卑；自我评价低、自责或内疚感；主诉或有证据表明存在思维或注意力降低，如犹豫不决或踌躇；反复出现死或自杀想法，或任何一种自杀行为；任何类型的睡眠障碍，如失眠、早醒或睡眠过多；精神运动性迟滞或激越（主观感受或客观证据均可）；食欲改变（减少或增加），伴有相应的体重变化。

抑郁发作的亚型症状标准：轻度抑郁发作具有核心症状至少 2 项，且核心症状与附加症状共计至少 4 项。

中度抑郁发作具有核心症状至少 2 项，且核心症状与附加症状共计至少 6 项。又根据是否伴有躯体综合征，分为 2 个亚型。躯体综合征与经典的“内源性抑郁症”类似，因此，伴躯体综合征的中度抑郁发作还应具有下列症状中至少 4 项：对日常感兴趣的活动丧失兴趣；对正常时能产生情感反应的事件缺乏反应；早晨抑郁加重；比通常早醒 2 小时以上；具有显著的精神运动性迟滞或激越的客观证据（他人的观察和报告）；食欲明显减退；体重减轻，相较上月至少减轻 5%；性欲明显降低。

重度抑郁发作具有全部 3 项核心症状，且核心症状与附加症状共计至少 8 项。可将其再分为不伴精神病性症状和伴精神病性症状 2 个亚型。

2）严重标准：社会功能受损，给本人造成痛苦或不良后果。

3）病程标准：符合症状标准和严重标准至少已持续 2 周；存在某些分裂性症状，但不符合分裂症的诊断。若同时符合分裂症的症状标准，在分裂症状缓解后，其表现符合抑郁发作标准至少持续 2 周。

4）排除标准：排除器质性精神障碍，或精神活性物质和非成瘾物质所致抑郁。在患者既往生活中，不存在足以符合躁狂症的标准。

（2）抑郁发作的治疗西医常用三环和四环类抗抑郁药，如阿米替林、丙咪嗪、马普替林等治疗抑郁发作。目前临床首选选择性 5-羟色胺再摄取抑制剂等抗抑郁药。缓解期患者可通过短程认知疗法等心理治疗改变观念、提升应对能力。家庭治疗可缓解亲密关系矛盾。除非伴人格障碍，否则不推荐长程心理治疗。

中医常采用移精变气法、言语开导法、情志相胜法、顺志从欲法等多种方法，并结合针灸推拿法、气功疗法、传统体育运动如太极拳等。中药可辨证选用越鞠丸、四逆散、逍遥散、天王补心丹、酸枣仁汤、甘麦大枣汤、桂附地黄丸等，以达到治疗效果。

3. 双相情感障碍（bipolar affective disorder） 又名双相障碍（bipolar disorder），是指发病以来，既有躁狂发作、又有抑郁发作的一种心境障碍。躁狂发作需持续 1 周以上，抑郁发作需持续 2 周以上，躁狂和抑郁交替循环发作是最典型的发作形式，也可两者混合出现。在 DSM-5 诊断系统中，双相情感障碍主要包括以下 2 种亚型。①双相Ⅰ型障碍：一次或多次躁狂发作或混合发作，或多次严重抑郁发作，间歇期情绪正常。②双相Ⅱ型障碍：有明显的抑郁发作，伴有至少一次轻躁狂发作，无躁狂发作。

4. 持续性心境障碍（persistent mood disorder） 是一组持续性并常有起伏，但每次发作极少严重到足以描述为轻躁狂或轻度抑郁发作的心境障碍。发作形式包括环性心境障碍、恶劣心境、混合状态。其中，恶劣心境自杀危险与重度抑郁发作相当，类似于传统分类法中的抑郁性神经症。

（1）持续性心境障碍的诊断标准

1）症状标准：不符合躁狂或抑郁发作症状标准。环性心境障碍是反复出现心境高涨或低落；恶劣心境是持续存在心境低落，但达不到任何一型抑郁发作的症状标准；混合状态是躁狂和抑郁症状在一次发作中同时出现。

2）严重标准：社会功能受损程度较轻，患者自知力完整或相对完整。

3）病程标准：符合症状标准和严重标准至少已 2 年，但在此期间，可有数月心境正常间歇期。

4）排除标准：心境变化并非躯体病或精神活性物质的直接后果，也非分裂症及其他精神病性障碍的附加症状；排除躁狂或抑郁发作，一旦符合相应标准即诊断为其他类型情感障碍。

（2）持续性心境障碍的治疗：三环类、四环类及氟西汀、帕罗西汀等抗抑郁药可显著改善症状。心理治疗作为辅助疗法，可首选认知行为疗法。

三、神　经　症

（一）神经症的概念

神经症（neurosis）是以持久的精神痛苦、焦虑、恐惧、强迫、疑病和抑郁症状为主要表现的精神障碍。又称器官神经症、实验性神经症。曾称神经症、神经官能症。1769 年，苏格兰医师威廉·卡伦（William Cullen）首创“神经症”一词，当时内涵广泛，几乎囊括除发热、局部疾病和恶病质以外的几乎所有疾病。200 多年来，神经症的概念发生巨大变化。但其作为一组疾病的观点始终没有改变。随着相关研究的不断深入及广泛，人们发现神经症作为一大类疾病，存在复杂的病因学和发病机制，很难用单一和统一的理论模式加以阐述。此类疾病不管有多少种亚型和相互间常千差万别，但仍存在很多共同性，且尚无任何新的分类方法能将这一组疾病简单明了地概括，故这类名称依然有其存在价值。

（二）神经症的共同特征

①诱因多为社会（环境）心理因素。②具有一定的人格缺陷或障碍。③症状没有器质性病变为基础。④妨碍心理与社会功能。⑤具备充分自知力，能意识到的心理冲突。⑥自觉精神痛苦而主动求医。⑦防御行为显著，陷入自己构建的恶性循环中。⑧躯体各种不适感，渴求他人的同情与关心。⑨人际关系冲突，过度要求他人体贴关心和理解。

（三）神经症发生的原因和机制

神经症的直接致病因素尚不明确。目前认为，以心理社会因素为主，兼有生化、遗传，多因素共同作用的结果。

1. 神经生化因素　相关研究证实焦虑症、恐惧症和强迫症与 NE、5-HT 系统功能障碍有关。例如，焦虑症交感神经功能普遍亢进；尿中儿茶酚胺（CA）排量增加；对正常人注射去甲肾上腺素（NE）后出现焦虑症的所有躯体症状；用交感神经 β 受体阻断剂普萘洛尔可显著抗焦虑。

2. 遗传因素　焦虑症、强迫症单卵双生的同病率明显高于双卵双生，且疑病症存在家族聚集性，其一级亲属的同病率高于其他亲属，并远高于普通人群。

3. 社会心理因素

（1）外在因素：患者常经历较多的负性生活事件，构成应激刺激。程度虽不十分强烈，但往往多种刺激反复发生且历时较长，与应激相关障碍明显有别。

（2）内在因素：巴甫洛夫（Pavlov）认为，弱型或强而不均衡型是神经症患者的主要人格类型。艾森克（Eysenck）也指出，古板、严肃、焦虑、敏感等性格的人易患神经症，因此，个性特征是神经症的易患基础。

（四）神经症的诊断标准

1. 症状标准 至少有下列 1 项：①恐惧；②惊恐发作；③强迫；④焦虑；⑤躯体化症状；⑥疑病症状；⑦神经衰弱症状。

2. 严重程度标准 社会功能受损或无法摆脱的精神痛苦，促使其主动求医。

3. 病程标准 符合症状标准至少已持续 3 个月，其中惊恐障碍至少 6 个月。

4. 排除标准 排除器质性精神障碍，精神活性物质与非成瘾物质所致精神障碍、各种精神病性障碍，如精神分裂症、偏执性精神病及心境障碍等。

（五）神经症的主要临床类型与表现

1. 焦虑症（anxiety disorder） 是以焦虑为主要临床特征的神经症。有时可伴有疑病观念，但非主导症状。

（1）焦虑症的症状表现：发作性或持续地出现紧张不安，预感到似乎要发生某种难以应对的危险，并伴有交感神经功能亢进为主的头晕、心悸、胸闷、呼吸急促、出汗、口干等症状和运动性不安。

（2）焦虑症发生的原因

交感神经亢进说：交感神经功能普遍亢进；尿中儿茶酚胺（CA）排量增加；对正常人注入去甲肾上腺素（NE）可模拟出焦虑症的全部躯体症状；用阻断交感神经 β 受体功能的普萘洛尔可显著抗焦虑。

1）遗传因素：临床统计数据显示，焦虑症患者的父母和兄弟姊妹常有焦虑症状和焦虑人格，家庭发病率为 15%，远高于一般人群 5%的发病率。

2）人格基础：大多数患者有敏感多疑、胆怯畏缩、自信不足、心胸狭窄、自我关注、患得患失、情绪不稳定等焦虑素质。

3）社会心理因素：亲人死亡、事业失败或重大疾病是直接原因；家境优渥，自小任性、溺爱或父母冷酷严厉，对子女苛求等。

4）年龄因素：青少年期及围绝经期易产生焦虑症。

（3）焦虑症的分类及临床表现

1）惊恐障碍（panic disorder）：又称“急性焦虑”，其典型表现为突然感到胸闷心悸、喉部梗塞、呼吸“困难”、出汗颤抖、头晕口干、四肢发肿，处于一种无明显原因的极度恐怖状态中，有“大祸临头”或濒死感。持续时间为数分钟至数十分钟，常可自行缓解。

2）广泛性焦虑：文献中常称其为漂浮焦虑（free-floating anxiety）或无名焦虑。表现为无明确客观对象和具体而固定观念内容的提心吊胆，其痛苦情绪与处境不相称。意味着导致焦虑情绪的危险或威胁尚未发生，或按照合理的标准衡量，诱发焦虑的事件与焦虑的严重程度并不相称。同时伴有坐立不安、频繁走动等精神运动性不安，以及呼吸困难、心慌胸闷、口干、恶心呕吐、尿频尿急、睡眠障碍等自主神经功能紊乱。

（4）焦虑症的诊断标准

1）惊恐障碍的诊断标准：符合神经症的诊断标准，惊恐发作需符合以下 4 项：发作无明显诱因、无相关的特定情境，发作不可预测；在发作间歇期，除害怕再发作外，无明显症状；发作时表现强烈的恐惧、焦虑及明显的自主神经症状，并常伴随人格解体、现实解体、濒死恐惧，或失控感等痛苦体验；发作突然开始，迅速达到高峰，发作时意识清晰，事后能回忆。

2）广泛性焦虑的诊断标准：符合神经症的诊断标准，以持续的原发性焦虑症状为主，并符合下列 2 项：经常或持续的无明确客观对象和固定内容的恐惧或提心吊胆；伴自主神经症状或运动性不安。符合症状标准至少已有 6 个月。

（5）焦虑症的治疗

1）心理治疗：认知疗法、系统脱敏疗法、放松疗法、冥想法、气功疗法及生物反馈疗法。

2）药物治疗：西药可用苯二氮䓬类（BZ）和丁螺环酮（SBVP）及三环类抗抑郁剂（TCA）、β受体阻滞剂等。中药方剂可根据辨证酌情选用朱砂安神丸、天王补心丹、甘麦大枣汤、六味地黄丸、温胆汤等。其他如气功疗法、移精变气法、针灸推拿疗法等也有较好疗效。

2. 恐惧症（phobia）　是一种以过分和不合理地惧怕外界客体或处境为主要症状的神经症。

（1）恐惧症的症状表现：患者明知此时并无危险，无须感到害怕，但这种认知仍未能遏制恐惧发作。恐惧发作时常伴随显著的焦虑和自主神经症状。这种恐惧情绪源于对特定客体的焦虑，即对该客体可能出现的过度担忧。因有明确的外在客体与处境，导致患者极力回避，回避后恐惧症状即缓解。若所害怕的客体或处境为非外界性的，则不能诊断为恐惧症，例如对疾病或身体畸形的恐惧属于疑病症。恐惧症患者常伴有抑郁情绪，但却是继发性的，并非临床症状的主导。

（2）恐惧症发生的原因

1）遗传因素：相关研究发现，恐惧症具有较明显的家族聚集性。有报道 50 对同卵双生子和 49 对异卵双生子，发现同卵双生子中社交恐惧、空间恐惧、小动物恐惧、混合恐惧和疾病恐惧的发生率比异卵双生子稍高，似乎提示遗传因素有一定影响。

2）人格基础：恐惧症患者病前性格多为胆怯、内向、羞怯、被动、依赖型且偏于刻板，常要求完美，容易焦虑、恐惧等，易处于过度警觉、敏感状态。

3）神经生化因素：恐惧症患者的神经系统警觉性水平升高，机体常处于敏感、警觉状态，体内交感神经系统兴奋占优势，肾上腺素及去甲肾上腺素功能增加。交感神经兴奋可产生焦虑与恐惧情绪。

4）生活事件：患者曾经历恐怖事件，包括但不限于严重的车祸、火灾、抢劫杀人等暴力事件，甚至遭受过性伤害。这些事件给患者带来了严重的心理创伤，对其日常生活和心理健康造成了长期的不良影响。

5）人际关系：人际关系紧张、家庭关系不和睦及工作学习压力大等社会因素，均可能对患者的心理状态产生不良影响。

6）成长经历：在个体幼年时期，若遭受某种不良的恐怖刺激，如目睹暴力场景、经历意外创伤或受到恐吓威胁等，可能导致个体在成长过程中形成特定的心理防御机制，影响其对环境的适应能力和情感表达方式。

（3）恐惧症的分类及临床表现

1）物体恐惧症：又称单纯恐惧症。常见的有以下表现。①不洁恐怖：恐惧一切不清洁物品；②动物恐怖：恐惧小动物，害怕猫、狗、老鼠、鸟、鸡、小昆虫等；③尖锋恐怖：恐惧尖锐物体，如刀、剪子等；④声音恐怖：恐怖风声、树叶声等；⑤见血恐怖：恐惧血液，害怕见血；⑥不祥恐怖：对棺材、坟墓等不祥物的恐怖。

2）场所恐惧症：常见的有以下表现。①广场恐怖：对公共场所产生恐惧，不敢到这些地方去，担心昏倒或失去控制又无法迅速离开或出现濒死感；②幽闭恐怖：恐惧一个人独处；③恐高症：害怕高出平地的楼层等；④黑暗恐怖：恐怖无灯夜晚。

3）社交恐惧症：常见的有以下表现。①视线恐怖：怕他人注视自己或自己注视异性；②赤面恐怖：担心自己在众人面前脸红而惊恐。

（4）恐惧症的诊断标准

1）符合神经症的诊断标准，以恐惧为主，需符合以下 4 项：①对某些客体或处境有强烈的恐惧，恐惧的程度与实际危险不相称；②明知恐惧过分、不合理、不必要，但无法控制；③发作时有焦虑和自主神经紊乱等症状；④有反复或持续的回避行为。

2）对恐惧情景和事物的回避必须是或曾经是突出症状。

3）排除神经症的其他亚型。

（5）恐惧症的治疗

1）心理治疗：行为疗法，如系统脱敏疗法，暴露疗法等。行为治疗是治疗本病最重要和最有效的方法。

2）药物治疗：抗焦虑药有良好的抗恐惧作用，其中以氯硝西泮、阿普唑仑效果较好。中药可根据辨证选用朱砂安神丸、温胆汤等。其他如气功疗法、针灸疗法等也有较好疗效。

3. 强迫症（obsessive-compulsive disorder） 是以反复出现强迫观念和强迫动作为基本特征的一类神经症。

（1）强迫症的症状表现：患者能深切感受到源于自我内心的冲突，及其所导致的焦虑感，为缓解焦虑，强迫自己产生某种自认不必要、违背意愿的观念与行为，之后虽能意识到症状的异常性并极力抵抗，却无法摆脱。常为这种来源于有意识自我强迫和反强迫的并存式冲突，而倍感痛苦。病程迁延者可发展为仪式动作而使社会功能严重受损。

（2）强迫症发生的原因

1）神经生化因素：强迫症患者有特定的神经解剖学基础，其眶额皮质-纹状体-丘脑环路发生病变，表现出强迫性思维。此外，强迫症的发生还与 5-羟色胺（5-HT）、多巴胺（DA）和谷氨酸这三种神经递质的功能异常有关。

2）遗传因素：临床调查发现，强迫症同遗传关系密切，具有明显的家族聚集性，强迫症患者一级亲属具有较高的患病率，是普通人群的 4 倍。

3）人格基础：强迫型人格的核心特征是缺乏自信和追求完美。此类人对自己和他人的要求十分严苛，追求尽善尽美，胆小怕事，一丝不苟，严肃古板，循规蹈矩，注重细节，酷爱清洁，优柔寡断。有强迫性人格的个体易在某种压力或应激下发展为强迫症。

4）社会心理因素：各种生活事件、心理过度应激常是发病和症状加重的诱因，如生活环境的变迁，人际关系不佳，家庭不和、亲人逝世和突然的惊吓等。

（3）强迫症的分类及临床表现

1）强迫观念：表现为反复而持久地思考某些并无实际意义的问题，如持久的观念、思想、印象、冲动念头等。患者对这些内心体验无法控制，力图摆脱，但却为摆脱不了而万分紧张苦恼、心烦意乱、焦虑不安及出现躯体症状。

2）强迫怀疑：较常见。患者对自己的行为动作及生活细节是否正确持有顽固的、不必要的怀疑。如出门后怀疑门窗是否关好，刚寄出的信件是否装错了信封，医生是否为自己配错了药等。这种不必要的担忧与怀疑常让患者备感焦虑与困扰。

3）强迫回忆：对说过的话、做过的事、写过的信以及经历过的某些情景，反复的、无目的的、不必要的回忆，自己因无法克制而痛苦异常。

4）强迫性穷思竭虑：对自然现象或日常生活事件发生的原因进行无效的反复思考。如“为何人只有一个嘴巴？”“为何一年有 12 个月？”等。

5）强迫性对立思维：即不自觉地出现与自己所见所闻相反的思维。如听到“和平”“美好”，患者的脑子里立即出现“敌对”，“战争”等相反的概念。

6）强迫联想：患者看到或听到某一事物或某一词时，就会不自主地联想与此有关的不祥或可怕的事物。如看到“钞票”，就立即想到病菌—肝炎—死亡等。

7）强迫动作：在强迫观念的基础上反复做出无意义的动作，短暂缓解紧张情绪后，焦虑不安感再次涌现，迫使其继续下一次的无意义行为。

8）强迫检查：对自己做过的事，总是怀疑有错，以致反复检查、核对，如多次反复检查门锁是否锁好等。

9）强迫洗涤：对细菌、污垢或其他污染物的过度担忧和恐惧，导致患者不断重复清洁动作以寻求心理上的安慰和确认，常见的行为有强迫洗手、洗衣等。

10）强迫计数：患者无法自控地计数某些无意义的事物。如楼梯的阶数、电杆数量等。

11）强迫性仪式动作：患者常重复进行一套刻板动作。必须严格遵循先跨左足、再向前两步后退一步的仪式化步骤，一旦稍有偏差，便强迫自己重新执行。

（4）强迫症的诊断标准：①符合神经症的诊断标准，并以强迫症为主，至少有下列 3 项中的 1 项：以强迫思想为主，包括强迫观念、回忆或表象，强迫性对立观念、穷思竭虑、害怕丧失自控能力等；以强迫行为（动作）为主，包括反复洗涤、核对、检查或询问等；上述的混合形式。②患者称强迫症状起源于自己内心，不是被别人或外界影响加强的。③强迫症状反复出现，并感到不快，甚至痛苦，试图抵抗，但不能奏效。

（5）强迫症的治疗

1）心理治疗：森田疗法，多种认知行为疗法，如系统脱敏疗法、暴露疗法、厌恶疗法等，疗效较佳。

2）药物治疗：氯丙咪嗪是治疗强迫症的标准药物，氟西汀（百忧解）也有一定疗效。

4. 躯体形式障碍（somatoform disorders）是一种以持久地担心或相信各种躯体症状的优势观念为特征的神经症。其不能证实有器质性损害或明确的病理生理机制存在，但有证据表明是与心理因素或内心冲突密切相关的一类变态心理。女性多见，起病多在 30 岁之前。由于各国诊断标准的差异，目前缺乏可供对比的流行病学资料。

（1）躯体形式障碍的症状表现：表现为患者因各种躯体症状而反复就医，各种医学检查的阴性结果和医师的反复解释、保证均不能消除其疑虑，即使有时存在某种躯体疾病，但其痛苦、疑虑等先占观念与症状的性质及程度严重不符。

（2）躯体形式障碍发生的原因

1）神经生化因素：相关研究表明，患者涉及大脑多个区域的功能异常，如边缘系统-纹状体-丘脑环路功能紊乱、5-羟色胺（5-HT）和去甲肾上腺素能神经递质功能失调、谷氨酸受体功能亢进、γ-氨基丁酸（GABA）受体功能低下等。

2）遗传因素：躯体形式障碍与遗传易患性有关且具有家族聚集性，相关研究表明，约 20%的躯体形式障碍的女性患者，其一级亲属也符合躯体形式障碍的诊断。

3）人格基础：患者多兼有敏感、多疑、固执等特点，过度关注自身的健康状况及躯体不适症状而导致感觉阈值降低，对躯体感觉的敏感度增加，易产生各种躯体不适和疼痛。

4）社会心理因素：儿童期患病的经历、父母对疾病的态度、长期与慢性疾病患者共同生活等体验，都可能是躯体化障碍的易感因素。

（3）躯体形式障碍的分类及临床表现

1）躯体化障碍：以多种多样、经常变化的躯体症状为主，可涉及身体的任何系统或器官，但以胃肠道不适、异常的皮肤感觉、皮肤斑点最常见。

2）躯体形式自主神经紊乱：是一种主要受自主神经支配的器官系统（如心血管、胃肠道、呼吸系统）发生紊乱的神经症。

3）持续性躯体形式疼痛障碍：是一种不能用生理过程或躯体疾病予以合理解释的持续、严重的疼痛，常在心理应激或内心冲突时发生。

4）疑病症（hypochondria）：是对自身健康过分关注，深信自己患了一种或多种躯体疾病，但与实际不符，并处于持续的对该病异常恐惧并可伴有焦虑、抑郁、强迫症状的躯体化形式障碍。①临床表现：患者常到处求医，迫切要求治疗，暗示性强，虽然多种检查结果与患者的叙述不符，但医生的解释和保证往往难以消除患者的疑病观念，常对医生的只言片语和检查结果进行仔细的“分析研究”，四处咨询，不断查阅各种医学书籍，试图寻找与自身症状相符的诊断；他们对身体的任何细微变化格外“关注”，如呼吸、心跳、大小便、脸色、睡眠、饮食、头发、指甲等等。患者的言语完全集中在自己的“症状”上，犹如惊弓之鸟，惶惶不可终日。②诊断标准：符合神经症的诊断标准，以疑病症状为主，至少有下列 1 项：对健康状况，如通常出现的生理现象和异常感觉做出疑病性解释，但不是妄想；对躯体疾病过分担心，其严重程度与实际情况明显不相称；牢固的疑病观念，缺乏根据，但不是妄想。反复就医或要求医学检查，但结果虽阴性和医生的合理解释，均不能打消其疑虑。病程超过 3 个月。排除神经症的其他亚型。③治疗：抗抑郁或抗精神病药物治疗，但疗效有限，可制定个体化的心理治疗方案，采用认知疗法，生物反馈、森田疗法等进行系统治疗。中医多采用暗示解惑、移精变气、气功导引、针灸推拿等方法治疗，有较好疗效。中药可辨证选用逍遥散、柴胡疏肝散、四逆散、温胆汤、甘麦大枣汤等对症治疗。

5. 神经衰弱（neurasthenia） 是一种以脑和躯体功能衰弱为主的神经症。以精神易兴奋却又易疲劳为特征，表现为紧张、烦恼、易激惹等情感症状，及肌肉紧张性疼痛和睡眠障碍等生理功能紊乱症状。这些症状不是继发于躯体或脑的疾病，也不是其他任何精神障碍的一部分。多缓慢起病，就诊时往往已有数月的病程，并可追溯导致长期精神紧张、疲劳的应激因素。偶有突然失眠或头痛起病，却无明显原因者。病程持续或时轻时重，病情波动常与心理社会因素有关。与慢性疲劳综合征的含义近似。

（1）神经衰弱的症状表现

1）兴奋症状：用脑即引起兴奋，回忆联想增多，对外界刺激（声、光、气味）敏感。

2）抑制症状：精神易疲劳、脑力下降、记忆力差、注意力不集中、工作学习不能持久、效率降低等。

3）情绪症状：情绪不稳定，多愁善感、喜怒无常、易激动、易烦躁、好争吵、易苦闷。

4）紧张性疼痛：主要为头痛。其他如肩背痛，全身肌肉酸痛等。

5）睡眠障碍：入睡困难、浅睡多梦、梦境清晰、内容系统、睡眠后仍有疲乏感。

6）自主神经功能紊乱：如心悸、胸闷、多汗、手抖、呼吸不畅、消化不良、腹胀、腹泻、便秘、尿频尿急等。

（2）神经衰弱发生的原因

1）易感素质：在个体易感素质的基础上（易兴奋性、易消耗性），承受较大的心理压力而不能有效应对，使精神活动能正常运转的调节机制受到影响，因此产生类似神经“衰弱”的症状。

2）社会心理因素：家庭、婚姻、恋爱处理不当、人际关系紧张、突发应激事件等社会因素以及长时间处于过度紧张、焦虑状态等心理因素均可能导致个体委屈、压抑、愤懑等负面情绪，诱发神经衰弱。

（3）神经衰弱的诊断标准：符合神经症的诊断标准，以脑和躯体功能衰弱症状为主，特征是持续和令人苦恼的脑力易疲劳（如感到精神不振，自感脑子迟钝，难以集中注意力或持久专注，记忆差，思考效率下降和易疲劳，经过休息或娱乐不能恢复），并至少有下列中的 2 项：①情感症状，如烦恼、心情紧张、易激惹等，常与现实生活中的各种矛盾相关，常感困难重重，难以应付，可能伴有焦虑或抑郁；②肌肉紧张性疼痛（如紧张性头痛、肢体肌肉酸痛）或头晕；③兴奋症状，如感到精神易兴奋（如回忆和联想增多，主要是对指向性思维感到费力，而非指向性思维却很活跃，因难以控制而感到痛苦），但无言语和运动增多，有时对声光敏感；④睡眠障碍，如入睡困难、多梦、醒后不解乏、睡眠感丧失、睡眠觉醒节律紊乱等；⑤其他心理生理障碍，如头晕眼花、耳鸣、心慌、胸闷、腹胀、消化不良、尿频、多汗、阳痿、早泄或月经紊乱等。

（4）神经衰弱的治疗：心理治疗首选支持性心理治疗和认知行为疗法。并可针对焦虑、抑郁采用相应的药物治疗，同时辅助谷维素等。中医对神经衰弱的治疗有较好疗效，可采用移精变气法、言语开导法、情志相胜法、顺志从欲法、针灸推拿法、气功疗法、传统体育运动（太极拳）、书画音乐疗法等。中药可辨证选用归脾丸、参苓白术散、柏子养心丸、酸枣仁汤、天王补心丹、甘麦大枣汤、温胆汤、六味地黄丸、左归丸、右归丸等。

案例讨论

焦虑症（心脏神经症）

洪某，男，49岁，某学校教师，担任班主任8年，平时工作压力大，不敢一个人在家，不敢坐飞机，不敢坐汽车，不敢坐高铁，不敢开车，也不敢一个人在卫生间，担心自己会突然晕倒，没人救治，严重影响其学习与工作生活，自述两年前突发胸闷，气短，手抖，心悸，呼吸困难，心前区痛，有明显的濒死感，急救车送急诊。刻诊：心悸怔忡反复发作，少寐多梦，焦虑不安，头晕。某地区医院收治心血管内科住院，经过治疗，症状缓解，冠脉造影未发现明显异常，但回家后又反复发作，患者自认为患了严重的心脏病。

1. 以上病例中“洪某”属于哪种神经症？请阐述理由。

2. 针对上述病例，如何进行治疗？请阐明理由。

四、癔症及相关障碍

（一）癔症的概念

癔症（hysteria）或称歇斯底里，由精神因素，如生活事件、内心冲突、暗示或自我暗示，作用于易病个体引起的精神障碍。主要表现为解离症状（部分或完全丧失对自我的身份识别和对过去的记忆）和转换症状（在遭遇无法解决的问题和冲突时产生不快心情，并转化成躯体症状的方式出现）。

癔症的症状是功能性的，因此心理治疗占有重要的地位。该病预后一般较好，60%～80%的患者可在一年内自行缓解。

（二）癔症发生的原因和机制

1. 人格基础 主要表现为感情用事，情感丰富；以自我为中心，易受外界暗示；好幻想，善模仿；意志薄弱，乐于哗众取宠等。此型人格障碍多见于女性与文化科学知识欠缺者。

2. 社会心理因素 风俗习惯、宗教信仰、文化素养、生活方式等对本症的发生和发作形式有一定影响。且发病前常有吵架、生气、惊吓、激动及生活事件等。

（三）癔症的主要临床类型与表现

1. 癔症性精神障碍（分离性障碍） 患者受刺激后，情感暴发，尽情发泄，大哭大闹，捶胸顿足，甚至以头撞墙、打滚等；意识障碍，意识朦胧或昏睡，意识范围狭窄，主要聚焦于发病时的不愉快情绪体验。患者还可能表现出癔症性遗忘、癔症性假性痴呆、癔症性神游、多重人格等复杂症状。

2. 癔症性躯体障碍（转换障碍） 即将精神刺激造成的心理痛苦转化为躯体症状来展现。这些躯体症状可表现为感觉障碍，如失聪、失明、感觉缺失、感觉过敏、感觉异常等；也可出现运动障碍，如抽搐发作、瘫痪、失音等。

（四）癔症的诊断标准

1）有心理社会因素作为诱因，并至少有下列 6 项综合征的 1 项：①癔症性遗忘；②癔症性漫游；③癔症性精神病；④癔症性多重人格；⑤癔症性运动和感觉障碍；⑥其他癔症形式。

2）没有可解释上述症状的躯体疾病。

（五）癔症的治疗

1. 心理治疗 以暗示疗法、催眠疗法、支持性心理治疗为主。中医的“移精变气”法等也有一定的疗效，针灸辅以暗示疗法常可获良效。

2. 药物治疗 氯丙嗪、奋乃静及抗焦虑药。中药方剂有时也能产生良好的治疗效果，可辨证选用逍遥散、黄连温胆汤、半夏厚朴汤、甘麦大枣汤、龙胆泻肝汤、镇肝熄风汤、通窍活血汤等。

五、人 格 障 碍

（一）人格障碍的概念

人格（personality）是个体在社会化过程中形成的具有独特性和稳定性的心理特质和行为倾向的总和，是一个人能力、气质、性格、需求、动机、兴趣等方面的综合特性，它是个体在社会适应中的内部倾向性和心理特征。

人格障碍（personality disorder）即病态人格，是指明显偏离正常且根深蒂固的思维和行为方式，且不伴有精神症状的适应缺陷，表现为对环境适应不良，给个体的社交、工作和生活带来一定影响，甚至危害社会。

人格障碍通常开始于童年、青少年或成年早期，并一直持续到终身。随着年龄的增长，特别是 45 岁以后，由于精力的逐渐衰退和经验的不断积累，部分人的行为特征可能会有所缓解。此类人群虽意识清醒，认知能力完整，但往往对自己的病态行为缺乏自知，因此很少主动寻求治疗。

（二）人格障碍发生的原因

1. 生物遗传因素 染色体畸变与遗传。研究已经证实，47，XYY 染色体畸变与攻击型人格的形成有关。进一步观察发现，在犯有严重罪行如杀人的罪犯中，XYY 型染色体的人比例远高于正常人群。孪生子和寄养子的研究也为人格障碍具有遗传倾向提供了证据。

2. 心理因素 7 岁以内的儿童期是人格形成的关键阶段，其中家庭与环境的早期教育对人格塑造起着至关重要的作用。儿童在早期爱被剥夺，尤其是幼儿在 3 岁以内缺乏与母亲（或母亲角色的替代者）的充分接触，或者经历家庭破裂，以及父母在教养过程中的不当行为，如溺爱过度、放纵、管教过于严厉甚至虐待，都可能导致人格发展的障碍。

3. 社会-文化因素 社会、文化和环境的潜移默化影响，可能是形成人格障碍的关键性因素。恶劣的社会环境，如黑社会活动猖獗、社会动荡不安等，以及不合理的社会制度，是人格障碍滋生的温床；酗酒、赌博、吸毒等不良行为成为推波助澜的力量，对儿童的人格发展产生了极大的负面影响。此外，学校的霸凌行为、不良伙伴，凶杀等内容的文化媒介，如小说、影像等，也是造成儿童异常人格的原因之一。

（三）人格障碍的主要临床类型与表现

人格障碍的分类非常复杂，不同精神疾病分类系统在人格障碍的分型上既有共通之处，也存在差异。在 ICD、DSM、CCMD 三大疾病分类系统中，较为一致的有偏执型、分裂型、反社会型、冲动型、表演型、强迫型等六种人格障碍。

1. 偏执型人格障碍 主要特征是猜疑和偏执。这类人往往主观意识强烈，固执己见，多疑善变，心胸狭窄，报复心较重，多见于男性。他们常高估自身能力，习惯将失败归咎于他人，时刻提防别人超越自己；过分自信，骄傲自大，对他人不屑一顾；自尊心强烈，好胜心强，看待问题主观片面，工作或学习中常夸大其词，嫉妒心强烈。他们心胸狭窄，坚持己见，敏感多疑，容易误解他人的善意言行，报复心强。这类人自视甚高，常感怀才不遇，遭遇挫折时则怨天尤人，情绪沮丧，不易接近，给人一种阴沉的感觉。

2. 分裂型人格障碍 是一种特殊的人格障碍，其主要特征包括奇特的观念、外貌和行为，人际关系缺陷明显，情感冷淡。这类人常显得退缩和孤独，不太愿意与他人交往；他们言辞稀少，过分内向，情感淡漠；沉迷幻想，言行古怪，如同整日置身于白日梦中；他们敏感而羞怯，缺乏亲切感，对人情世故显得不通；他们往往无法体验到愉快的情感，对赞扬和批评都显得无动于衷；在外观上，不修边幅，穿着古怪；在心态上，缺乏进取心，不愿意深入参与人际关系。这种人格障碍在男性中更为常见。

3. 反社会型人格障碍 也称为悖德型人格障碍或无情性人格障碍，其特点在于极端的自私和自我中心，缺乏对他人的关爱与同情。这类人往往表现出明显违反社会道德规范和法律纪律的倾向，行为不诚实，缺乏责任感。他们难以与他人建立并维持长久的关系，常将过错归咎于他人，并为自己的粗暴行为找寻借口。对他人的感受漠然置之，缺乏同情心。他们的行为多数由情感冲动、本能欲望和偶尔动机支配，这使得他们成为对社会危害最大的一类人格障碍患者。

4. 冲动型人格障碍 又称爆发性人格障碍，其特点在于对自我行为的意志控制能力严重不足。这类人往往因微小的不如意之事而瞬间怒火中烧，情绪极易失控，进而爆发强烈的冲动行为。行为常带有不可预测性，且往往不考虑后果，缺乏事先规划的能力。心境变化莫测，反复无常，一旦情绪爆发便难以遏制。难以坚持任何没有即刻奖励的行动，因此经常变换职业，并沉溺于酗酒。人际关系强烈而不稳定，几乎没有挚友。

5. 表演型人格障碍 又称癔症型人格障碍，其特征为感情用事，爱出风头，并乐于炫耀自己。这类人常使用戏剧化、过分夸张的言语、表情和动作来引起他人的注意。富于幻想，情绪起伏不定，情感体验肤浅，常给人一种装腔作势、无病呻吟的印象。他们自命不凡，表现出高度的自我中心、自私和自恋倾向，对他人常持指手画脚、颐指气使的态度，缺乏对他人的关心和考虑。他们通常具有较强的暗示性和依赖性，渴望得到他人的赞赏。他们往往以自己的好恶来判断他人，缺乏固定的交友模式，难以维持持久和良好的人际关系。这种人格障碍在女性中更为常见。

6. 强迫型人格障碍 是一种以追求完美和严格自我要求为主要特征的人格障碍。这类人常常缺乏自信，陷入自我怀疑，要求严格，固定行事；他们刻板固执，循规蹈矩，墨守成规，不会随机应变。追求完美，但又缺乏自信，导致过度反复核对，过分注意细节，按部就班，酷爱清洁、异常节俭。具有强烈的时间观念，甚至对日常活动如吃饭、排便都设定了严格的时间表。对任何动作均慎重，难以愉快和轻松地度过休假，与人交谈时，他们通常显得严肃而沉闷，很少展现出由衷的笑容。一旦他们熟悉的常规被打破，他们会感到极度不安和恼火。凡事优柔寡断，瞻前顾后，难以做出决定。尽管他们的认真和高要求可能使他们在工作中取得一定的成就，并可获得满意婚姻，但他们的生活往往显得拘谨吝啬，缺乏丰富的业余爱好和真正的朋友。

（四）人格障碍的诊断标准

CCMD-3 认为，人格障碍必须符合以下几项标准。

1. 症状学标准 个人的内心体验与行为特征（不限于精神障碍发作期）在整体上与其文化所期望和所接受的范围明显偏离，这种偏离是广泛、稳定和长期的，并至少有下列 1 项：①认知（感知及解释人和事物，由此形成对自我及他人的态度和形象方式）的异常偏离；②情感（范围、强度及适合的情感唤起和反应）的异常偏离；③控制冲动及对满足个人需要的异常偏离；④人际关系的异常偏离。

2. 严重程度标准 特殊行为模式的异常偏离，使患者或他人感到痛苦或社会适应不良。

3. 病程标准 开始于童年、青年期，必须＞18 岁，至少已持续 2 年。

4. 排除标准 人格特征的偏离非躯体疾病或其他精神障碍的表现或后果。

（五）人格障碍的防治

古语云，“江山易改，禀性难移”。一旦人格障碍形成，其矫正难度极大，因此预防工作相较于治疗显得更有实际意义。特别是在儿童期的早期教育阶段，对于预防人格障碍的发展起至关重要的作用。

人格障碍的治疗主要以心理治疗为主。由于人格的形成后难以改变，治疗的重点并非在于强行改变，而是更多地放在适应环境能力的训练、职业选择的指导、行为方式的调整、情绪的剖析、人际关系的改善及优点特长的发挥等方面。这样的心理治疗需要长时间的投入和极大的耐心，同时还需要防止患者产生依赖和纠缠。

虽然药物治疗不能直接改变人格结构，但可以在一定程度上缓解人格障碍的某些症状。因此，根据患者的具体症状，可以选择合适的药物进行辅助治疗。

六、性偏好障碍

（一）性偏好障碍的概念

性偏好障碍（sexual preference disorder）又称为性欲倒错障碍（paraphilic disorder），其特点是性兴奋唤起，性对象选择及两性方式等出现反复、持久的异乎常态的表现，指性行为明显偏离常态的一组心理障碍，表现为以异常的性行为作为满足需要的方式。

性偏好障碍的界定可从以下 3 个方面进行。①其性行为不符合当时社会认可的正常标准；②其性行为对他人可能造成伤害；③本人体验到痛苦且源于内心潜意识的冲突或多次遭社会谴责和刑罚。

DSM-5 显示，性偏好障碍包括：①异常活动障碍（窥阴障碍、露阴障碍、摩擦障碍）；②异常目标偏好障碍（恋童障碍、恋物障碍）；③性指向障碍（同性恋障碍）。

（二）性偏好障碍发生的原因和机制

1. 性偏好障碍发生的原因

（1）遗传因素：观察发现，某一家族内连续数代出现性行为偏离，可能与家族中某种性情感显著改变，而在记忆系统存储在代际间遗传有关。有假说认为，人类在性情感方面发生改变的情绪，能像记忆密码一样被存储，在遗传基础上传递下去，但尚未获得证实。

（2）生物学因素：研究证明，性偏好障碍的发可能与返祖现象、动物本能、人类退化或神经生理、生化因素有关。

（3）心理学因素：行为学派提出的学习理论，认为性变态主要是受后天环境和不良教育因素影响学习而来；精神分析学派认为，儿童早年的不良遭遇在潜意识中留下“痕迹”，成年后潜意识冲动对人的行为有重大影响。

（4）环境因素：胎儿对母亲性行为的体验形成“记忆痕迹”，以及出生后的家庭环境，如父母的性别角色、性行为、教育中的超我内化等。同时，幼儿园、学校及社会文化环境忽视早期性与性别教育都对性偏好障碍的形成产生重大影响。

2. 性偏好障碍的发生机制 多与正常性欲受到压抑、性心理发育受阻、脑性别心理发育的偏异、变态模板的形成等因素有关。

（1）脑性别心理发育的偏异：基因性别、生理性别、脑性别、认识性别、性取向性别、行为（社会）性别，为人的六种性别。其中生理性别发育受性激素水平的显著影响，脑性别发育不完善，影响性别认识、性取向定势和日后性行为。

（2）变态模板的形成：特别感觉刺激与快感条件反射的建立可能发生相应的性变态行为，它可以是早年的特殊经历后得以强化，或者是一种不断学习的过程建立起固定的反应模板。

（3）性压抑及性心理发育不良：如果儿童早期性生理和性欲心理正常发育受到干扰，或许可以使之发育的停滞、返祖及偏异。如口欲期发育停滞，成人后出现被动口交、主动舌淫等。

（三）性偏好障碍的分类

常见偏好障碍的特点如下。

1. 施虐癖和受虐癖 施虐癖（sadism）是指通过在异性身上造成痛楚或屈辱以获得性的满足，施虐的程度可以从轻微的疼痛至严重的伤害，具体方式有鞭打、捆绑、脚踢、手拧、针刺、刀割等，有时与性的暴力犯罪难以区别，只有施暴虐是为情欲所必需才可称施虐癖，典型的施虐癖者胆怯羞涩，内向孤僻，存在对妇女极端偏见或痛恨妇女。受虐癖（masochism）的表现正好相反，以乐意接受异性施加的痛楚或屈辱而获得性欲的满足。其受虐的程度从轻度的凌辱到严重的鞭打。施虐癖和受虐癖可以单独存在，也可以并存，男女均可以发生。

2. 露阴癖（exhibitionism） 是指反复强烈的性渴求和性唤起想象涉及的是窥视异性裸体或性交行为，以在异性面前暴露自己的生殖器而求得性欲的满足，并付之行动，且至少持续半年，多见于男性。露阴癖患者常躲在昏暗的街道角落、僻静之处潜藏等待，每遇女性路过迅速露出生殖器，或者同时伴随手淫，从对方的惊叫、逃跑或厌恶反应中获得性满足，通常不出现进一步的性侵犯行为。

3. 恋物癖（fetishism） 是指反复以某种非生命性物品或异性躯体某部分作为性满足对象，通过接触异性穿戴或佩戴物品的方式引起性兴奋的心理障碍，几乎全部发生于男性。他们通过抚弄、嗅、咬某些异性用过的物品（内裤、胸罩、丝袜、头发）等而获得性满足。恋物癖者大多数性功能低下，为了获得异性的物品，通常以盗窃的方式进行。

4. 窥阴癖（voyeurism） 以偷看异性裸露的身体或偷看他人的性活动为性的满足，多见于男性。窥淫癖者比较胆小，性生活能力不足，除偏爱有关性的影视镜头或裸体女性形象外，常常不择手段去偷看女性洗澡、排便，或偷看他们的性活动，一般不出现进一步的性侵害。窥淫癖者常被当成流氓受到严厉惩罚，但恶习难改。有的学者认为，窥淫癖是由于幼年早期错误习得的性行为经过不断强化，形成条件反射所致。

5. 异装癖（transvestism） 是指反复强烈性渴求想象涉及异性装扮，并付诸行动，男女均可发生。通过穿戴异性服饰而得到性满足，异装癖与儿童早期受到不良的性诱惑或者接受不良的性经验有关。有些人着异性服装并给他们性刺激，他们觉得这样装扮更适合他们的内在性格。

6. 恋童癖（paedophilia） 是以儿童为对象获得性满足的一种病理性偏好，其性欲指向的范围一般是青春期前未发育的幼男或幼女，通过抚摸、露阴及强奸儿童等方式获得性满足，多见于男性，恋童癖患者多胆小孤僻，意志薄弱，注意区分恋童癖和猥亵儿童罪。

7. 色情狂（erotomania） 是以病态的性幻想或性行为方式来满足其性欲要求，男女均有发生，患者性欲极度亢进。性幻想对象常是某个杰出男性或女性，色情狂者编造的爱情故事细节逼真，添加许多丰富的想象，使人觉得真实可信，典型者发展缓慢，持续不断，色情狂者并无其他精神分裂症的症状，应注意与精神分裂症的钟情妄想相区别。

8. 易性癖（transsexualism） 是一种性别认同障碍，强烈地认同自己是异性，以致企图求助医疗手段，帮助他们改变性别。男性要求切除阴茎，做人工阴道；女性要求切除乳房，做人工阴茎；或者采用性激素以改变自己的特征。尽管他们坚持认为自己解剖上的性别是错误的，希望改变性别，但他们并不是同性恋者，实际上他们都是异性恋者。

9. 恋兽癖（zoophilia） 指与动物发生性行为以取得性满足的一类嗜好。此类证型罕见，只有在反复发作，且一般至少持续半年，均处于较严重程度，并以此为满足性欲的主要手段者，才能诊断。兽奸并非恋兽癖的唯一性行为，男性恋兽癖者常以对动物有明显施虐色彩的非性交性行为获得性满足；女性恋兽癖者则多从与动物摩擦或令其舐外生殖器获得性满足。

10. 恋尸癖（necrophilia） 指与异性尸体发生性行为，并以此取得性满足者。其中包括猥亵、奸尸、毁伤尸体者，也有不全尸体的恋尸者，有些奸尸狂采取将被害人杀死的方法来获得奸尸的机会，所以这种行为会给社会带来极大的威胁。

11. 同性恋（homosexuality） 指对同性人具有性爱能力并持续表现为性爱倾向，可伴或不伴有性行为，同性恋可见于各个年龄阶段，部分从幼年起就出现一些迹象，男性多于女性。《中国精神障碍分类与诊断标准》(第三版)(CCMD-3)已将同性恋排除在精神疾病之外，即同性恋不属于性变态，仅属于性指向障碍，这一标准与世界卫生组织制定的国际标准相吻合。

(四)性偏好障碍的防治

1. 性偏好障碍的治疗 本病治疗十分困难，治愈的可能性主要取决于患者的决心和毅力。性变态作为一种固定的反应模式深藏于潜意识层，当意识无自制力，或者当适合的刺激条件存在时，这种特定的获取快感的反应模式就会迅速呈现而出现变态行为。

现行治疗方法主要有：①增强意识压力，对变态行为予以必要的法律和道德干预，造成强大社会心理压力，促其克制；②保持清醒的头脑，尤其是痛苦受挫急需寻求慰藉或犒赏时，或是进入特殊情境时，保持清醒的头脑是克服性变态的保证；③领悟、修正潜意识中的变态行为反应模式，主要通过自由联想进行精神分析，找出早年挫折，或早年变态行为反应模式形成的过程，加以认识领悟，并以新的认知去加以修正；④行为修正法：是以特殊情境诱发变态行为，同时给予劣性刺激，干扰其快感体验，多次重复建立厌恶条件反射，达到阻遏变态行为之目的；⑤心理疏导法：修正变态的行为模式也是一个改造个性的过程，要进行有效疏导、引导的过程，要注意充分调动患者的主观能动性，刻苦改造；⑥应用领悟、认知生物反馈及其他心理治疗方法。

2. 性偏好障碍的预防 性偏好障碍的治疗比较困难，因此预防比治疗更具有实际意义。预防要点如下：①优化儿童早期的家庭环境和性别影响。特别是父母间的关系，文化素养，各种观念，角色行为和榜样作用，家庭的性别比例，父母的性别期望，性别评价，性别特征和性别影响力最为重要；②优生优育，优化遗传素质，杜绝近亲结婚等；③注意早期性别教育，从小就让孩子接受正确的双性别影响，让父母成为孩子认同的同性偶像和爱慕的异性偶像；④关注孩子的性心理卫生。从孩子出生之日起就让孩子与母亲(或父亲)接触，注意科学施行儿童早期性心理卫生的各项要求，促进儿童各时期性生理和性欲心理的健康发展；⑤对儿童早期的偏异嗜好加强引导。尤其是儿童过分追求口腔需要、肛门尿道刺激，出现过分的肤体接触，对动物和异性父母过分依恋的情况时，要加强教育，及时纠正；⑥及时发现矫正儿童期各种性变态倾向。如同性恋、异装癖、恋物癖、恋兽癖、恋老人癖和自恋癖倾向等。

七、进食障碍

(一)进食障碍的概念

进食障碍是一组以进食行为异常为主的精神障碍，主要有神经性贪食和神经性厌食。两者都以异常的进食态度和进食行为为主要特征。虽然与心理社会因素有关，但无明显精神活动或行为障碍，主要表现生理功能障碍的疾病。

(二)进食障碍的分类

1. 神经性厌食症(anorexia nervosa) 是指担心发胖而故意节食，以致体重显著下降，常有营养不良、代谢和内分泌紊乱，绝大多数为青少年，女性(13～20岁)。常呈慢性迁延、周期性缓解复发病程。本病的发生与生物、社会、心理复合因素有关，追求完美、严苛自律者高发。

(1)病因分析：可能与遗传因素、下丘脑功能紊乱、个性易感素质等因素有关，社会心理因素对本病发生有一定的作用，社会心理因素多指家庭成员疾病或死亡、家庭解体、躯体疾病、家庭教育方式不当、对父母的过分依赖、对子女的管教过严、学习受挫折或工作竞争的强大压力，使妇女尤其是青春期女孩产生严重的心理负担。

（2）临床特征：患者不愿意与家庭成员一起进食或不在公共场所进食。夜间可因饥饿难忍而偷食，进食后又采用催吐导泻的方法将食物排出体外，以致营养不良，皮肤干燥，血压和体温下降，严重者可出现水电解质紊乱，出现低血钾、低血钠、碱中毒等。他们主动拒食或过分节食，导致体重逐渐减轻，虽已骨瘦如柴，但仍认为体胖，体象障碍及神经内分泌改变，常有强迫性人格特征如做事追求完善、行为讲究规范、讲究环境整洁、固执己见、拒绝求医、情绪焦虑和抑郁、本能欲望表现较少、自我控制过多。由于抵抗力降低，易并发其他感染，并可出现精神症状，由于节食可引起内分泌紊乱，青春期起病的女性患者可出现月经稀少或闭经，青春期前发病者可出现第二性征发育迟缓，生长停滞，女性乳房不发育等。

（3）诊断标准：①自己有意控制进食量，和（或）采取过度运动、自我诱吐、导泻、服用药物等方法以减轻体重；②体重显著下降，与其年龄和身高的标准体重值相比，减少了15%或以上；若以 Quetelet 体重指数计算，为 5 或更低[Quetelet 体重指数=体重（kg）/身高（m）^{2}]；③担心发胖，甚至明显消瘦仍认为太胖；④女性闭经（至少持续 3 个月月经未来潮），性欲减退；男性性功能减退，青春前期的患者性器官呈幼稚型；⑤不是任何一种躯体疾病所致的体重减轻，节食也不是任何一种精神障碍的继发症状。

（4）临床治疗：本病病程常呈慢性迁延性，周期性地缓解复发，治疗一般包括纠正营养不良等，中医学常选用逍遥散、参苓白术散、补中益气汤、归脾汤、理中丸、平胃散等方剂治疗，疗效确切。

2. 神经性贪食症（bulimia nervosa） 是指反复出现不可抗拒的摄食欲望和行为，每次可快速进食大量食物，每餐吃到腹部胀痛或恶心为止，为防止体重增加和担心肥胖，常又反复采取诱吐和导泻药。多发于青少年女性。

（1）病因分析：可能与严重的情感创伤和内心冲突、家庭关系不和等心理社会文化因素有关。低自尊、行为控制力弱，高神经质水平、抑郁、焦虑、冲动、强迫、对亲密关系的恐惧、无能感、歪曲身体表象、追求苗条的动机等人格因素与发病关系密切。此外，遗传、生化代谢紊乱等也有一定的影响。有研究认为，应激经历越多的女性，暴食的危险性越大。

（2）临床特征：患者具有不可抗拒的食欲，在短时间内快速进食大量食物。而后又担心肥胖出现后悔和憎恨，部分患者自行引吐和催泻。随着病程的发展，患者可根据自己的意愿吐出食物。长期反复的引吐和催泻，往往可导致脱水和电解质紊乱，引起低钾、心律失常、月经紊乱、闭经、皮肤病和口腔溃疡等。体重正常或肥胖，主动求医。人格因素与本症的发生关系密切，如自尊心低，行为控制能力差，高神经质水平、抑郁、焦虑、冲动、强迫、对亲密关系的恐惧、无能感、歪曲身体表象、追求苗条的动机、体内刺激知觉障碍、对社会赞许和避免冲突的强烈需要、对自我的期望值过高等。

（3）诊断标准：①发作性不可抗拒的摄食欲望和行为，短时间内进食大量食物。每周至少发作2 次，持续至少 3 个月；②有担心发胖的恐惧心理；③常采用诱吐、导泻、间断性禁食等方法，以消除暴食引起的发胖；④不是神经系统器官性病变所致的暴食，也非癫痫、精神分裂症等继发的暴食。

（4）临床治疗：一般包括纠正机体酸碱平衡紊乱、心理行为指导、药物治疗等。中医常选用龙胆泻肝汤、清胃散、玉女煎、泻黄散、凉膈散、防风通圣散等方剂治疗。西药可首选三环类抗抑郁剂，小量氟哌醇等。心理治疗可选用支持性心理疗法、认知行为疗法和行为疗法等。

八、睡眠障碍

睡眠障碍是各种心理社会因素（非器质性）引起的睡眠与觉醒障碍。包括睡眠的起始和维持困难、白天过度睡眠（嗜睡）、24 小时睡眠觉醒周期紊乱（睡眠觉醒节律障碍）和某些发作性睡眠异常情况（睡行症、夜惊、梦魇）等。

随着社会的发展，物质财富的丰富，人类需求的提升，人们的压力越来越大。睡眠障碍在临床和生活中也越来越常见。睡眠障碍既可见于正常人，又可以是各种疾病的伴随症状。大量研究发现睡眠障碍通常不是单独的睡眠困扰，而是一种复杂的躯体病症，心理疾病及各种心身不适相伴而行的状态。

睡眠约占人一生中 1/3 的时间，是维持机体正常活动必需的生理过程。与人的生长发育及节奏调整有关，是合成与代谢和脑力与体力恢复的必要条件。睡眠质量及长短对健康具有重要影响，若睡眠障碍性疾病不及时控制和治疗，将导致机体产生一系列病理生理变化，诱发更严重的身体和心理疾病。长期睡眠剥夺影响免疫系统，导致机体感染概率增加。持续睡眠剥夺可影响自主神经系统、内分泌系统和免疫功能，诱发多种新生疾病，严重者甚至可导致死亡。

1. 失眠症（insomnia） 是指睡眠的起始或睡眠维持困难所致睡眠质量或数量达不到正常生理需求而影响白天社会功能的原发性睡眠障碍。失眠症是持续相当长时间对睡眠质和量不满意的状态，是睡眠障碍最常见的类型。对失眠的忧虑和恐惧心理可形成恶性循环，从而使症状持续存在和进行性加重。

引起失眠的原因很多，常见的原因如下。①心理因素：如各种原因引起的焦虑紧张、恐惧害怕、悲观抑郁、思虑过度等；②社会因素：如社会适应能力差，人际关系紧张，个人生活、学习、工作的焦虑、挫折和失败等；③躯体因素：身体不适、过饥过饱、疼痛、慢性躯体疾病等。④环境因素：如生活习惯改变、更换住所、光线刺激；⑤睡眠节律紊乱：夜间从事过度用脑思考的工作，睡前过度兴奋，昼夜轮班，时差反应等；⑥其他因素：人格特征、自幼不良睡眠习惯及遗传因素等都可以成为引起持续失眠的原因。

主要临床表现根据失眠出现的时间可分为以下类型。①初段失眠：开始入睡困难，睡眠潜伏期延长，辗转反侧而难以入睡，且醒后再难入睡。②中段失眠：睡眠中睡得不深，深睡眠少，频繁醒转，多梦，睡眠时间和睡眠效率下降。③末段失眠：常早醒、醒后不易再入睡，醒后疲乏或困倦等。

参照国际标准，我国制定《中国精神障碍分类与诊断标准》(CCMD-3)。虽然各个诊断标准不尽相同，但有以下共同点：①患者主诉有失眠症状。②日夜专注于失眠，具有过分担心失眠后果的优势观念。③睡眠的量或质的不满意，引起明显的苦恼或影响社会及职业功能。④睡眠紊乱至少每周发生 3 次，并持续 1 个月以上。⑤排除躯体疾病或精神障碍症状所致继发性失眠。

需注意，若仅有睡眠量的减少而无白天不适，不应诊断为失眠。因为有些人（所谓的短睡眠者）只需要很短时间的睡眠，却并不认为自己是失眠者。相反有些人为其睡眠质量差而痛苦不堪。但其睡眠时间从主观上和（或）客观上看都在正常范围内。

治疗：采用综合治疗，以心理治疗为主，有时可收到意想不到的效果，如可采用支持性心理疗法、各种放松疗法，生物反馈疗法、传统体育疗法及睡眠卫生教育等。必要时短期使用安眠药物，对消除焦虑促进睡眠有较好的作用。对伴有明显焦虑或抑郁者，可同时使用抗焦虑或抗抑郁药物，常选用有助于催眠镇静作用的抗抑郁药。由于催眠药物多数长期服用后会有药物依赖及停药反弹，原则上使用最低有效剂量，间接给药（每周 2～4 次），短期用药（常规用药不超过 4 周），缓慢减药和逐步停药。

中医对失眠的论述颇多，早在《素问·逆调论》中就有“胃不和则卧不安”的记载。《金匮要略》亦有“虚劳虚烦不得眠”的论述。《景岳全书·不寐》进一步对不寐的成因作了精辟的分析：“不寐证虽病有不一，然惟知邪正二字，则尽之矣。盖寐本乎阴，神其主也。神安则寐，神不安则不寐。其所以不安者，一由邪气之扰，一由营气之不足耳。有邪者多实证，无邪者皆虚证”，“劳倦太过，必致血液耗亡……所以不寐。”《古今医案·不寐》云：“辗转床褥，必求其寐，愈不肯寐，更生烦恼，去寐益远”，对失眠的恐惧心理和失眠的恶性循环作了很好的描述。在治疗方面，实证常用疏肝泄热的龙胆泻肝汤及化痰和胃的温胆汤等；降火安神的朱砂安神丸；虚证常用的补养心脾的归脾汤、养肝安神的酸枣仁汤及养血滋阴的天王补心汤等。此外，针灸、推拿、气功疗法等也有良效。

2. 嗜睡症（hypersomnia） 是指患者过度的白天睡眠过多或睡眠发作，醒来时过渡到完全觉醒状态的时间延长，影响工作、学习、生活及社会功能，但需注意嗜睡无夜间睡眠减少，无明显的睡眠觉醒节律异常表现，可据此鉴别。并非由于睡眠不足引起的、排除药物、脑器质性疾病或躯体疾病引起的过度睡眠。症状必须持续 1 个月以上，患者脑电波检查正常睡眠脑波，觉醒后可出现短暂意识模糊状态，心律及呼吸节律增快，且可伴有抑郁情绪。

治疗：主要方法是调整患者入睡和觉醒时间，规律作息，以恢复到正常人的节律。药物治疗除对症治疗外（如褪黑素与强光同时运用，有利于改变和建立生物钟的周期位相），心理治疗也非常重要。

中医将嗜睡症称为“多寐”。《灵枢·寒热病》说：“阳气盛则瞋目，阴气盛则瞑目。”这说明多寐的病理主要是由于阴盛阳衰所致。后世医家对多寐一证的论述也较多，如《脾胃论》认为，“脾胃之虚怠惰嗜卧”。《丹溪心法·中湿》指出：“脾胃受湿，沉困无力，怠惰好卧。”治疗上多采用燥湿健脾的平胃散，益气健脾的六君子汤和温阳益气的桂附理中丸等。

3. 梦游症（somnambulism） 又称睡行症。多见于 6～12 岁的儿童，男性居多。通常发生于夜间睡眠的前 1/3 的深睡期。发作时从床上起来，随处走动，目光呆滞，口中念念有词，但口齿不清，答非所问。可有穿衣、洗脸，甚至更为复杂的行为，意识水平低下，运动性和反应技巧也有不同程度的降低。醒来后多不能回忆。发作时可持续数分钟或数 10 分钟。本病多有家族遗传倾向。精神刺激可诱发。一般随着年龄的增长可逐渐好转或停止。

在古代医书中对此类病证有一定的论述。如《皇汉医学丛书》所录日人琴溪医案中，就有一梦游案：“某，来见先生，屏人窃言曰：‘小人有一女，平甫十六，即许嫁，然而有奇疾……盖每夜伺家人熟睡，窃起舞蹈，其舞清妙闲雅，宛然似才妓最秀者，至寅尾而罢，遂寝以为常。余间窥之，夜夜辄异，其曲曲从变，不可名状。明朝动止，食饮无以异常，亦不知其故，为告之则愕然而怪，竟不信也。……是以为依祝咒无不为也，然犹不效。’……先生应曰：‘此证盖有之，即所谓狐惑病者。’行诊之果然，与甘草泻心汤，不数日，夜舞自止，遂嫁某氏，而有子。”

4. 夜惊 又称睡惊症。常见于儿童，以男性为多见。多因白天劳累、紧张或身体不适所诱发。典型表现为夜间出现的极度恐惧发作，伴有强烈的语言、运动形式及自主神经系统的高度兴奋。患者在睡眠的前 1/3 阶段突然惊叫或起床，常有夺门而逃之势，此时如加以制止或干涉，则会导致更强烈的恐惧，并可出现大汗淋漓、呼吸急促、心动过速等表现。每次发作持续数分钟，发作后对发作时体验完全遗忘。

5. 梦魇 是为焦虑或恐惧所占据的生动的梦境体验，常发生在下半夜，突然惊醒，醒转后迅速恢复定向，对梦境中的恐怖内容能清晰回忆。

睡行症、夜惊、梦魇等的治疗，可在睡前服用安定等药物，尽量减少白天与睡前的精神应激因素，偶尔少数几次发作无须药物治疗。

中医对夜惊、梦魇等证的描述颇多，《类经·梦寐》中说："周礼六梦，一曰正梦，谓无所感而自梦也；二曰噩梦，有所惊而梦也；三曰思梦，因于思忆而梦也；四曰寤梦，因觉时所为而梦也，五曰喜梦，因有所好而梦也，六曰惧梦，因于恐畏而梦也。"沈金鳌在《幼科释谜》中曾描写："小儿之病，最重惟惊。慢惊直证，睡卧靡宁，乍发乍静，神思昏暝。"本证的治疗分为虚实两大类，可参照失眠证的治疗。

九、性功能障碍

性功能障碍指性的生理功能或性心理反应功能障碍。它有各种表现形式，如兴趣缺乏、快感缺乏、不能发生有效的性行为等。主要表现是个体不能参与他所期望的性关系和性活动，对日常生活或社会功能造成影响，给患者带来明显痛苦。男性常见的性功能障碍有：阳痿、早泄、不射精症等；女性常见的性功能障碍有阴道痉挛、性交疼痛、性高潮缺乏等。2013 年制定的 DSM-5 将性功能障碍分为延迟射精、勃起障碍、女性性兴趣/唤起障碍、生殖器-盆腔痛/插入障碍、男性性欲低下障碍、早泄、物质/药物所致性功能障碍、其他特定的性功能障碍、未特定的性功能障碍。

1. 性欲减退 是指性欲明显下降，低于同龄人应有的水平。难以产生或维持满意的性交所需要的生殖器适当反应，以致性交时阴茎不能舒适地插入阴道的性功能障碍。心理因素在发生、发展过程中有时起着决定性的作用。多因抑郁、恐惧、性生活不协调等心理因素造成。性欲的个体差别很大，同一个人的性欲的高低也有周期性变化。性欲是性功能的第一个环节，可因年龄、个性、精神状态、身体健康情况、生活条件与环境、工作忙闲、夫妻感情、性生活的经历而不同。

中医将本症称为"阴冷"证，认为此病多因下元虚冷，寒气凝结，或肾阳虚衰，风冷之邪乘虚侵入，冷气乘于阴部所致。治疗多采用补肾温阳，益精填髓，疏肝解郁等方法治疗，可辨证选用左、右归丸、逍遥散等。

2. 阳痿 是指交媾时阴茎不能保持足够的勃起程度以完成交媾动作。这里主要讨论心因性阳痿。正常男子由于极度疲劳、饮酒过度，可以偶然出现勃起困难，不为病态。因阳痿而求医的患者中，绝大多数是心因性阳痿，不少患者的精神创伤可以追溯到童年阶段。有些患者阳痿的产生和妻子有比较明显的关系。不美满的婚姻、道路坎坷、工作紧张、经济窘迫、交媾时外界的干扰造成分心，各种恐惧心理、胆怯焦虑、怀疑自己的男性力量，对能圆满完成交媾任务缺乏自信等都可导致心因性阳痿。

治疗心因性阳痿主要采用心理治疗和行为治疗。心理治疗可改变认知、增强自信、消除焦虑，行为治疗则常采用性感集中训练和系统脱敏疗法。行为治疗能否成功，妻子的参与配合是关键。

中医将本病称为"阴痿"。中医可选用肾气丸、右归丸、龟鹿二仙胶、男宝以及疏肝解郁等方剂治疗。

3. 早泄 主要是指无法控制射精、射精过早，持续或反复地在阴茎插入前、插入时或插入后短时间受到微弱刺激即发生射精，且无法控制射精过程。严重者在阴茎插入阴道前就射精，致使性双方不能享受性快感。此种症状持续至少 3 个月。这里主要讨论心因性早泄。早泄常伴有配偶的性高潮障碍或性兴奋减少。早泄的病因通常与精神心理因素有关。早泄患者典型病史通常是首次性交是在害怕别人发现的环境进行，如婚前仓促性交；初次性交匆忙，缺乏安全环境；有快速手淫史且伴有内疚感，手淫时多害怕被人发现和耻笑，力求快速射精，形成条件反射；女方对男方快速射精的严重不满等。

中医历代医家多将阳痿、早泄归为一类病，每多涉及肝、肾、阳明三经。一般分为肝郁气滞、命门火衰、心脾受损、恐惧伤肾及湿热下注等证型，治疗可辨证选用逍遥散、柴胡疏肝散、五子衍宗丸、归脾丸、朱砂安神丸、大补元煎、知柏地黄丸等。

4. 性高潮缺失 是指性高潮不出现或明显延迟，致使性交时缺乏性乐高潮的体验。女性较多见，男性通常伴有不射精或射精显著迟缓等现象。器质性原因较少见，绝大部分为心理因素引起，如性压抑、错误的性知识、缺乏性爱吸引力、缺乏性前戏或认为性是污秽不洁的，对配偶厌恶憎恨等。心理治疗是治疗此病的关键性措施之一，核心在于向患者及其伴侣提供男女在性生理、性心理等各相关方面的性知识或常识，同时帮助双方进行去羞训练等。设法解除对性反应的抑制，必要时给予少量可的松、甲睾酮。

中医治疗以疏肝解郁、温肾壮阳等法为主，可辨证选用逍遥散、右归丸等。

5. 阴道痉挛 是指性交时阴道外1/3阴道周围肌肉不自主的剧烈持续收缩，导致阴道入口封闭，使阴茎不能插入或插入困难，影响了正常的性生活。本病的病因有心理性和器质性，器质性原因较少。大多与心理社会因素有关，如对妊娠分娩极度恐惧；对自身生殖器的误解；遭受过性创伤、性虐待、性知识缺乏造成的紧张等。心理治疗是关键，常用认知疗法、性感集中训练、紧绷-松弛练习、催眠疗法、行为疗法、系统脱敏疗法、凯格尔（Kegel）运动等方法治疗，药物治疗可于性交前局部涂以表面麻醉药膏，可用10%可卡因软膏，在性交前五分钟涂擦阴部，也可涂阴道润滑剂等。

中医治疗以补气固肾、活血化瘀、疏肝解郁、滋阴补精等法为主。可辨证选用逍遥散、六味地黄汤、龙胆泻肝汤等。同时还可进行针灸疗法、穴位按摩、心理疏导等方法。

6. 性交疼痛 是指性交时产生疼痛而影响性交顺利进行。性交疼痛的心理因素有：①性前戏不足，使阴道分泌物减少，湿润度不足，造成性交疼痛；②创伤性因素，曾因交媾遭受过痛苦；③性唤起障碍，如夫妻感情较差，缺乏性吸引力等。④错误的性的概念，把交媾观念与焦虑、恐惧、有罪的情绪挂起钩来。

中医对性交疼痛的治疗主要有补肾益精法，补血养肝法，疏肝解郁法等，可辨证选用左归丸、四物汤、柴胡疏肝散等。

性功能障碍西药治疗应用范围有限，睾丸酮制剂对女性性欲减退有一定效果，对有正常激素分泌的男性效果不好，抗焦虑、抗抑郁药可用于治疗早泄。万艾可（viagra）用于治疗性唤起障碍有效。

中医学认为性功能障碍与心肝肾功能失调有关。因此补肾、温阳、益阴、养血、疏肝、安神等为其治疗大法。治疗时可辨证选用左归丸、右归丸，六味地黄丸、肾气丸、四物汤、八珍汤、十全大补汤、逍遥散、柴胡疏肝散、龙胆泻肝汤、甘麦大枣汤、天王补心丹等方剂治疗。

十、不良行为

有害心身健康和有损个体体质的行为统称为不良行为，但换一个角度看，某些不良行为可能对事业成就是有利的，如A型行为；有些行为对人际交往可能有帮助，如C型行为。

（一）A型行为

1. 概念 A型行为可定义为容易发生高血压、冠心病、脑梗死、心肌梗死倾向行为类型的人。

2. 特征 ①较强的时间紧迫感。如行为急促，走路快，说话快而响，同一时间进行两项工作；②脾气急躁，办事快，效率高，追求短时间内完成更多工作；③争强好胜的个性。如竞争意识强烈；

④事业心强。喜欢给自己增加工作量，常超负荷工作；⑤好与人争辩，对人怀有敌意，言语有攻击性；⑥情绪易怒，容易激动、恼火；⑦好发脾气。经常乱发脾气，生气时易向外界发泄等。

（二）C型行为

1. 概念 C型行为可定义为易发生癌症的行为习惯。

2. 特征 ①童年生活曲折，形成压抑、克制的性格。如童年丧失父母或父母分居、缺乏双亲的抚爱等；②行为上过分与人合作、理智、协调、姑息、谦虚、谨慎、自信心差、过分忍耐、回避矛盾、好屈服于外界权势等；③情绪易愤且通常自我承受不向外发泄，而是生闷气、易焦虑、抑郁等。

矫正C型行为的办法是不要压抑各种情绪，学会合理发泄，不要生闷气，培养乐观的性格，不要过于约束自己，让自己独自承受过多，不焦虑，不抑郁，多交朋友，多与人交往，增加社会支持。

（三）高盐饮食行为

WHO规定，成人每日摄入盐量多于8g或老年人摄入盐量多于5g均被称为高盐饮食行为。食入盐过量主要损伤心脑血管，增加高血压、脑出血的风险。盐能增加血容量、增加心脏负荷，促使血管痉挛，兴奋交感神经，增加血小板聚集性，从而促进动脉硬化和血凝性，增多体液，使舒血管物质如前列腺素E（prostaglandin E，PGE）、血管舒缓素（Kallikrein）、激肽系统三者合成减少，升高血压，摄入过多将对人体产生危害。加之盐本身可损伤血管内皮，造成脑出血。

（四）吸烟行为

烟的主要危害有以下方面：①烟碱能刺激胃腺、胰腺导致胃液分泌增多和胰液分泌，此外，烟碱和烟中CO损伤血管内皮引起心血管疾病，还可损伤胃肠黏膜引起胃炎、胰腺炎；②烟雾熏蒸对呼吸道形成慢性刺激，可引起气管炎、肺气肿、肺心病；③烟草中有许多致癌物质，如亚硝基胺、多环芳香烃、放射性物质等可引起食管癌、喉癌、肺癌、口腔癌；④用鼻子猛吸鼻烟壶，诱发口腔癌、颊癌和牙床癌的概率要比不吸者高数倍。

烟是成瘾物质，烟成瘾癖是由于生理依赖性、心理依赖性、耐受性提高三者共同影响所致。戒烟最好的办法是认知行为疗法，认知是从正面和反面矫正原来对吸烟不正确的观点，转变为坚决戒烟有益健康的观点。

（五）酗酒行为

酗酒的危害表现在许多方面，包含健康、家庭和社会影响等。如饮酒过量能降低性的活动能力；白酒可凝固蛋白质而损伤由蛋白质组成的细胞，进而产生食管炎、胃炎、胰腺炎等；酒可损伤肝脏产生肝硬化；酒损伤脑功能，使脑萎缩，产生精神病、人格改变；酒可引起溃疡病、冠心病和各种癌症；酒是致畸因子，酗酒的妇女或围生期饮酒的女性常发生胎儿畸形；酒也能损伤精子而使胎儿脑损伤，出生后痴呆；急性乙醇中毒时，往往出现谵妄状态，意识障碍、错觉、恐怖性幻觉、幻听，患者在幻觉支配下可出现冲动性行为，伤人或自伤；驾驶员饮酒常会发生车祸。此外，酗酒还可造成家庭不和及家庭暴力等。

戒酒常用厌恶疗法。即让患者服用戒酒药后再饮酒，通过恶心、呕吐、难受逐渐产生对酒的厌恶而不敢再饮酒。戒酒时会产生戒断综合征，可通过氯丙嗪、奋乃静、氯氮平类药消除戒断综合征症状。中医学中记载了许多心理或药物戒酒的方法。如中药的葛根，方剂中的葛花解醒汤等。

（六）致胖行为

1. 概念 凡能导致肥胖的行为习惯称为致胖行为（obesity behavior）。

2. 特征 胃口好、吃饭快、摄入脂肪高、热量多、懒惰、贪睡、不爱运动等。

3. 临床诊断 肥胖症的标准是超过标准体重 20%。肥胖对健康有较大危害，如肥胖人易患高血压、高脂血症、糖尿病、脑动脉硬化、冠心病、胆囊炎、关节炎、肥胖性心肺综合征和癌症等。

减重可选用以下方法：①认知疗法：使患者认识到肥胖的危害，学会释放负性情绪，遇到苦恼、烦闷或压力时，尽量用大脑来思考问题，而不是用“胃口”；②行为疗法，如持之以恒地慢速吃饭、少吃含脂量高的食物、饭量要减少、多运动、少激动、少加餐；③适当禁食：肥胖者只饮低热量饮料，或每天只给 1.7kJ 热量的食品并配合各种维生素、微量元素和适量蛋白质；④药物疗法，可服用食欲抑制剂或苯丙胺、甲状腺素片、苯乙双胍等；⑤体育锻炼，每天进行 1～2 小时的体育锻炼；⑥病因疗法，找出引起肥胖症的原因，针对病因治疗；⑦中医疗法：中药、灸、气功等传统中医疗法，对减肥疗效明显。

本章习题

1. 什么叫心境障碍，简述抑郁症的常见临床表现。
2. 神经症包括哪些？急性焦虑的临床特征是什么？
3. 性偏好障碍包括哪些？简述施虐癖和受虐癖的具体特征是什么？
4. 进食障碍患者的身体表现和人格特征是什么？
5. 常见的人格障碍包括哪些类型？简述其各自的特征。

第8章　心理治疗

学习目标

1. 知识目标：领悟心理治疗的概念、理解心理治疗的对象和适应证、理解心理治疗的原则、理解不同心理治疗流派的理论特点、理解常见心理治疗方法的特点和原理。

2. 技能目标：能够识别心理咨询和心理治疗的区别、学会临床各类神经症的心理治疗、学会常见的心境障碍的心理治疗方法。

3. 思政目标：培养学生的职业道德，遵守专业道德准则，强调心理工作的伦理要求；引导学生思考如何爱己及人，与患者建立良好的沟通和信任关系；培养学生的同理心，为患者提供帮助和支持；培养学生的社会责任感和担当意识，让学生了解心理咨询和治疗工作的社会意义。

第1节　心理治疗概述

随着越来越多的心理学家、精神病医生开始关注心理障碍，心理学从最初的科学和理论研究，逐渐开展了更多的临床应用，于是从20世纪起，心理治疗得到了蓬勃发展。现代心理治疗遵循科学原则，虽然与生物医学治疗在医患关系、治疗原则和理论技术等方面存在明显区别，但其科学性、可行性和有效性已获得大量临床实践证实。

一、心理治疗的内涵

（一）心理治疗的定义

心理治疗（psychotherapy）是由专业人员运用心理学相关理论和技术，与患者建立职业性良好的医患关系与互动，对患者进行启发、引导，以达到减轻痛苦、消除或减轻症状的目的，帮助患者积极面对现实，解决内心冲突和困扰，缓解不良情绪，消除异常心理行为，增强社会适应能力，完善人格，促进心理健康和个人成长。

现代心理疗法中，不同形式的精神分析疗法均基于心理动力学发展起来，也被称为动力疗法。在20世纪初，弗洛伊德的精神分析理论及其“谈话疗法”极大地推动了心理治疗领域的发展。广义的心理治疗不仅局限于临床治疗活动当中，还应用于日常生活当中，如治疗由社会、生活压力等引起的紧张、焦虑等不良情绪。其具体治疗方法以心理学理论为指导，并经过大量的临床实践检验。目前主要的理论取向分为精神动力学、行为、认知、人本主义和家庭治疗。

（二）心理治疗的对象

心理治疗的对象是具有心理障碍、行为问题，需要系统性心理治疗的人员，以及符合精神障碍诊断标准《国际疾病分类（ICD-10）精神与行为障碍分类》的患者。心理治疗作为一门医学和心理学之间的交叉学科，它有严格的程序和步骤，施治者必须具备一定的医学、心理学知识和技能。虽然一些非专业人士通过交谈或其他形式疏导他人的情绪、缓解压力，具有一定心理帮助的功能，但其并不具备职业化和专业性，因此不属于心理治疗。在医疗机构工作的医学、心理学工作者，如精神科执业医师并接受了规范化心理治疗培训，或者通过心理治疗卫生专业技术资格考试并取得专业技术资格的卫生技术人员，可以成为心理治疗的施治者。

（三）心理治疗与心理咨询的关系

心理治疗与心理咨询（psychological counseling）关系密切，陈仲庚认为两者没有本质的区别，两者在理论基础、工作形式等方面有诸多重叠，且无论是关系性质、改变过程，还是指导理论都相似，因此有时并不区分。也有学者提出两者虽无法完全区分，但的确存在一定的差异，美国心理学会把心理治疗和心理咨询作为两个不同的分支。心理治疗属于在医疗机构内开展的医疗行为，而心理咨询则可以在学校、机构等咨询室展开。在工作对象方面，区分这两者的专家通常认为，心理咨询主要解决健康及亚健康人群的心理问题；而心理治疗主要服务于存在心理疾病的人群。例如，心理治疗主要针对心身疾病、心理障碍等，侧重矫治，过程更规范、系统，治疗师（therapist）与患者（patient）构成治疗关系的双方。但在现实操作中，由于求助者常无法区分自己是否属于病态，因而两者亦常重叠。心理治疗在实践中通常涉及咨询心理学、临床心理学以及精神病医学，心理咨询学将工作的对象称为“来访者”，心理咨询主要面对人际关系、适应和发展等问题，侧重教育、引导、支持，咨询关系的双方分别称为咨询师和来访者。临床上的心理治疗师和精神病医生则使用“患者”。

二、心理治疗的发展简史

心理治疗的历史久远。早在公元前 4 世纪，古希腊名医希波克拉底提出使用劝告、音乐、催眠等手段整体治病的理论，并应用心理暗示治疗了大量疾病。尽管在古希腊、古罗马时期就曾有医生对心理疾病进行了研究，但一直到中世纪，这方面的探讨并未取得实质性进展。受当时医学模式的限制，此时的欧洲人通常认为精神疾病、心理障碍源于魔鬼附体，医生的职责就是将魔鬼赶出躯体。因此，对精神疾病患者进行精神和肉体的摧残，以达到治疗目的。直到 1792 年，法国医生菲利普·皮内尔积极倡导使用更加人道的方法治疗精神病，促进了心理治疗的发展。20 世纪初，美国人比尔斯（C. W. Beers）发起心理卫生运动，将有精神疾病、心理障碍的患者转移到郊区进行治疗，远离城市压力。19 世纪末至 20 世纪初，西方流行麦斯麦（F. A. Mesmer）的催眠疗法。之后，奥地利精神病医生弗洛伊德（S. Freud）将心理治疗应用于医学领域，创立精神分析疗法，标志着现代心理治疗的真正开端，成为心理治疗发展史上的里程碑。精神分析疗法强调患者童年期经历并主张分析患者压抑起来的潜意识内容，患者病情的好转主要通过自由联想将潜意识变为意识，治疗师需在梦的解析、移情和阻抗分析这 3 个过程中予以引导。20 世纪 50 年代，精神分析疗法在西方心理治疗界占主导地位，约 2/3 的心理治疗从业者具有精神动力学受训经历。

在 20 世纪 50 年代末，建立在行为主义心理学理论基础上的行为疗法开始迅速发展。巴甫洛夫揭示了经典条件反射原理，解释了行为可以通过后天习得，也会因为没有得到强化而消退。一些人类适应不良的行为方式也是如此。美国行为治疗心理学家约瑟夫·沃尔普（Joseph Wolp）在此基础上提出通过“交互抑制”或“脱敏”来治疗神经症，因为神经症是习得的习惯，可以被新的习惯替代，不需要像精神分析那样深挖患者的潜意识和童年经历。沃尔普让患者练习放松，并掌握放松技巧，在逐级呈现引发焦虑或恐惧的刺激时，让患者熟练使用放松技巧，从而解除习得的条件反射。在治疗焦虑、恐惧症方面，行为主义疗法应用较好。

随着心理学第三势力“人本主义”的兴起，人本主义疗法逐渐受到人们的推崇，人本主义的治疗师有更多的哲学背景，强调个人选择，认为个体的行动、目标选择和实施，是个人权利，不能用所谓的客观科学标准衡量。个体具有内在资源去解决自己的问题，心理治疗是帮助他扫除利用这些资源的障碍，帮助患者更好地发展自我。在这一流派中，卡尔·罗杰斯创立了以来访者为中心的治疗方法，拒绝给个体贴上患者的标签，他认为，治疗应集中在当下的问题，而不是过去的成因，个体认识到可以控制自己的命运，就能激发处理问题的潜能。

认知疗法起源于20世纪中期，早在2000多年前的智者便说过“困惑人们的不是事物，而是看待事物的方式”，认知疗法的治疗师们认为个体的情绪和行为问题和个体适应不良的认知有关，可以通过改变不良认知来改变个体的情绪困扰和行为。近年来，心理治疗发展融合了现代哲学的思考，以叙事疗法、焦点治疗为代表的治疗流派逐渐兴起，而心理治疗领域呈现了一种“整合疗法”的趋势，即治疗师不再局限于使用某种单一的治疗理论或技术，而是整合各种疗法特点，选择适宜的治疗手段以给予患者有效的治疗。

中国的心理治疗历史同样悠久，《黄帝内经》是中国最早的医学典籍之一，它从“天人合一，形神合一”的整体观出发，论述了形与神、身与心之间相互作用、相互影响的辩证规律，即“形者神之质，神者形之用”。受五行关系思维模式影响，中国传统医学将情绪分为五类，使之与五脏相配，形成了五行–五脏–五志模式，并将情志失调致病的一般规律概括为喜伤心、怒伤肝、忧伤肺、思伤脾、恐伤肾。又因心主藏神，肝主疏泄、喜条达，因此情志所伤，在五脏归属之外也更易伤肝、心，故有“悲哀愁忧则心动，心动则五脏六腑皆摇”（《黄帝内经·素问》）之说。因此，《黄帝内经》提出“恬淡虚无，真气从之，精神内守，病安从来”的中医养生心法，为中医心理疗法奠定了理论基础。中国传统心理治疗独创性地建立了“情志相胜”“言语开导”“气功”“祝由暗示”等疗法，同时配合方剂、针灸等进行综合调治，为中国传统心理治疗做出了巨大贡献。近年来，我国出台的《健康中国行动（2019—2030年）》，全方位、全过程保障人民健康，其中的心理健康促进行动推动了心理治疗的普及和规范化、专业化发展，进一步满足人民群众快速增长的心理健康和精神卫生需求。党的二十大报告指出要“重视心理健康和精神卫生”，为我国心理治疗的发展提出了明确要求。目前，心理健康和精神卫生工作已经纳入全面深化改革和社会综合治理范畴，设立了国家心理健康和精神卫生防治中心，开展社会心理服务体系建设试点，探索覆盖全人群的社会心理服务模式和工作机制。

三、心理治疗的分类

根据理论流派、治疗对象等不同分类标准，心理治疗可被分为不同的类型。

（一）根据不同的理论学派进行分类

1. 精神动力学派 该学派心理治疗认为，各种精神障碍的症状来源于个体压抑在潜意识中的心理冲突。患者自己难于对其进行意识理解，因此通过与患者进行特殊的“谈话”，帮助患者将外显症状和潜意识的心理冲突联系起来，获得意识层面的新领悟，建立健康的心理结构而治愈疾病。

2. 行为主义学派 该学派心理治疗认为，各种不良行为是个体习得的行为模式，均来源于刺激强化或重复操作所形成的条件反射。根据条件反射的原理，习得的行为可以通过多种方式进行改变，如强化、训练，不良行为就会消退，也可以通过学习新的行为模式替代不良行为。

3. 认知学派 该学派心理治疗认为，患者的各种异常心理行为、不良情绪等，均来自错误的认知，通过重新建立合理的理性认知替代适应不良的错误认知，就能避免不良情绪的困扰，从而治愈疾病。

4. 人本主义理论 该学派心理治疗认为，各种心理困惑均来自个体在自我实现过程中暂时受挫，潜能无法发挥，现实自我和理想自我差距过大。通过无条件关注、尊重、共情和理解，使患者重获信心，就能“实现自我”。

近年来，心理治疗的从业人员越来越多地采用整合心理治疗（integrative psychotherapy），即治疗者在进行治疗时不限定某种具体的理论取向，而将不同心理学派的疗法整合起来使用以治疗疾病。

（二）根据心理治疗的形式分类

1. 个体心理治疗 是指医生与患者单独接触，了解患者的心理问题、隐私，针对性地选择治疗方法，展开一对一的治疗。

2. 团体心理治疗 是指将具有相同症状或同一心理障碍的患者组织在一起，探讨有关症状和障碍的知识，借助个体之间的相互作用、相互影响进行治疗的方法。首先选择适应证相同的患者，集合起来，成立学习小组，向患者系统讲授有关疾病的防治知识，每一讲后进行小组讨论和经验交流，同时可进行集体音乐治疗和生物反馈治疗等。团体治疗的优点在于省时省力，而且人数多，患者之间可相互交流、相互启发。但是，团体需要考虑患者的个体差异，如治疗动机、认知水平等，个别特殊问题和隐私不能在集体中暴露，所以团体心理治疗需要医生判断并征询患者的同意，一些情况下团体心理治疗和个体心理治疗应该配合进行。

3. 伴侣治疗 又称夫妻治疗或婚姻治疗，是指治疗对象为伴侣关系，采用各种家庭治疗的理论和技术，重点解决伴侣之间的互动问题，以促进良好的伴侣关系。

4. 家庭治疗 是以家庭为治疗对象的一种治疗模式，将家庭视为一个系统，以理解个体的行为和问题，关注家庭成员的互动和关系，强调个体的改变有赖于家庭系统的改变，以帮助家庭消除异常的关系、个体的症状，维护家庭功能的有效性。常用的家庭治疗理论有系统家庭治疗、结构家庭治疗、萨提亚家庭治疗等。

（三）根据患者的意识范围分类

1. 觉醒状态下的治疗 患者在觉醒状态下能意识到整个心理治疗的过程。例如，患者在清醒状态下向医生表述自己的症状，医生同患者一起讨论症状出现的原因，提出改善症状的方法，实施治疗。

2. 半觉醒状态下的治疗 患者在安静、温暖、舒适、光线柔和的封闭治疗室内，医生通过言语诱导、暗示等方法，鼓励患者集中注意力去回忆、述说和体验，以达到治疗疾病的目的。针对癔症患者采用的暗示疗法就是在半觉醒状态下的治疗。

3. 催眠状态下的心理治疗 患者意识极度缩窄，即进入催眠状态，但催眠状态并非睡眠状态。在此状态下，患者只保持与医生的接触，接受医生的暗示性语言指导以进行治疗。患者因意识缩窄更容易暴露被压抑在潜意识的心理冲突，当其内心冲突被唤起，治疗由此引发的心理障碍会更加有效治疗。

四、心理治疗的原则

心理治疗从业人员须遵守有关医疗规定，有责任意识，在自身专业知识和能力限定范围内，为患者提供适宜且有效的专业诊疗服务。

1. 共同参与原则 心理治疗需要医患双方共同参与，建立职业性良好的关系，才能事半功倍。患者要在对医生的信任感基础上接受医生提供的信息，建立治疗动机，接受治疗。医生则要对患者保持尊重、共情、理解。和一些常规药物手术医疗诊治不同，心理治疗的患者并非简单被动地接受治疗，他们对治疗的信心、对治疗师的信任，可以影响治疗方案的实施和效果。在心理治疗中，共同参与还包括患者的家庭、社区等。

2. 最优化原则 是指治疗师对治疗方案的选择和实施应该遵循以最小的代价获取最大效果的原则。心理治疗既要考虑治疗效果，还要保证在可实现的条件下给患者带来最低的损伤、可接受的费用和最小的痛苦。如针对患者简单的行为矫治，可采用行为主义疗法，而不选用耗时费用较多的治疗方案。

3. 知情同意原则 在心理治疗中，医生应让患者或者其代理人、监护人知晓诊断、治疗方案的选择、预后、风险、费用等情况，使患者及其家庭经过综合考虑后自主做出选择。医生需在患者或其代理人、监护人表示同意治疗的意愿并得到承诺后，才确定和实施心理治疗方案。由于心理治疗对象的特殊性，一些患者不具备完全的民事行为能力，因此在获取对治疗的知情同意时，需要按照法律规定进行，一般是患者本人、患者法定代理人、监护人及患者家属。

4. 保密原则 心理治疗往往会涉及患者隐私，为保证获得真实的资料，使患者得到正确及时规范的治疗，维护心理治疗的专业性和权威性，因此心理治疗必须坚持保密原则。医生、医疗机构不得公开患者的个人信息、病历资料。这是从事心理治疗工作的一项基本要求，是心理治疗工作者的重要职业操守。如在学术交流或教学工作中需要引用时，也应隐去患者的真实姓名和其他指向性的信息。保密例外是指如果患者的情况涉及违法犯罪、自伤、伤人、危害公共安全（如传染病传播、恐怖活动）等行为，心理治疗工作人员需要报告相关部门，并在调查时，衡量暴露的必要性，以最低限度为准则。

5. 中立原则 心理治疗师应保持中立的态度和立场，避免对患者的问题进行主观判断和评价。这有助于创造一个公正、客观的治疗环境，让患者感到安全和舒适。在患者向治疗师征求意见，特别是寻求涉及“是否”选择的建议时，心理治疗工作人员须保持中立态度，让患者自己做决定。在心理治疗过程中，患者往往会依赖医生，如果医生代替患者作决定，会影响治疗的效果，导致患者难以获得自我成长。

6. 整体性原则 心理治疗师应具有整体观念，将患者的问题视为一个整体，综合考虑患者的心理、生理、社会和文化背景等因素。这有助于治疗师更全面地了解患者的问题，制定更有效的治疗方案。

知识链接 违反心理治疗伦理的案例

1. 治疗师与来访者发生不当关系 在某些情况下，治疗师可能与来访者建立不当的亲密关系或性关系。例如，某心理治疗师利用患者信任和移情，与患者发生亲密关系，被投诉并最终被除名。这种关系不仅违反了职业道德和伦理准则，还会对患者造成心理伤害。某治疗师利用心理治疗的机会对来访者实施猥亵行为，最终被判定为强制猥亵罪。

2. 泄露患者隐私 心理治疗师有义务保护患者的隐私和机密信息。然而，在某些情况下，治疗师可能会违反这一原则，如公开讨论患者的个人信息或在未经患者同意的情况下将信息泄露给第三方，这可能导致患者面临严重的心理困扰和社交困境。如某治疗师在团体督导活动中提供了未经患者同意的治疗信息后被投诉追责。

3. 未遵循专业界限 心理治疗需要保持一定的专业界限，以确保治疗的有效性和安全性。然而，有些治疗师可能会跨越这些界限，如与患者建立过于亲密的友谊或经济关系，这可能导致治疗过程受到干扰或偏离原定的目标。

这些案例都强调了遵守心理治疗伦理的重要性。心理治疗是一项高度专业化的工作，需要咨询师具备高度的职业道德和伦理素养。同时，患者也应有权利了解并保护自己的权益，如有任何疑虑或不满，应及时向相关部门或机构进行投诉和举报。

五、心理治疗的适用范围

心理治疗的适用范围包括焦虑症、抑郁症、强迫症、恐怖症、癔症、疑病症等，应激相关的躯体形式障碍，伴有生理紊乱及躯体因素的行为障碍（如进食障碍、睡眠障碍、性功能障碍等），通常起病于儿童与青少年期的行为，以及情绪障碍、心理发育障碍、精神分裂症、分裂型障碍等。在以上适应证的治疗中，心理治疗可作为主要的疗法，或者作为其他治疗技术的辅助手段。如抑郁症，目前普遍认为临床上严重的抑郁症和生物学因素有关，如某些神经递质的平衡失调，因此使用三环抗抑郁剂、锂剂、单胺氧化酶抑制剂等药物可使患者在化学上恢复平衡，消除症状。然而单纯的药物治疗并不能总是药到病除，很多和患者人生经历、个性因素有关的症状，需要有更心理学化的治疗。因此，心理治疗可以作为药物治疗的辅助，也可以作为主要的治疗手段。心理治疗的禁忌证主要包括无法或不能配合心理治疗的情况，如严重躯体疾病患者陷入昏迷无法配合心理治疗；精神病性障碍的急性期患者，伴有严重木僵、意识障碍、思维障碍、认知损害等症状，这类患者在发作时往往难以正常沟通，不能配合心理治疗。

六、心理治疗的基本过程

心理治疗需要和患者或者其监护人签订诊疗协议、知情同意书等医疗文书，在医患双方建立医患关系时，保障双方的权利和义务，以便开展正式治疗。

第一阶段：辨识问题、初步诊断。此阶段，治疗师需要尽可能收集患者的基本背景资料，建立良好的医患关系，探索心身问题的原因，同时应测量、评估和记录患者的心理、生理状况，对需要改变的行为和情绪达成医患双方的共识。

第二阶段：辨识问题的原因，确定治疗方案。此阶段需要确定心理行为问题发生的生物学、心理学、社会学原因，并分析其相互关联性，为选择恰当的治疗方案作准备。但有的学者认为，病因并不重要，重要的是改变当下的不良行为，即围绕症状展开。辨识病因、明确症状之后，便需要通过医患双方协商，确定治疗目标和治疗方案。治疗目标应当是具体、可行、可评定，符合双方需要的心理学目标，而非一些现实问题。患者的预期可能与治疗目标不一致，医生应进行详细的解释，以达成共识。而治疗方案须围绕目标商讨达成具体方法、原理、步骤等。

第三阶段：实施治疗阶段以心理治疗理论为指导，采用具体的方法，实施治疗方案，并根据患者的反馈，定期总结，检查患者对治疗要求的实施情况，分析、评价治疗效果，确定是否达到了预期目标。最后与患者共同讨论，决定是否改变疗法、转诊、终止或继续治疗。

第四阶段：结束和巩固疗效阶段在治疗方案实施后，同患者全面地回顾整个治疗过程，评估治疗目标达成度。以患者自我评定为基础，以及医生、患者认可的他人的评定。可采用相应的心理测验，进行前后对比。如果出现新的心理问题，医患双方商讨如何开展进一步的处理。如果患者已出现有效的改变，需要在此阶段学会一定的应对技巧，处理分离焦虑，并将改变带到日常生活中，以巩固疗效。

第2节 常见的心理治疗方法

心理治疗是双方互动的一个正式的过程，心理治疗方法很多，在本节主要讲述精神动力学疗法、行为疗法、认知疗法、来访者中心疗法、森田疗法、暗示催眠疗法和家庭疗法。

一、精神动力学疗法

精神动力学治疗是一种心理治疗方法，又称心理动力疗法、精神分析疗法，是指在精神分析理论的指导下，治疗者通过特殊的治疗设置，运用自由联想疗法、移情与反移情、阐释、梦境解析技术等技术，促进患者对潜意识中不成熟防御方式和心理冲突的理解与调整，旨在缓解症状和促进患者的人格成熟。

（一）疗程

传统的精神动力学治疗需要 2～3 年，每周不固定频次，多至 4～5 次，每次治疗 50 分钟。现代精神动力学疗法已极大降低会面频次，每周进行 1 次 50 分钟的治疗，持续 6～18 个月。

（二）适用对象

由于其独特的治疗特点及治疗时长，适合有较好的领悟力及一定的言语表达能力、较强烈的改变愿望与动机的人群，神经症类患者，如癔症、恐怖症、强迫症等各种神经症患者，以及某些心身疾病，心因性躯体障碍、性变态及性功能障碍患者等。不适合语言表达混乱模糊及自主改变愿望低的人群，以及有情感性精神病、精神分裂症、严重人格障碍等患者。

（三）基本技术

1. 自由联想 指在治疗过程中让患者毫不压抑并立即诉说出任何浮现于脑海中的想法，而不管这些想法是多么可笑、无聊、痛苦，或者是不合逻辑、毫不相干，鼓励患者尽量回忆童年时期所遭受的精神创伤。精神分析学说认为，自由联想是打开潜意识大门的钥匙。通过自由联想可以了解患者被压抑的欲望、幻想、冲突、动机、过去的经验、封存已久的强烈情绪，经由联想的顺序可以了解各种事件间的关联性，而联想中断之处正提示可能存在引发患者焦虑的某种原因。治疗者通过引导患者洞察或领悟自己内心的心理动力和心理障碍的症结，从而达到治疗的目的。

2. 阐释 即对患者在自由联想、梦、治疗关系、阻抗和各种行为中所表现出来的潜意识素材及其潜意识的意义加以指出和说明的过程。患者听了治疗者的解释后，能更清楚地了解自己目前的情感、态度和行为方式，明确自己内心深处的欲望和动机，并了解当前采用的心理活动是否能实现他的潜意识欲望和愿望。阐释可以帮助患者克服抗拒，而使被压抑的心理资料得以源源不断地通过自由联想和梦的分析暴露出来。

3. 梦的分析 因为在睡眠中自我防卫机制转弱，被压抑的观念、需求、欲望、情绪和动机会在梦境中浮现出来。因此，梦境的解析就成了解释潜意识的重要手段，同时也能够帮助患者顿悟一些未解决的问题。解析梦的主要任务就是在患者能回忆出的显梦中将其隐藏的潜意识挖掘出来。

4. 阻抗及其处理 阻抗和防御是患者内部对自由联想等治疗过程的抗拒力。阻抗（resist-ance）是指患者抵制痛苦治疗过程的各种力量。治疗者可以从患者在自由联想中的停顿、语结等来发现阻抗之所在。阻抗还表现为回忆过去经历时过度概括化、理智化，如背流水账式地把小学、大学的经历总结一番，然后说“就这些，就这些，没什么了”；也表现为会谈中感情缺乏、气氛呆板、沉默不语、不愿谈及与情感有关联的事情。患者出现阻抗的原因可能是安于现状、惧怕任何的变化、害怕引起良心上的过分自责（谈到对亲人的不满时等）和不肯放弃那些形成情感疾病的幼稚冲动等。

弗洛伊德提出“先于内容解释阻抗”或“表面解释”的处理阻抗的原则。治疗者先向患者指出他们正在阻抗，必须让患者认识和体验阻抗。如果患者认为他们在治疗中的反应合理的话，他们就不可能与治疗者一同去解释阻抗。治疗的关键是，在适当的时机治疗者要探索患者为什么要采取阻抗，以及想防御的是什么。成功解释阻抗可以成为理解过去冲突的契机。过去未满足的愿望与情感痛苦的本身一般不会成为不可解决的冲突，对其过度防御才构成不能解决的冲突。理解了防御也就理解了冲突，才能理解神经症性症状。

5. 移情 在自由联想的过程中，通过不断处理阻抗。患者逐渐回忆过去的生活经历，同时也将过去的冲动、幻想激活。移情（transference）是患者将对过去经历中有重要影响的人物的情感在与治疗者的关系里重现出来，表现为对治疗者产生了强烈的情绪反应。有的对治疗者产生依恋、钦佩、爱慕甚至性冲动，这种情况称为正移情；有的对治疗者表现出失望、不满、愤恨、攻击等，这种情况称为负移情。

解释移情是治疗的重要手段之一。当移情产生时，患者过去曾经历的冲动、幻想、重要的人际关系并不仅仅停留在过去（并不仅仅是一种记忆），而是通过与治疗者之间的互动关系表达出来，表现为不由自主地将其遗忘的经历或记忆呈现在与治疗者此时此刻的交流互动中。意思是患者在与治疗者的交流中，生动地呈现了与过去重要人物（如父母）的感情、态度、幻想、冲突、交往模式，但患者对此却是无意识的。有经验的治疗者常能通过对移情现象的觉察和分析，理解患者的情感和内心世界以推进治疗的进展。

处理移情的原则：首先治疗者必须保持头脑清醒，知道患者对治疗者是怎么想的，有什么样的感情，不要认为患者对治疗者的评论都是客观的、公正的。因为有时患者被自己对治疗者的爱、恨感情吓到而不敢暴露，有时却意识不到其强烈的情绪反应是针对治疗者的。这时重点要帮患者理解移情，把患者的注意力引至自身，让其了解和暴露自己的想法。例如，可以请患者谈谈当前对治疗者的想法、态度和感情，使移情变得清晰可辨。接着告诉患者，治疗者与他只是职业性帮助关系，并没有私下的交情，治疗中引发的感情及对治疗者的想法，都是过去重要人际关系中的感情和观点转化而来的。治疗者通过巧妙地揭示移情的机制，使患者真正理解了感情的来源，同时也将其心理痛苦和形成其人格特点的根源完全暴露于意识中，这就是移情的修通（working through）。

6. 反移情 与移情的产生原理一样，治疗者在与患者交流时也会产生情感反应，这就是反移情（countertransference）。经典的精神分析认为，反移情是治疗者对患者的感情转移，是患者在治疗者心中所激发的全部情绪。如一位女性患者叙述自己的感情生活，透露曾和许多男性有过性关系，在治疗中流露出对治疗者的性欲望时，道德观念极重的治疗者可能表现出强烈的厌恶并进行指责，这正好重复了其丈夫的反应模式，治疗关系因此陷入危险。

现代精神分析的整合观点认为，反移情是治疗者对患者活动和治疗环境的情绪、生理和认知的反应，而且包括患者投射性认同机制所产生的效应。反移情在许多时候是不可避免的、普遍存在的。反移情对治疗产生积极或是消极影响，主要在于治疗者能否对自己的反移情保持警觉和妥当地处理。适当的、正常的情绪反应是精神分析中重要的治疗工具。治疗者投入感情，既能使治疗者对患者保持必要的关注，更容易通过对自己反移情的体验和辨认，理解患者的情感性质和内心世界。以感情理解患者，可以使患者产生被共情的感受而得到自尊和勇气。

二、行 为 疗 法

行为疗法是以行为学习理论为基础的心理治疗方法，旨在减轻或改善来访者的症状或者减少其不良行为。

（一）适用对象

行为疗法在公共机构情境（如精神病院、收容所等）中特别流行。对有强迫症、进食障碍、物质滥用和心理性功能紊乱等特殊问题的来访者，行为疗法能发挥一定的治疗作用；对于处理焦虑、压力、教养和社会互动等问题也十分有效。同时，行为疗法不作为解决较为抽象及发展性问题的主要方法，如人生的意义、生命质量、人的价值、自我潜能开发、人生发展等问题。

（二）特点

行为疗法关注广义上的来访者的行为。来访者通常因自身的不足或错误的行为而产生困扰。行为疗法的治疗师帮助来访者学习新的、合适的行动方式，或者帮助他们调整或消除不当的行为。这样，适应性行为将会取代那些不适当的行为。行为疗法已有上百年的历史，具有针对性强、易操作、疗程短、见效快等特点

（三）常见技术

1. 系统脱敏疗法 由南非心理学家沃尔普在20世纪50年代创立，他将交互抑制法与肌肉松弛技术和想象暴露相结合，用于治疗焦虑患者。

该疗法的基本思想是，治疗师帮助患者建立与不良行为反应相对抗的松弛条件反射，然后在接触引起这种行为的条件刺激中，将习得的放松状态用于抑制焦虑反应，使不良行为逐渐消退（脱敏），最终使不良行为得到纠正。

系统脱敏疗法的基本工作程序如下。①学习肌肉深度放松技术。通过医生示范或专门录制音像制品教授患者学习如何放松全身肌肉，肌肉是否放松的指标是练习者感到肢体沉重、温暖和运动不能。肌肉放松重点强调面部肌肉的放松，每天1次，每次约30分钟，直至患者学会且能运用自如。②建构焦虑等级。根据患者在不同事件和情景中焦虑的轻重程度，从引起最小的焦虑到最大的焦虑，分出循序渐进的等级，并给出相应的主观分值（SUD）。如果0分代表完全放松，100分就代表高度焦虑，各等级之间的级差要均匀、相等。如果引发患者焦虑或恐惧的情境不止一种，就应针对不同情境建立几个不同的焦虑等级表，治疗时要针对每个焦虑等级表分别实施脱敏治疗。③实施系统脱敏。根据脱敏刺激的性质和来源，脱敏治疗可以分为想象系统脱敏和现实系统脱敏两种。一般实施程序是按照设计的焦虑等级表，由小到大依次逐级脱敏。首先从想象最低等级的刺激事件或情境开

始，当其感到焦虑紧张时令其停止想象，并做肌肉放松训练，直到全身放松，情绪平静下来，立即评估其主观焦虑等级。如此循环多次治疗，直到低级刺激不能再引起焦虑为止，即为脱敏成功；如此渐进，直到对最高等级的刺激脱敏成功。

系统脱敏疗法主要用于治疗恐怖症，也可用于癔症。脱敏过程需要8～10次，每日1次或隔日1次，每次30～40分钟。

2. 冲击疗法 又称为满灌疗法，依据经典条件反射原理中的“超限抑制”现象而设计，即如果条件刺激重复多次而无强化，条件反应便会逐渐减弱并消失。如刺激足够强烈，反应则会钝化或反应因自行耗尽而降低。

冲击疗法的治疗程序一般为：①向患者介绍冲击疗法的原理和过程，尤其要如实地告诉患者在治疗中必须付出的痛苦代价。患者和其家属同意后签订协议，进行必要的体格检查和详细的精神状态检查，排除心血管疾病、内分泌疾病及癫痫等重大躯体疾病，排除重性精神病。②选择刺激物。确定以想象或者现实刺激物，根据刺激物的性质再决定治疗的场地。治疗时，房门应由治疗者把持，使患者无法随意夺路而逃。③实施冲击治疗。治疗师突然向患者呈现刺激物，患者一般会出现明显的惊叫、气促、心悸、出汗等自主神经反应和情绪反应。治疗者要鼓励患者坚持不逃避。当反应逐渐减轻后，可视情况再呈现一次刺激，如此循环，直到患者对刺激视而不见，漠然置之。一般一次治疗时间为30～60分钟，每天1次，治疗2～4次即可。冲击疗法主要用于治疗恐怖症，也可用于某些强迫症。

3. 厌恶疗法 依据经典条件反应原理，将某种不愉快的刺激（如电刺激、催吐药物刺激、想象中的羞辱等）与对患者有吸引力、但不受社会欢迎的不良行为（如酗酒、吸毒等）联系起来，使得患者最终因感到厌恶而放弃这种不良行为。

厌恶疗法的工作程序是：①确定需要放弃的不良行为靶症状。②选用合适的厌恶刺激。③把握时机施加厌恶刺激。当不良行为出现时，立即施加厌恶刺激，不良行为停止，厌恶刺激也立即停止。

厌恶疗法主要适用于异装癖、露阴癖、窥阴癖、恋物癖、同性恋，对酒瘾、强迫症亦有一定效果。

4. 阳性强化法 又称正强化法，是应用操作性条件反射原理，及时奖励正常行为，漠视或淡化异常行为。

阳性强化法的基本治疗程序是：①确定希望改变的靶行为。②观察靶行为发生的频率、程度和后果，尤其是要确定靶行为的直接后果对不良行为的强化作用。③设计一个新的结果并用于取代原来不良行为产生的结果。④实施强化，即当患者出现适当行为时及时给予强化，促使行为朝向期望方向发展。

阳性强化法主要用于提高慢性精神分裂症、儿童孤独症、癔症及神经性厌食、贪食者的适应性期望行为。

5. 模仿法 又称示范法，是指向患者提供某种行为榜样，让其观察示范者如何行为及其行为得到了什么样的后果，以引起患者从事相似行为的治疗方法。模仿法主要用于学龄期等年轻患者以培养其良好的行为习惯。

模仿法的工作程序是：①根据治疗的目的，设计示范行为和具体的示范方式，包括生活示范（即观察生活中示范者的适当行为）、象征性示范（如电影、像、图画等）、角色示范（如由心理医生扮演）、参与示范（如一起参与某种活动）、内隐示范（如通过描述而进行的想象示范）。②强化正确的模仿行为，模仿要从易到难、由简到繁地循序渐进，要及时给予正确的模仿行为，并予以适时和恰当的强化、鼓励。

三、认知疗法

认知疗法（cognitive therapy）于20世纪60～70年代在美国产生，是根据人的认知过程，影响其情绪和行为的理论假设，通过认知和行为技术来改变求治者的不良认知，从而纠正并适应不良行为的心理治疗方法。

（一）疗程

认知疗法疗程短，主要特征包括结构化、问题导向、聚焦当下，是应用最广泛的心理治疗方法之一。

（二）适用对象

普遍适用于各年龄阶段。适应证包括抑郁症、焦虑障碍、强迫症、创伤后应激障碍、进食障碍、物质滥用以及人格障碍等，在一般心理问题的心理咨询中也非常普遍。

（三）常用技术

1. 合理情绪疗法 美国临床心理学家阿尔伯特·艾利斯于20世纪60年代创立的一种心理治疗体系，他认为人有趋向于成长和自我实现这样的内在倾向，同时也具有非理性的不利于生存发展的生活态度倾向，而且艾利斯更强调后一种倾向，他认为正是这种非理性的生活态度，导致心理失调。

合理情绪疗法的核心在于ABC理论，理论的中心思想是：情绪不是由诱发事件本身所导致，而是由个体对这一事件的解释、看法和评价所引发的。在ABC理论中，A代表诱发事件（activating event），即个体所经历的当前事件或是与事件相关联的过往的回忆和经验；B代表信念（belief），是指人对A的信念、认知、评价或看法；C代表结果即症状（consequence）。换言之，事件本身的刺激情境并非引起情绪反应的直接原因。个人对刺激情境的认知解释和评价才是引起情绪反应的直接原因。

不合理信念通常具有3个主要特征，即绝对化的要求、过分概括化、糟糕至极。绝对化的要求是指个体以自己的意愿为出发点，认为某一事物必定会发生或不会发生的信念。过分概括化是一种以偏概全的不合理的思维方式，它是个体对自己或别人不合理的评价，其典型特征是以某一件或某几件事来评价自身或他人的整体价值。糟糕至极是一种把事物的可能后果想象、推论到非常可怕、非常糟糕，甚至是灾难性结果的非理性信念。

合理情绪疗法的操作过程如下。

（1）心理诊断阶段：明确求助者的ABC在这一阶段，咨询师的主要任务是根据ABC理论对求助者的问题进行初步分析和诊断，通过与求助者交谈，找出他情绪困扰和行为不适的具体表现（C），以及与这些反应相对应的诱发性事件（A），并对两者之间的不合理信念（B）进行初步分析。在诊断阶段，咨询师还应注意求助者次级症状的存在，即求助者的问题可能不是简单地表现为一个ABC。有些求助者的问题可能很多，咨询师要分清主次，找出求助者最希望解决的问题。在此基础上，与求助者协商制定咨询目标。

（2）领悟阶段：主要任务是帮助求助者领悟合理情绪疗法的原理，使求助者真正理解并认识到：第一，引起其情绪困扰的并不是外界发生的事件，而是他对事件的态度、看法、评价等认知内容，是信念引起了情绪及行为后果，而不是诱发事件本身。第二，要改变情绪困扰不是致力于改变外界事件，而是应该改变认知，通过改变认知，进而改变情绪。只有改变了不合理信念，才能减轻或消除他们目前存在的各种症状。第三，求助者可能认为情绪困扰的原因与自己无关，咨询师应该帮助求助者理解、领悟引起情绪困扰的原因恰恰是求助者自己的认知。因此，他们应对自己的情绪和行为反应负有责任。

（3）修通阶段：是合理情绪疗法中主要的阶段。所谓修通就是咨询师运用多种技术，使求助者修正或放弃原有的非理性信念，并代之以合理的信念，从而使情绪症状得以减轻或消除。这一阶段的工作则是咨询师应用各种方法与技术，以修正、改变求助者不合理信念为中心进行工作，这是整个合理情绪疗法的核心内容。常用方法包括：

1）与不合理信念辩论：辩论是合理情绪疗法中最常用、最具特色的方法，它来源于古希腊哲学家苏格拉底的辩证法，即所谓"产婆术式"的辩论技术。基本思路是从求助者的信念出发进行推论，在推论过程中会因不合理信念而出现谬论，求助者必然要进行修改，经过多次修改，求助者持有的将是合理的信念，而合理的信念不使人产生负性情绪，求助者将摆脱情绪困扰。产婆术式的辩论有其基本形式，一般从"按你所说……"推论"因此……"，再推论到"因此……"，即所谓的"三段式"推论，直至产生谬误，形成矛盾。咨询师利用矛盾进行面质，使求助者不得不承认其中的矛盾，迫使求助者改变不合理信念，最终建立合理信念。

2）合理情绪想象技术：求助者的情绪困扰，有时就是他自己向自己传播的烦恼，如他经常给自己灌输不合理信念，在头脑中夸张地想象各种失败的情境，从而产生不适当的情绪体验和行为反应。合理情绪想象技术就是帮助求助者停止传播不合理信念的方法，其具体步骤包括：首先，使求助者想象进入到产生过不适当的情绪反应或自感最受不了的情境之中，让他体验强烈的负性情绪反应。其次，帮助求助者改变这种不适当的情绪体验，并使他些体验到适度的情绪反应。这通常是通过改变求助者对自己情绪体验的不正确认识来进行的。最后，停止想象。让求助者讲述他是怎样想的，自己的情绪有哪些变化，是如何变化的，改变了哪些观念，学到了哪些观念等。对求助者情绪和观念的积极转变，咨询师应及时给予强化，以巩固他所获得的新的情绪反应。

3）家庭作业：是在咨询师与求助者之间的一次咨询性辩论结束后的延伸，即让求助者自己与自己的不合理信念进行辩论，可通过合理情绪治疗自主量表和合理的自我分析来完成。

4）其他方法：合理情绪疗法虽然是一种高度认知取向的治疗方法，但也强调认知、情绪和行为三方面的整合。因此，在合理情绪疗法中也会经常见到一些情绪与行为方面的治疗方法和技术，包括放松训练、系统脱敏等。

（4）再教育阶段：主要任务是巩固前几个阶段治疗取得的效果，帮助求助者进一步摆脱原有的不合理信念及思维方式，使新的观念得以强化，从而使求助者在咨询结束之后仍能用学到的思维方式、合理信念等应对生活中遇到的问题，更好地适应现实生活。咨询师可以继续采用与前几个阶段相同的方法和技术，还可应用技能训练，使求助者学会更多的技能，提高他应对各种问题的能力，包括为了提高求助者应对焦虑性情绪反应的能力的自信训练和放松训练、帮助求助者提高寻求问题解决的最"优"方法的能力及社会交往能力问题解决训练和社交技能训练等。此阶段治疗的主要目的是重建。即帮助求助者在认知方式、思维过程及情绪和行为表现等方面重新建立起新的反应模式，减少以后生活中出现的情绪困扰和不良行为倾向。

合理情绪疗法适用于治疗抑郁症、焦虑症、社交恐怖症、偏头痛及慢性疼痛，对神经性厌食、性功能障碍、乙醇中毒也有疗效，但不适用于伴有幻觉、妄想及脑器质性病变的抑郁症患者和精神分裂症、情感性精神病患者。

2. 贝克的认知疗法 由美国心理学家贝克在治疗抑郁症的临床实践中逐步创建的。贝克发现，抑郁症患者普遍存在认知歪曲。在患者的想象中，至少部分是对客观经验过分的、消极的理解，歪曲认知与抑郁情绪有某种联系。贝克因此认为，心理障碍治疗的重点应该是减轻或消除功能失调性活动，同时鼓励患者监察其内在因素，即导致障碍的认知行为和情感因素，改变其不良认知模式。

（1）自动化思维：随着贝克不断地倾听他的患者，他意识到他们常产生一些迅速而简短的评价思维，它们并非深思熟虑的结果，因而许多判断、推理和思维看上去是模糊、跳跃的，很像一些自动化的反应，贝克将之命名为“自动思维”。这些“自动思维”有时很难觉察，或者即便注意到了，个体也可能会不假思索地接受，认为它们是正确的，进而接受它们的指令，表现出相应的情绪与行为反应。与自动化思维伴随出现的是个体的情绪，基于这一线索，我们可以检验与这些情绪相关联的自动化思维是什么。因此咨询师经常会引导个体思考这样的问题——“你刚才大脑中在想什么”来帮助其明确自动化思维的存在形式。

（2）图式：贝克认为个体在认识现实世界的过程中遵循一定的模板和规则，即图式，用以支持较为表层的自动思维内容。图式是持久的思维原则，形成于童年早期并被很多生活经验所影响，这些经验包括父母的管教和示范、正式与非正式的教育性活动、同伴体验、创伤体验和成功体验等。贝克和其他人曾指出，在抑郁和其他症状中，各种适应不良的图式可以处于休眠状态，直到发生了一件产生压力的生活事件激活核心信念为止。然后，适应不良的图式会被强化到一个点然后刺激并驱动负性自动化思维的出现。

（3）常见的认知错误：贝克和他的同事们在检索功能不良的思维与信念时指出，这些自动化思维和其他想法的逻辑中存在一些特有的认知错误，包括选择性概括、过度概括、主观推断、夸大和缩小、个性化和绝对化思维。

贝克认为，改变功能失调的情绪和行为最有效和直接的方式便是修改不正确的及功能失调的思维。咨询师需要帮助来访者确认这些歪曲的、功能失调的认知，并且与来访者共同致力于将这些错误认知与现实情况区别开来，以认知修正和思维革新促成个体适应性的行为模式的形成。

3. 梅钦鲍姆的认知行为矫正技术 梅钦鲍姆（D. Meichenbaum）设计了认知行为矫正技术来帮助来访者摆脱错误的自我陈述所带来的不良情绪和行为反应。在具体的治疗实践中，更关注的是来访者自我言语表达的改变。在使用这一技术时，咨询师要致力于帮助来访者认识到自己的真实所想所感所悟以及自己对他人的影响，这是行为改变的先决条件。

梅钦鲍姆在引导来访者进行自我觉察时使用了自我指导训练技术，在治疗过程中咨询师需要教会来访者怎样完成自我陈述，咨询师和来访者一起进行角色扮演，通过模仿来访者现实生活中的问题情境来练习自我指导和期望的行为。重要的是要获得对一些问题情境具有实践意义的应对技能，其中的一些问题包括强迫和攻击行为、考试恐惧和演讲恐惧。

此外，在梅钦鲍姆的治疗体系中，认知重组也是重要的组成部分。他认为认知结构是思维的组织方面，它似乎监督和指导着想法的选择。认知结构好比一个“执行处理者”，它“掌握着思维的蓝图”，并决定着什么时候继续、中断或改变思维。因而在关注整体疗效时，梅钦鲍姆认为，想要期望行为改变彻底发生，必须要关注内部言语、认知结构和行为的相互作用及随之而来的结果。这三者的交互作用的情况不能被忽视。

四、来访者中心疗法

来访者中心疗法由美国人本主义心理学罗杰斯于20世纪中叶创立。罗杰斯说：“来访者中心疗法学派主要是一种存在观点，寻找适当的态度和行为的表达，而这些态度和行为乃是能够创造出促进成长的气氛。它是一种重要的生活哲学，而不是一种简单的技术或方法。”

（一）治疗目标

协助求助者除去在社会化过程中形成的面具；解放自己，真诚地面对自己和表达自己；减少被扭曲的感知觉和表达方式；从在外部寻找答案转变为愿意向内反思自己；察觉内在的体验，尝试整合冲突和混乱的感觉；从缺乏信任、封闭和畏惧人际关系转变为对别人更具开放性；鼓励患者放弃排斥别人或固执己见的想法，对经验和外在世界的可能性采取更加开放的态度；愿意探索改变的可能性。

（二）基本技术和工作要点

1. 建立良好的心理咨询关系 以来访者为中心的方法是关系取向的方法，治疗过程就是治疗师与求助者共同参与的探险，是双方显露人性、一起追求成长经验的过程。来访者中心疗法取得治疗效果的必要条件包括：注重建设融洽的咨询关系和治疗气氛，要求治疗师采取温暖、价值中立或非评价性的态度等。

2. 设身处地的共情理解 共情理解是以来访者为中心，让来访者感觉被接纳和理解，促进自我探讨。共情理解有助于加深患者对自己的感受和经验的自觉认识。罗杰斯批评心理分析中的父母-子女式的医患关系和行为疗法中的师-生关系，主张治疗师应以普通人的身份出现，治疗师的作用仅限于根据患者当前的感受和体验与之建立平等的关系，引导患者抒发自己的情感，鼓励其去体验此时此刻的关系，而不给予具体的指导和分析。治疗的动力是人普遍具有的自我实现趋势，心理治疗可以看成是各种建设性人际关系的特殊例子。

3. 真诚一致性 真诚是指治疗师以“真正的自我”出现，他在治疗中的表现如同他在现实生活中的表现一样坦率，不把自己隐藏在专业角色之内，不以专家的身份高高在上，而是和来访者平等、坦诚地相处。治疗师自由地表达自我，告诉来访者自己的感受，坦诚和公开地面对来访者的各种反应。治疗师真诚的表现会给来访者提供一个自然、安全的氛围，也为来访者能打开自己的心扉、坦诚地谈论自己的问题树立榜样，从而帮助来访者在治疗关系中撕下他们的伪装，袒露自己，真诚地对待自己和治疗师。

4. 无条件积极关注 是指无条件地整体接纳来访者，并通过言语和身体语言方式给患者以积极的鼓励和关怀；有选择性地注意来访者身上的积极因素，相信其具有成长的潜力。

来访者中心疗法治疗成功的标志是来访者的态度发生转变，更直接地体验到自己的情感。随着治疗的进展，来访者的生活能力日益提高。治疗所关心的是人格改变的进程，而并非人格的结构。

五、森田疗法

“森田疗法”又称禅疗法、根治的自然疗法，由日本东京慈惠会医科大学森田正马教授（1874～1938）创立，是神经症的“特殊疗法”。1938 年，森田正马教授病逝后，他的弟子将其命名为“森田疗法”。

（一）基本治疗原则

“顺其自然，为所当为”是森田疗法的基本治疗原则。消除思想矛盾，并对疑病素质的情感施加陶冶锻炼，使其摆脱疾病观念，针对精神交互作用这一症状发展的机制，顺应注意、情感等心理状况来应用些措施，并按照患者的症状和体会，经常使之体验顺从自然。

森田疗法强调不能简单地把消除症状作为治疗的目标，而应该把自己从反复想消除症状的泥潭中解放出来，然后重新调整生活。不要指望也不可能立即消除自己的症状，而是学会带着症状去生活。

（二）适应证

森田疗法主要适用于强迫症、社交恐怖、广场恐怖、惊恐发作的治疗，另外对广泛性焦虑、疑病等神经症，还有抑郁症等也有疗效。随着时代在不断继承和发展，治疗适应证已从神经症扩大到精神病、人格障碍、乙醇药物依赖等，还扩大到正常人的生活适应和生活质量。

（三）治疗要点

森田疗法可以分为严格程序化的住院治疗和自然生活状况下的门诊治疗，也可以按发展阶段分为经典的森田疗法和新森田疗法。下面以住院式治疗为例，介绍各期疗法的要点。

1. 强制性静卧期 此为第一期，大体上以 4～7 天为宜。要求患者除进食、大小便外要绝对卧床，保持安静，禁止与他人会面、谈话、读书、吸烟及从事任何消遣活动。其主要目的是让患者暂时脱离对于四周的顾及和烦恼，排除善恶是非等理想标准的期求，成为无拘无束的自我一人，使心身疲劳得到调整，解除患者的精神烦闷。要求“对待不安应既来之则安之”，使患者体验到如果让苦闷任其自然发展，那么烦闷和痛苦就会通过情感的自然规律逐渐消失。

2. 轻工作期 此为第二期，大体上以 4～7 天为宜。除继续禁止交际、谈话、游戏之外，卧床时间限制在 7～8 小时，白天必须到户外接触阳光和呼吸新鲜空气，观察庭院里的蚂蚁之类。晚饭后要求写当天的日记，早上和晚上睡觉前阅读 2 次指定的书籍。睡眠的时长，要顺其自然。此期的主要目的是患者顺应各种病态，安静地忍受它，使患者感到无聊而促进其自发活动，即运动操作的愿望，而不是被动地接受任务。当患者想要工作，而且考虑干什么事情对自己的病有利时，可以适当地允许其从事打扫卫生、洗衣等轻微的劳动。经过这一时期，患者的主观症状已经开始减轻。

3. 重工作期 一般以 1～2 周为宜。主要指导患者在不知不觉的过程中养成对工作的持久耐力，在获得自信心的同时，使之反复体验工作中取得成功的喜悦，以唤起对工作的兴趣并培养其持续发扬的勇气。此期让患者排除对工作的预先考虑和价值观念，不加选择地去做一般人都能做的任何体力劳动，如庭院劳动、手工艺等。如果患者开始感到工作忙碌起来就可转到下一期的治疗了。

4. 复杂的生活实践期 一般为 1 周左右。允许患者看科普类书籍，不准看哲学类等深奥难懂的书和娱乐性的读物。读书只求随意，不追求理解和记忆。允许患者进行外出购物等适当活动，当患者隔离了一段时间后突然开始接触社会就会有一种崭新的心理体验。这一时期治疗的主要目的是进行适应外界变化的训练，为回到实际的日常生活中做好准备。

总的来说，第一期是激发反思期，第二期是激发自发活动期，第三期是兴趣驱动期，第四期则是适应外界生活变化的训练期。经过系统完整的休息、反思、劳动和治疗，患者最后摆脱神经症，走向新生。

六、暗示催眠疗法

利用人的受暗示性，通过言语暗示引到一种类似睡眠的状态即催眠状态。患者在这种状态中对治疗者的言语指示产生巨大的动力，引起较为深刻的心理状态的变化，从而达到某些症状减轻或消失，疾病明显好转的目的。

（一）适应证

1. 直接暗示 用于对症处理各科临床上常见的焦虑、急性心因性反应、转换性癔症患者的急性躯体功能性障碍、睡眠障碍。

2. 系统的催眠治疗

（1）心身性障碍及躯体问题：慢性疼痛、偏头痛、紧张性头痛、急性疼痛；克罗恩病、消化性溃疡；哮喘、花粉热；原发性高血压；血管运动性疾病；性功能障碍；恶心、呕吐；继发性及医源性焦虑、恐惧、抑郁等情绪反应；外科术前准备、睡眠障碍。

（2）神经症性障碍：恐惧症、强迫症、抑郁反应、创伤后应激障碍、躯体形式障碍（如转换性障碍、躯体化障碍、疑病症、身体变形障碍及疼痛障碍）。

（二）操作方法

1. 前期准备 通过预备性会谈、暗示性实验或量表检验受试的个体性反应方式，评测接受暗示的程度及负性情绪或态度。

2. 直接暗示 利用医患关系及医师的权威角色，营造合适氛围，直接使用言语，或借助适当媒介，实施直接针对症状的暗示。

（1）告知诊断和解释。

（2）用坚定的口吻进行安慰、鼓励，做出有信心的承诺。

（3）针对突出症状或体征，将患者注意力集中于患部的运动、感觉，或某种心理体验，或治疗师声称能产生特殊躯体效应的媒介，并预示变化。

（4）让患者体验预期的躯体变化，用仪式性的操作强化变化体验，如服用安慰剂；皮下注射能产生疼痛但对身体无害的注射用水（＞1ml）、静脉推注能产生短暂热感但对身体无显著影响的20%葡萄糖酸钙 10～20ml；进行某种器械或设备的操作等。操作过程中持续暗示变化，直至症状或体征消失或减轻。

3. 催眠诱导

（1）关系：建立信任的关系。可以在坐位或卧位进行。多采用闭眼减少分心。

（2）注意集中：盯视墙面某点或距眼 20～40cm 的物体尖部；讲故事，诱导内向性注意集中。故意强调促进性的感知觉；预先整合一些不协调的感知觉。

（3）调整语音模式：①同步，即与患者呼吸达到节律性同步；②重复，即频繁重复词汇或整句话；③标记，即通过改变说话的方向、声音，强调、突出暗示内容；④困惑，即通过杂乱信息，使妨碍催眠的惯常思维模式失去效力；⑤分离，即将患者从一种意识状态引向另一种；⑥批准，即用肯定语式对显出个性特点的行为进行强化，或者可以把它们当作已经出现的催眠表现的标记加以肯定、默许，使之加深。

（4）判断催眠程度：催眠状态中经暗示出现的变化涉及感觉、认知、记忆、时间知觉、行为意志等方面，并伴有可观察、记录的生理现象。可以据此判断催眠深度。

4. 治疗阶段 入静达到合适的深度后，接着进一步进行催眠性治疗。

（1）催眠后暗示：把在治疗阶段已经由暗示而引起的变化与将来出现的诱发因素联系。

（2）遗忘：暗示患者对入静状态中加工过的内容发生遗忘。

（3）重新定向：重新收回所有使入静状态不同于日常意识状态的暗示，并将患者的注意力重新导向现实情境。最后让患者睁开眼，活动肢体。须与其交谈，休息20分钟，确保已完全解除催眠。

七、家庭疗法

家庭治疗即将家庭作为整体，从系统、动态的视角看待家庭成员的心理问题，主要通过改变家庭成员围绕症状所展现出来的交往方式，从而达到治疗症状的一种治疗理论和治疗方式。

（一）家庭治疗的特点

不着重于家庭成员个人的内在心理构造与状态的分析，而将焦点放在家庭成员的互动与关系上；从家庭系统角度去解释个人的行为与问题；个人的改变有赖于家庭整体的改变。

（二）适用对象

（1）家庭治疗较多地用于青少年的行为问题，如学习问题、交友问题和神经症性的问题，进食障碍和心身疾病，青年夫妻的冲突等。

（2）当家庭成员间有冲突，经过其他治疗（个体治疗）无效的，或是在个体治疗中不能处理的个人冲突，或是家庭对个体治疗起阻碍作用，可以寻求家庭治疗。

（3）症状虽反应在某人身上反映的却是家庭系统有问题、家庭过于忽视或过分焦虑患病成员的治疗、家庭成员要求参与某个患者的治疗、家庭中有一个反复复发的精神心理疾病的患者、家庭中某人与他人交往有问题的时候，有必要考虑家庭治疗。

（4）在重性精神病发作期、偏执型人格障碍、性虐待等疾病患者中，先不考虑首选家庭治疗。如果有其他肯定的精神病理问题，如心境障碍、精神分裂症等，家庭治疗可作为辅助手段。

（三）基本模型

1. 代际模型 又称鲍温流派、代际传递理论或家庭系统理论，产生于20世纪50年代后期，是家庭治疗史上最具特色的一个理论。代际模型最突出的特点是重理论轻技术。该理论提出了6个重要概念：自我分化、三角关系、核心家庭情感程序、代际传递、情感隔离、社会情感过程。其中，“自我分化”是代际模型的核心理论，其功能就是个人处理压力的能力，自主性和独立性差的人往往都与家庭过分纠结，这样很容易造成功能不良。

代际模型的两个假设：其一，家庭成员间过度的情感联系与家庭功能失调有着直接的联系，自我分化是家庭成员必要的成长目标。鲍温认为，在家庭这个非常复杂的“情绪系统与关系系统的结合体”中，家庭问题源于家庭成员与原生家庭心理上的分化。其二，上一代没有解决的问题趋向于传给下一代，即多代传承。鲍温认为，跨代间的家庭互动模式在症状的产生与维持中起重要作用，因此应当分析包括核心家庭在内的三代家庭成员间的关系。在治疗中，鲍温最为关注两个分化（个体从原生家庭的自我分化，以及个体的情感功能和理智功能的分化），认为家庭治疗的目的是帮助个体完成这两个分化，最终促进其成长与发展。鲍温发展了包含8个连锁概念和相应对策的完整理论体系，重视对个体的监控，防止其三角化和情绪缠结，并鼓励来访者的认知加工。代际模型使用“广角镜”，从来访者跨代家庭的视角看待症状，架起了心理动力学与系统疗法之间的桥梁，被看作最为完整、全面的家庭治疗理论。

代际模型适用于家庭背景下的个体、夫妻及整个家庭的治疗，在治疗精神分裂症等方面更是有着独特的效果，目前也被广泛应用于婚姻冲突、情绪紊乱家庭治疗等方面，同时也适用于儿童和青少年群体的家庭治疗。

2. 策略模型 策略模型及相关的治疗流派产生于20世纪70年代中期至80年代中期，最早起源于贝特森等的沟通理论。策略治疗模型的核心观点认为，治疗师只有采取实用主义的观点——以问题解决为导向、关注个体行为的改变，才能消除家庭的不良症状。在此过程中，与强调多代关系网络的代际模型不同，策略模型强调不必深究症状产生的原因及其所导致的结果，只关注症状及其含义，并采取针对性的策略消除症状。

策略模型的治疗重点是治疗师采用动态眼光去观察与症状有关的家庭互动，了解家庭成员间目前现存的相互影响模式，识别出家庭症状背后的隐喻，并根据来访者的实际情况确定治疗目标，从而设计出一整套特殊的有针对性的干预策略。在治疗过程中，治疗师以一种权威的指导性的姿态出现，采取对家庭下达指令，要求其执行新的互动关系等一系列具体的治疗策略，从而有层次地改变家庭症状。策略模型中，治疗师是掌控全局的，并对家庭的改变负有全部责任。在家庭治疗发展史上，策略模型是一个备受争议的流派。一方面，因其将焦点放在改变症状的方法上，治疗历程较短，具有较强的实用性，受到了人们的欢迎。但另一方面，策略模型也因忽略家庭的主动性，过分强调治疗师用权威者的角色操控家庭成员等特征而受到指责。发展至今，策略模型已经整合了诸多流派的思想，不再过分强调治疗师对家庭及治疗过程的控制性，也不再过分依赖某种一成不变的技术，在当今仍有较为广阔的应用前景。

3. 结构模型 结构派家庭治疗诞生于20世纪60年代末至70年代初，是家庭治疗发展史上一个重要的流派，因其理论与技术简明、实用、有效，而在家庭治疗史上占有重要地位，并带动了整个家庭治疗的发展。结构派家庭治疗理论最早由米纽钦于1974年在《家庭和家庭治疗》一书中提出，后来经过他及其同事在治疗实践中的不断发展和完善，该理论已经成为当今家庭治疗中最具特色的一个学派。

结构派家庭治疗是基于对家庭动力和组织的假设而展开治疗的一种方法，其核心理念认为：家庭问题深植于强有力而不可见的家庭结构，个体心理行为问题或症状的产生、发展与维持是家庭结构缺陷的副产品，必须通过改变不良的家庭结构才能达到改变个体心理行为问题的目的。该疗法的独特性缘于在描述问题和确定解决方法中对空间和组织隐喻的使用及对治疗师积极指导作用的强调，认为治疗师必须了解家庭成员间互动关系的形态，以此探明家庭结构及问题，在重建家庭结构的历程中扮演积极主动的促进者角色，最终促进家庭结构的改变。

结构派家庭治疗的目标是重新建构家庭的组织结构；改变功能不良的互动形态，使家庭发挥正常的功能并最终解决问题。对于有身心症状家庭、有青少年成长问题的家庭，结构派家庭治疗的效果非常明显。

4. 经验模型 经验家庭治疗又被称为经验/象征取向，最早起源于20世纪60年代的存在-人本主义理论，主要包括符号-经验家庭治疗、格式塔家庭治疗、人性验证过程模型。后又受依恋理论的影响，发展出新的经验模型——聚焦情感的夫妻治疗。作为家庭治疗发展史上的一个重要流派，经验模型因其所倡导的反理论、轻技术、重经验的现实主义视角而占有独特的地位，并促进了整个家庭治疗的发展。

经验模型认为当家庭成员掩饰自己的真实情感和愿望时，就会使用各种无用的代替方式，即症状。症状具有维持家庭的作用，反映了个体的内心状况及其所处家庭的相互关系，并会随家庭的互动过程而持续存在。因此，经验模型的核心观点认为，治疗师只有让家庭成员自我暴露，表达自己的真实情感和愿望，才能消除家庭的不良症状，从而达到治疗目标 即个体和家庭的自我成长与自我实现。在此过程中，与强调关注历史的代际模型不同，经验模型强调此时此地经验的作用，把注意力放在症状的特殊性上，主张在咨询师与家庭的不断互动中提高家庭功能。

经验家庭治疗反理论、轻技术却重经验，因此其治疗重点也与其他家庭治疗流派不同。在治疗中，经验模型强调治疗师运用自身富有感染力的人格鼓励来访者的开放与真诚，其治疗流程一般包括三步：①应用对质唤起自我发现；②按治疗师模型所希望的行为进行自我暴露；③练习（如家庭雕塑，家庭重建）以揭示以前压抑的内在冲突。

许多研究证实，对于有精神分裂症患者、青少年成长问题的家庭，经验模型的治疗效果非常明显，它所提出的联合治疗、对质、自尊、沟通姿态等概念目前已经成为家庭治疗常用概念的一部分，家庭雕塑、家庭重建、家庭心理剧、角色扮演等技术也已经成为家庭治疗领域的常用技术。但经验模型对理论的忽视及对治疗师人格、能力的较高要求，使得其在目前家庭治疗领域的应用并不十分广泛。

本章习题

1. 请谈谈心理治疗和心理咨询的关系？
2. 请谈谈心理治疗的原则？
3. 如何理解心理治疗的中立原则？
4. 临床上常见的心理治疗方法有哪些？
5. 什么是移情？处理移情的原则有哪些？
6. 森田疗法的治疗原则是什么？

第9章 患者心理

学习目标

1. 知识目标：领悟患者、患者角色、患者角色适应不良、求医行为和遵医行为的概念；知晓患者角色适应不良的类型，阐释求医行为、遵医行为的原因、患者的需要、心理冲突类型、患者一般心理特征及各类患者的心理问题表现和原因。

2. 技能目标：能够识别患者角色适应不良的种类、知晓提高求医行为、遵医行为、满足患者需要、缓解患者心理冲突、应对患者一般心理特征、解决各类患者心理问题的方法。

3. 思政目标：培聚焦于培养学生在医学实践中的人文关怀能力和道德责任感；强化医者的仁爱之心；提升学生的沟通技巧和人际交往能力；培养学生的社会责任感，坚守医德底线，为构建和谐的医患关系和提高医疗服务质量作出贡献。

第1节 患者心理概述

一、患者概念与患者角色

（一）患者概念

在给“患者”进行比较全面的定义前，需要明确两个概念：患病和病感。患病是指人体出现异常或疾病，在生理或心理上受到损害或影响，包括器质性病变和生理功能损害、个体主观体验的病感、心理社会功能异常。病感是以一定的症状形式表现出来的主观体验的身心状态。它可以源于内在的客观病变，也可以由心理与社会功能障碍引起。所以，比较全面的患者概念是患有各种躯体疾病包括生理功能障碍、心理障碍或精神性疾病的个体，不论其求医与否，均统称患者。

（二）患者角色

患者角色也称患者身份，是一种特殊的社会角色。患者角色是指在社会生活中，个体由于患有疾病而拥有的特定身份和所承担的义务与权利。具体来说，当一个人被认为患有疾病时，他或她原有的社会角色部分或全部被患者角色所取代。

1. 患者的权利和义务 患者作为一种特殊的社会角色，被赋予了特殊的权利和义务。患者的权利主要包括享受医疗服务的权利；享有被尊重、被了解的权利；享有对疾病诊治的知情同意权；享有保守个人秘密的权利；享有监督自己医疗权利实现的权利；享有免除病前社会责任的权利。社会给予患者权利的同时，也要求患者承担一定的社会义务，如及时就医，争取早日康复；寻求有效的医疗帮助，遵守医嘱；遵守各项规章制度，支付医疗费用；与医护人员合作，配合诊治护理工作。

2. 患者角色的转换和适应 角色转换是一个复杂的过程，涉及个体从常态角色向患者角色的转变，以及在康复过程中从患者角色重新转换回常态角色的过程。角色适应是指患者与患者角色的期望基本符合，如承认自己患病，积极接受治疗，主动采取各种措施促进恢复健康，疾病痊愈后能及时地从患者角色转换到原来正常的社会角色。患者角色适应不良是指患者不能顺利地完成角色转变的过程。由于种种因素，患者在角色转换过程中会出现一些适应不良，从而影响疾病状态向健康转化。角色适应不良时会引起一系列的负性心理反应，包括恐惧、焦虑、易激惹、自责、抑郁等，甚至绝望的行为表现。常见的角色适应不良有角色行为缺失、角色行为冲突、角色行为减退、角色行为强化、角色行为异常。

3. 影响患者角色的转换和适应的因素 主要包括个人情况、疾病情况及医疗机构的情况。

（1）个人情况：是影响患者角色转换和适应的重要因素之一，包括患者的年龄、性别、文化程度、职业及医学常识水平等。

（2）疾病情况：是影响患者角色适应的关键因素。疾病的性质、严重程度、病程发展及疗效等都会直接影响患者的心理状态和行为。

（3）医疗机构的情况：也是影响患者角色适应的重要因素，包括医护人员的水平、态度及医疗环境等。

4. 帮助患者适应患者角色的方法 为了帮助患者尽快适应患者角色，避免和缓解可能出现的角色适应不良情况，可采取以下措施：①根据患者的个体差异，提供个性化的服务和支持，帮助他们更好地适应患者角色；②通过交流观察，了解其角色认知及问题成因；③引导患者树立正确角色意识，履行权利义务；④关注患者的心理状态，提供必要的心理疏导和安慰，帮助他们缓解情绪压力；⑤鼓励患者寻求家人、朋友或同事的支持和帮助；⑥医护人员之间也需要加强沟通配合，确保为患者提供一致、连贯的医疗服务。

二、求医与遵医行为

（一）求医行为

求医行为是指在人们感到某种躯体不适或产生病感时寻求医疗帮助的行为，是人类防病、治病和保持身体健康的一种重要行为。

1. 求医行为的类型 做出求医决定的可能是患者，也可能是他人或社会，根据求医行为的发起者可将求医行为分为主动求医行为、被动求医行为和强制求医行为三种类型。

（1）主动求医行为：是指个体自觉不适或患病时，自行前往医疗机构寻求治疗。

（2）被动求医行为：是指患者缺乏能力和条件做出求医决定及实施求医行为，而由第三方帮助代为求医的行为，如儿童、老年人或意识不清的患者。他们的家人或监护人会根据病情代为决定求医。

（3）强制性求医行为：是指公共卫生机构或患者的监护人为了维护人群或患者的健康和安全而给予强制性治疗的行为。例如，在某些情况下，当一个人因为患有精神疾病而表现出有伤害自己或他人的行为时，家人或监护人可能会选择将其送往医疗机构进行强制治疗。需要注意的是，强制送医必须依法进行，遵循相关法律规定和程序。在决定采取强制送医措施时，必须充分考虑患者的权益和利益，并确保医疗行为的合法性和合理性。

2. 影响求医行为的因素 求医行为是一种复杂的社会行为，受诸多因素的影响，主要包括以下5个因素。

（1）疾病的性质和严重程度：不同疾病和不同程度的病情会对个体的求医行为产生显著影响。

（2）个体的健康状况和年龄：青壮年时期由于身体较为健康，抵抗力强，因此求医行为相对较少；而老年人由于身体机能下降，容易患病，因此求医行为相对增多。

（3）心理和社会因素：个体的心理状态和社会环境也会影响其求医行为。例如，焦虑、抑郁等情绪问题可能导致个体更倾向于寻求医疗帮助；同时，个体的社会地位、经济状况和医疗保险状况等也可能影响其是否选择就医。

（4）对疾病的认知和评价：个体对疾病的认知和评价也是影响其求医行为的重要因素。

（5）医疗资源和服务的可及性：医疗资源的分布和医疗服务的可及性也会直接影响个体的求医行为。

（二）遵医行为

遵医行为是指人们为了健康的目的，按照医护人员对其在医疗或健康方面的指导（医嘱）而发生的活动，更具体地说，它是指求医行为开始以后，患者行为与医嘱符合一致的程度。

1. 遵医行为的意义 在于其直接关系到患者的治疗效果和健康恢复。它不仅是医疗过程中的关键环节，也是患者与医护人员之间建立信任、实现有效沟通的基础。

（1）有助于确保治疗的连贯性和有效性：当患者严格按照医嘱进行治疗、用药和康复锻炼时，能够最大限度地发挥治疗方案的疗效，加速疾病的康复过程。反之，如果患者不遵医，可能会导致治疗效果不佳，甚至加重病情。

（2）有助于提高患者的生活质量和健康水平：通过遵循医嘱，患者能够更好地管理自己的健康，预防疾病的复发和并发症的发生。这不仅可以减轻患者的痛苦，还可以降低医疗成本，提高社会整体的健康水平。

（3）有助于增强患者与医护人员之间的信任和合作：当患者表现出对医嘱的尊重和遵守时，医护人员会感到被尊重和信任，从而更愿意为患者提供优质的医疗服务。

2. 影响遵医行为的因素 多种多样，不仅涉及患者的个体特点，也与医患关系、治疗方案等多个方面紧密相关。

（1）患者的性别、年龄、职业和经济状况等因素：一般来说，男性可能更倾向于独立解决问题，而女性可能更注重与医生的沟通和交流。年轻人可能更倾向于质疑和挑战医生的建议，而老年人则可能更愿意接受医生的建议。从事医疗或相关领域工作的人可能更了解医疗知识，更可能遵循医生的建议。经济条件较好的患者可能更容易接受医生的建议，因为他们有能力支付更昂贵的治疗费用或购买更好的药物。

（2）患者对医师的信任和满意程度：是影响遵医行为的重要因素。医师的知名度、服务态度和服务质量直接影响患者对医师的信任和尊重程度，也影响着患者对医嘱的遵守程度。

（3）病的性质、严重程度及患者的就医方式：慢病患者和轻症患者可能由于病情相对稳定或轻微，而出现不遵医嘱的情况。相反，急病患者、重症患者和住院患者由于病情紧急或严重，往往对医嘱的改变较少，遵医率较高。

（4）患者的主观愿望与医师治疗措施的吻合程度：是影响遵医行为的关键因素。当患者的期望与医师的治疗方案存在矛盾或差异时，不遵医行为的发生率就会增加。

（5）患者对医嘱内容的理解和治疗方式的操作复杂程度：医嘱中的医学术语可能会让患者产生理解偏差，或者治疗方式过于复杂，导致患者难以遵循。特别是对于老年人、文化水平低或智力低下者来说，这种情况更为普遍。

（6）患者的社会行为特点：如个人习惯、生活方式等，也会对遵医行为产生影响。有些患者可能由于长期形成的不良习惯或生活方式，难以改变自己的行为以符合医嘱。

3. 不遵医行为的心理原因

（1）认知偏差：患者可能对医嘱存在理解上的偏差，这可能是因为医学术语的复杂性或者患者自身的认知局限。当患者无法准确理解医嘱的含义和要求时，他们可能无法有效地遵循治疗建议。

（2）情绪与动机：患者的情绪状态对遵医行为有显著影响。例如，对治疗结果的焦虑、恐惧或失望可能导致患者失去信心，从而不愿意继续遵循医嘱。此外，患者的动机也是关键因素。

（3）个性特征：个体的性格特质也会影响遵医行为。例如，那些具有反抗性或固执性格的人可能更不愿意接受他人的建议，包括医生的建议。相反，那些性格温和、顺从的人可能更容易遵循医嘱。

（4）自我控制能力：遵医行为往往需要患者具备一定的自我控制能力，以克服日常生活中的各种诱惑和障碍。然而，一些患者可能由于自我控制能力较弱，无法有效地执行医嘱。

（5）社会心理因素：患者与医护人员之间的关系、患者对医疗系统的信任度及社会对疾病的看法等社会心理因素也会影响遵医行为。如果患者对医护人员缺乏信任，或者认为医疗系统存在不公，他们可能不愿意遵循医嘱。

4. 提高遵医率的方法 提高患者的遵医率需要患者、医生和社会多方面共同努力。

（1）建立融洽的医患关系：医生应主动与患者建立信任关系，尊重患者的意愿，鼓励患者参与治疗方案的讨论，共同制定治疗计划。

（2）纠正患者的错误认识：医生需要耐心地向患者解释疾病的严重性、治疗的必要性和可能的风险，以及不遵医行为可能带来的后果。

（3）简化治疗方案：医生应尽量简化治疗方案，避免给患者带来过多的负担。

（4）采用心理行为干预：通过心理咨询、健康教育等方式，帮助患者建立正确的健康观念，提高自我管理能力，增强遵医的主动性和积极性。

（5）强化患者的遵医意识：通过定期随访、提醒等方式，强化患者的遵医意识，确保他们按照医嘱进行治疗。

心理小课堂 《中华人民共和国精神卫生法》关于强制送医的规定

第二十八条 除个人自行到医疗机构进行精神障碍诊断外，疑似精神障碍患者的近亲属可以将其送往医疗机构进行精神障碍诊断。对查找不到近亲属的流浪乞讨疑似精神障碍患者，由当地民政等有关部门按照职责分工，帮助送往医疗机构进行精神障碍诊断。

疑似精神障碍患者发生伤害自身、危害他人安全的行为，或者有伤害自身、危害他人安全的危险的，其近亲属、所在单位、当地公安机关应当立即采取措施予以制止，并将其送往医疗机构进行精神障碍诊断。

医疗机构接到送诊的疑似精神障碍患者，不得拒绝为其作出诊断。

第三十条 精神障碍的住院治疗实行自愿原则。

诊断结论、病情评估表明，就诊者为严重精神障碍患者并有下列情形之一的，应当对其实施住院治疗：

（一）已经发生伤害自身的行为，或者有伤害自身的危险的；

（二）已经发生危害他人安全的行为，或者有危害他人安全的危险的。

第三十一条 精神障碍患者有本法第三十条第二款第一项情形的，经其监护人同意，医疗机构应当对患者实施住院治疗；监护人不同意的，医疗机构不得对患者实施住院治疗。监护人应当对在家居住的患者做好看护管理。

第2节　患者的一般心理特征

一、患者心理需要

（一）患者心理需要的特点

1. 层次性　主要体现在他们的需求会随着病情的发展和治疗阶段的变化而有所调整。在疾病初期，患者可能主要关注生理需求，如疼痛缓解和病情稳定；随着病情好转，他们可能逐渐转向对安全、社交、尊重和自我实现等更高层次需求的追求。

2. 个体差异性　由于每个人的病情、年龄、性别、文化背景等因素不同，因此患者的需求也表现出较大的个体差异。例如，一些患者可能更关注治疗效果和康复速度，而另一些患者则可能更重视情感支持和心理安慰。

3. 动态性　随着治疗过程的进行，患者的身体状况和心理状态都会发生变化，因此他们的需求也会随之调整。这意味着医护人员需要密切关注患者的病情变化，及时了解和满足他们的需求变化。

4. 紧迫性　对于许多患者来说，疾病带来的身体痛苦和心理压力是巨大的，他们急需得到医疗和心理上的支持和帮助。因此，医护人员需要尽快对患者的需求做出回应，以减轻他们的痛苦和焦虑。

（二）满足患者需要的方法

1. 积极倾听　医护人员需要积极倾听患者的声音。通过耐心倾听患者的叙述和疑虑，了解他们的真实需求和关切，这是建立信任和理解的基础。

2. 细致评估　医护人员应该对患者的需求进行细致评估。通过观察和交流，医护人员要全面了解患者的生理、心理和社会需求，并根据其病情和治疗阶段，确定他们的主要需求和优先事项。

3. 尊重患者的意愿和选择　在提供医疗服务时，医护人员应尊重患者的意愿和选择。无论是治疗方案、药物使用还是护理方式，医护人员都应与患者进行充分沟通，尊重他们的决策权，并在可能的情况下提供多种选择，以满足患者的个性化需求。

4. 提供必要的信息和教育　医护人员应提供必要的信息和教育。他们应向患者解释病情、治疗方案和预后情况，帮助患者了解自己的状况并作出明智的决策。同时，医护人员还应提供健康教育和康复指导，帮助患者提高自我管理和康复能力。

5. 保护隐私和尊严　在尊重患者的同时，医护人员还需要注意保护患者的隐私和尊严。在提供治疗和护理时，应遵守相关的隐私保护规定，避免泄露患者的个人信息。同时，要尊重患者的人格和权利，避免使用不当的语言和行为。

6. 建立有效的沟通机制　医护人员应建立有效的沟通机制。他们应与患者保持定期的沟通，了解患者的需求变化和反馈意见，及时调整医疗计划和护理服务。同时，医护人员之间也应保持紧密的沟通与合作，共同为患者提供优质的医疗服务。

二、患者的一般心理特征

（一）患者的认知活动特征

1. 感知觉异常 患者可能会出现感觉过敏或迟钝的情况。例如，有些患者在手术后对伤口周围的感觉变得特别敏感，轻微的触碰或温度变化都可能引起明显的不适。相反，某些神经系统疾病可能导致患者的感觉变得迟钝，对疼痛或触觉的反应降低。

2. 注意力与记忆障碍 疾病和治疗过程可能导致患者的注意力难以集中，记忆力下降。例如，一些患者在接受化疗后，由于药物的影响，可能会发现自己难以记住医生的嘱托、药物服用时间或剂量等重要信息。

3. 思维与判断障碍 器质性心理障碍多与中枢神经系统感染，特别是与慢性病毒的感染、中毒和颅脑损伤有关。

4. 时间与空间知觉障碍 一些患者在患病期间可能会出现时间知觉和空间知觉的异常。他们可能感觉时间过得特别慢，或者对空间距离的判断出现偏差。

（二）患者的情绪特征

1. 焦虑 患者的焦虑情绪是一种普遍存在的心理现象，它可能源于对疾病的担忧、对治疗过程的不确定感及对未来的恐惧。这种情绪通常表现为紧张不安、烦躁易怒、易激动及睡眠质量下降等。

2. 恐惧 患者的恐惧情绪是他们在疾病和治疗过程中常有的心理反应，通常源于对未知、痛苦、失去控制及死亡的担忧。这种情绪可能表现为紧张不安、心慌、出汗、颤抖甚至逃避行为。

3. 抑郁 患者的抑郁情绪是一种常见的心理反应，通常表现为情绪低落、兴趣丧失、疲倦无力、睡眠障碍及自我价值感的降低。这种情绪可能源于疾病的痛苦、治疗过程的不适、对康复的失望及对未来的担忧。

4. 愤怒 患者的愤怒情绪通常源于对疾病、治疗过程或周围环境的不满和无奈。当疾病导致身体功能受限、生活质量下降，或者治疗过程带来痛苦和不适时，患者可能会感到无助和沮丧，进而产生愤怒情绪。

5. 否认 患者的否认情绪是他们在面对疾病时的一种心理防御机制，表现为拒绝接受或否认疾病的严重性、诊断结果或治疗建议。这种情绪可能源于对疾病的恐惧、对未知的担忧及对生活改变的抗拒。

6. 孤独 患者的孤独情绪是他们在疾病和治疗过程中常有的心理体验，主要源于身体的不适、社交活动的减少及与他人情感交流的缺失。这种情绪表现为患者感到被孤立、无人理解，从而产生内心的孤独感和无助感。

7. 期待 患者的期待情绪特点主要表现为对未来的美好想象和追求，这种情绪在患者身上尤为显著，因为他们往往希望病情能够早日康复，生活能够回归正常。患者对治疗和康复抱有强烈的期待，这种期待情绪具有波动性和依赖性。

（三）患者的行为意志特征

1. 意志行为的主动性降低 主要表现为缺乏进取心和主动性，缺乏克服困难的决心和力量。在行为方面，患者可能表现出松散倦懒，思维迟缓，情感低落，独居呆坐，生活不能自理。在社交方面，患者常回避社交，疏远亲友，避免与周围人接触交往。他们可能常独坐一旁，或整日卧床，不想去上班，也不愿外出参加平常喜欢的活动和业余爱好。在情绪和动机方面，患者可能对周围事物兴趣索然，对外界事物不产生动机，也缺乏相应的内在动力。

2. 依赖性增加 主要表现在日常生活中的多个方面。这些表现可能因不同的疾病和个体差异而有所不同，但通常可以观察到一些共同的特征。在决策方面，患者可能变得过度依赖他人，无法独立作出决定。他们可能经常询问他人的意见，甚至在一些日常事务上也需要他人的指导或批准。

3. 行为退化 是指患者在疾病影响下表现出的与年龄、社会角色不相符的幼稚行为。首先可能出现情感表达异常，患者可能会通过异常的方式来表达情感，如发出呻吟、哭泣或喊叫，以吸引他人的注意并寻求关心与同情。这种行为与成年人的正常情感表达方式存在显著差异，显得更为幼稚和原始，也可能出现日常行为退化，还可能出现社交行为障碍。

（四）患者的人格特征

通常情况下，人格是相对稳定的，不易因时间和环境的变化而发生显著改变。然而，一些对患者生活产生巨大影响的疾病，如难以治愈的慢性疾病、恶性肿瘤、截肢或毁容等，可能会引发患者对人生、世界和价值观的重新思考。这些疾病可能暂时或长久地影响一个人的人格特质，导致他们的人格发生转变。这些变化可能体现在患者的情绪状态、思维方式、行为模式及与他人交往的方式等多方面。因此，在面对这些疾病时，医师需要特别关注患者的人格变化，并提供必要的支持和帮助，以促进他们的人格健康发展。

三、心理问题干预方法

根据不同年龄、性别、疾病种类及患者的心理生理反应特点，采取综合性的干预措施，临床上主要采用支持疗法、认知疗法、健康教育和咨询。

案例分析

患者，65 岁，因心脏病入院接受手术治疗。手术前，患者表现出明显的焦虑情绪，担心手术风险、术后恢复情况及自己是否能继续正常生活。术后，患者虽然手术成功，但由于身体的不适和疼痛，情绪变得低落，对周围事物失去兴趣，且不愿与他人交流。护士在护理过程中发现，患者对自己的病情和康复过程存在诸多疑虑，常陷入自责和消极的思考中。

1. 案例中的患者有哪些需要？作为医护人员如何满足患者的需要？
2. 案例中的患者出现了哪些情绪？如何帮助患者化解情绪困扰？

第 3 节　不同类型患者心理问题与干预

一、手术患者的心理问题及干预

（一）手术患者的心理问题

手术患者常见的心理问题有焦虑、恐惧、抑郁情绪和猜疑心理等。

（二）手术患者心理问题产生原因

1. 生理原因 第一，手术本身作为一个重大的生理事件，会给患者带来身体上的创伤和疼痛。

这种疼痛和不适不仅会影响患者的身体功能，还可能导致患者产生焦虑、恐惧和抑郁等心理问题。第二，手术后的恢复过程往往是一个漫长而充满挑战的时期，患者可能会因为担心康复效果、生活能力受限等问题而产生心理压力。第三，可能受到遗传因素的影响。第四，个体的生物特征也会产生影响，如身高、体重等也可能在一定程度上影响他们的心理状态。

2. 心理原因 患者的个性特征和心理状态也会影响他们的心理反应。一些患者可能具有较为敏感、多疑、焦虑等性格特点，这些特点可能使他们更容易出现心理问题，他们容易对医护人员的解释和建议产生猜疑和不信任，进一步加重心理问题。同时，如果患者之前就有过心理创伤或心理疾病，那么手术可能会进一步加重他们的心理问题。

3. 社会原因 也会对手术患者的心理问题产生影响。手术往往意味着患者需要暂时离开工作岗位、家庭和社会角色，这种生活方式的改变可能导致他们感到孤独、无助和失落。同时，手术费用和经济负担也可能成为患者心理压力的来源之一。

（三）手术患者的心理干预

1. 术前宣教和咨询 医护人员通过详细的术前宣教，向患者解释手术过程、目的、风险和预期效果，帮助他们理解手术的必要性。同时，通过咨询解答患者的疑问，消除其不安和恐惧心理。

2. 放松训练 教导患者使用放松技巧，如深呼吸、渐进性肌肉松弛等，以减轻术前的紧张和焦虑情绪。这些技巧可以帮助患者建立积极的应对机制，提高应对压力的能力。

3. 认知行为疗法 通过帮助患者识别和改变不良的思维模式和行为习惯，以减轻心理压力。这种方法强调患者积极参与和自我调整，有助于增强患者自我控制能力和自信心。

4. 家庭和社会支持 鼓励患者的家属和朋友提供情感支持，与患者共同面对手术挑战。同时，医护人员也可以组织病友交流会等活动，让患者从其他病友的经验中获得力量和信心。

5. 心理评估和干预 在手术前对患者进行心理评估，了解他们的心理状态和需求，制定个性化的心理干预方案。对于已经出现心理问题的患者，及时进行心理疏导和治疗，避免心理问题进一步加重。

6. 冥想和正念疗法 教导患者通过冥想和正念练习来关注当前的身体感受和思维，从而减少对未来的担忧和恐惧。这种方法可以帮助患者建立积极的心态，提高应对压力的能力。

二、癌症患者的心理问题及干预

（一）癌症患者的心理问题

癌症患者常见的心理问题有焦虑、恐惧、抑郁情绪、否认、逃避、愤怒、攻击性、社交障碍等。

（二）癌症患者心理问题产生原因

1. 癌症带来压力 癌症作为一种严重的疾病，其本身就可能给患者带来极大的心理压力。患者对癌症的恐惧、对死亡的担忧及对治疗过程的不确定性，都可能导致他们出现焦虑、抑郁等心理问题。

2. 治疗过程充满挑战 治疗过程中的各种因素也可能对患者的心理产生影响。手术、化疗、放疗等治疗方式可能带来身体上的痛苦和不适，同时治疗过程中的副作用和并发症也可能加重患者的心理负担。此外，长期的治疗过程可能导致患者产生厌倦、疲惫等负面情绪。

3. 社会支持不足 也是癌症患者心理问题产生的一个重要原因。患者可能感到孤独、无助，缺乏与他人的交流和沟通。同时，家庭、朋友和同事的支持和理解也可能不足，使患者感到更加孤立和无助。

4. 个性特征和心理状态 也是影响癌症患者心理的重要因素。一些患者可能具有较为敏感、多疑、焦虑等性格特点，这些特点可能使他们更容易出现心理问题。同时，如果患者之前就有过心理创伤或心理疾病，那么癌症的诊断和治疗可能进一步加重他们的心理问题。

（三）癌症患者的心理干预

1. 认知行为疗法 通过改变患者的思维方式和行为模式，帮助他们建立积极的认知，减少消极情绪。这包括指导患者进行想象训练、自律训练、注意力分散等，以缓解焦虑和抑郁情绪。

2. 心理教育 为患者提供关于癌症及其治疗的知识，帮助他们了解疾病的性质、治疗过程和可能的副作用，以减少因不了解而产生的恐惧和焦虑。

3. 情绪管理技巧 教授患者一些有效的情绪管理技巧，如深呼吸、冥想、渐进式肌肉放松等，以帮助他们在紧张或焦虑时自我调节情绪。

4. 社交支持 鼓励患者与家人、朋友或病友进行交流，分享彼此的感受和经验。同时，也可以组织一些小组活动或病友交流会，让患者感受到来自社会的支持和关爱。

5. 艺术疗法 如音乐、绘画、舞蹈等艺术形式，可以帮助患者表达内心的情感和压力，缓解心理压力。

6. 正念减压训练 强调关注当下的每一个瞬间，注意身心的感受而不加以主观评论。通过系统的正念训练，患者可以学会更好地管理自己的情绪和压力，减轻心理负担。

7. 建立积极的应对方式 鼓励患者面对问题时采取积极、乐观的态度，寻找解决问题的策略，而不是逃避或否认问题。

8. 个性化心理干预 根据患者的个性特点和具体需求，制定个性化的心理干预方案，确保干预措施的有效性和针对性。

三、临终患者的心理问题及干预

（一）临终患者的心理问题

临终患者常见的心理问题有否认、恐惧、愤怒、不满、焦虑、抑郁等。

（二）临终患者心理问题产生原因

1. 生理因素 随着病情的恶化，患者可能经历疼痛、不适和身体功能衰退。这些生理上的痛苦和变化不仅影响患者的生活质量，还可能导致他们产生焦虑、抑郁和恐惧等心理问题。

2. 心理因素 面对死亡这一无法逃避的现实，临终患者可能经历复杂的心理反应。他们可能感到恐惧和不安，担心自己离世后家人的生活，或者对未知的死后世界感到困惑和害怕。同时，回顾自己的一生，患者可能产生遗憾、失落或不满等情绪。

3. 社会因素 社会支持对于临终患者来说至关重要。然而，由于疾病的隔离、亲友的疏远或社会的误解，患者可能感到孤独和无助。缺乏社会支持和理解可能加剧他们的心理问题。

4. 环境因素 医院环境、治疗过程及医护人员的态度都可能影响临终患者的心理状态。

（三）临终患者的心理干预

1. 认知行为疗法 通过帮助患者识别和改变不良的思维模式和行为习惯，以减轻焦虑、抑郁和恐惧等情绪。

2. 情绪支持疗法 提供情绪上的支持和安慰，让患者感受到被关心和理解。这包括倾听患者的感受、分享经验和提供情感支持，以帮助患者缓解孤独感和恐惧感。

3. 意义疗法 引导患者寻找生活的意义和价值，帮助他们重新评估自己的生活和人生目标。通过回顾过去、分享故事和制定未来计划，患者可能会找到内心的平静和满足感。

4. 放松训练 教授患者深呼吸、渐进式肌肉放松等放松技巧，以减轻身体的紧张和焦虑。这些技巧有助于患者缓解身体上的不适，同时也有助于改善心理状态。

5. 家庭参与和支持 鼓励家庭成员积极参与患者的护理过程，提供情感支持和实际帮助。家庭成员的参与可以减轻患者的孤独感，增强他们的心理安全感。

6. 临终关怀教育 为患者和家属提供临终关怀教育，帮助他们了解临终阶段可能面临的心理问题及其应对方法。这有助于增强他们的心理适应能力，减轻焦虑和恐惧。

四、器官移植患者的心理问题及干预

（一）器官移植患者的心理问题

器官移植患者常见的心理问题有恐惧、负罪、心理排斥、身份认同问题等。

（二）器官移植患者心理问题产生原因

1. 生理因素 器官移植手术本身是一个复杂的生理过程，可能导致患者出现一系列生理反应。手术创伤、疼痛、药物副作用等都可能对患者的心理状态产生直接影响。

2. 心理因素 在器官移植患者的心理问题中起重要作用。患者可能对手术的成功与否、移植器官的存活与功能恢复产生焦虑和恐惧。同时，手术后的身体变化、对移植器官的接受程度及对生命延续的期望都可能影响患者的心理状态。

3. 社会因素 器官移植患者的心理问题还受到社会因素的影响。一方面，患者可能因手术和康复过程需要长时间离开工作岗位，导致社会角色和经济地位发生变化，从而产生自卑、沮丧等情绪。另一方面，社会对器官移植的认知和态度也可能影响患者的心理。

4. 家庭支持 家庭的支持和理解对器官移植患者的心理状态具有重要影响。如果家庭成员对患者的病情和手术过程缺乏了解，或者对患者的需求和感受关心不够，可能导致患者感到孤独和无助，进而加重心理问题。

5. 术后适应 器官移植术后，患者需要适应新的身体状态和生活方式。这包括适应移植器官的功能、调整药物剂量、避免感染等。适应过程中的困难和挑战可能导致患者产生心理压力和焦虑。

（三）器官移植患者的心理干预

1. 术前教育与心理准备 在手术前，医护人员应向患者详细解释手术过程、风险、预期效果，以及术后可能出现的并发症。通过充分的术前教育，患者能够更好地了解手术，减少不必要的担忧和恐惧。同时，医护人员还可以与患者共同制定术后康复计划，帮助患者做好心理准备。

2. 认知行为疗法 可以帮助患者识别和改变不良的思维模式和行为习惯。通过引导患者积极面对问题，调整心态，增强自信，患者能够更好地应对手术带来的挑战。

3. 心理支持小组 建立心理支持小组，让患者能够与其他经历过类似手术的人交流经验和感受。通过分享彼此的故事，患者可以获得情感支持和理解，减轻孤独感。同时，小组中的积极成员还可以为其他患者提供榜样和鼓励。

4. 家庭参与和支持 鼓励家庭成员积极参与患者的护理过程，提供情感支持和实际帮助。医护人员可以与家属沟通，指导他们如何更好地照顾和支持患者。同时，也可以组织一些家庭活动，增进家庭成员之间的感情，为患者创造一个温馨、和谐的家庭环境。

5. 专业心理咨询 对于心理问题较为严重的患者，可以寻求专业心理咨询师的帮助。心理咨询师可以通过专业的评估和治疗手段，帮助患者解决焦虑、抑郁等心理问题，提高患者的心理健康水平。

五、医疗美容领域的心理问题及干预

（一）医疗美容领域的心理问题

医疗美容领域的常见的心理问题有期望过高、内心自卑、受人鼓动、消费心理不合理、医美机构和医生的信任问题等。

（二）医疗美容领域心理问题产生原因

1. 追求和期望过高 个体对美的追求和期望过高是导致心理问题的关键因素。现代社会中，外貌在很大程度上被看作是个人价值和社会地位的重要标志。因此，许多人希望通过医疗美容手段改善自己的外貌，以符合社会的审美标准。然而，当个体的期望过高，而手术或治疗的效果未能完全达到其预期时，便会产生失望、沮丧甚至焦虑等情绪。

2. 自我认知和心理状态 个体的自我认知和心理状态对医疗美容决策产生深远影响。一些人可能因为自卑、内心不安等心理问题，将医疗美容视为提升自信心和解决心理问题的手段。然而，这种改善往往只是暂时的，如果不能从根本上解决心理问题，即使手术成功，个体也可能无法真正获得内心的满足和自信。

3. 外部社会环境和文化因素 也对个体的医疗美容决策产生重要影响。例如，社交媒体和广告中的美容信息往往夸大其词，误导消费者。一些人可能受这些信息的影响，盲目追求所谓的“完美”外貌，而忽视了自身的实际情况和需要。同时，社会对美的标准和观念也在不断变化，这可能导致个体产生焦虑、不安等情绪，进而寻求医疗美容的帮助。

4. 医美行业的规范和监管程度 医美行业的规范和监管程度也是影响个体心理的重要因素。如果医美机构存在不规范操作、医生技术不过关等问题，不仅会增加手术风险，还可能对个体的心理造成负面影响。例如，手术失败或并发症的出现可能让个体产生自责、悔恨等情绪，甚至对医美行业产生不信任感。

（三）医疗美容领域的心理干预

1. 个体认知重构 是一个重要的干预方法。通过帮助个体重新审视自己的审美观和价值观，引导他们理解外貌并不是衡量个人价值的唯一标准，从而减少对美的过度追求和依赖。同时，也要让个体意识到医疗美容只是改善外貌的一种方式，并不能完全解决内在的心理问题。

2. 情绪管理和压力应对 对患者进行情绪管理和压力应对技巧培训也是必要的。个体可以通过学习放松技巧、深呼吸、冥想等方法来缓解焦虑和压力，提高自我情绪调节能力。此外，还可以教授个体积极应对挫折和失败的方法，以更好地面对手术或治疗可能带来的风险和挑战。

3. 个性化的心理支持 针对个体的具体情况，提供个性化的心理支持也非常重要。例如，对于自卑感强的个体，可以通过心理咨询或心理治疗来帮助他们建立自信，增强自我认同感。对于期望过高的个体，则可以通过沟通和引导，帮助他们建立合理的期望和目标。

4. 医美行业的教育和宣传 加强医美行业的教育和宣传也是预防心理问题的重要手段。通过向公众普及医美知识，让人们了解手术或治疗的风险和限制，以及正确的审美观和自我认知的重要性，可以减少盲目追求美的现象。同时，也要加强对医美机构和医生的监管，确保他们提供安全、有效的服务，避免因为不规范操作或技术问题给个体带来心理创伤。

5. 建立支持性社交网络 也是预防心理问题的重要途径。个体可以通过参加医美支持小组或社交活动，与其他有相似经历或兴趣的人交流，分享经验和感受，获得情感支持和理解。这种社交网络可以帮助个体减轻孤独感和焦虑情绪，增强应对心理问题的能力。

六、性病患者的心理问题及干预

（一）性病患者的心理问题

性病患者的常见的心理问题有羞耻感、负罪感、恐惧、焦虑社交隔离和人际关系紧张等。

（二）性病患者心理问题产生原因

1. 个体内在因素 在心理问题产生中起着重要作用。首先，性病患者的自尊心和自信心可能受到打击，导致他们出现自卑、自责等情绪。其次，一些患者可能本身存在焦虑、抑郁等心理问题，性病的发生可能进一步加剧这些心理问题。最后，一些性病患者可能因为对疾病的误解或缺乏正确的认识而产生心理问题。例如，他们可能过度担心疾病的后果，或者对治疗方法产生疑虑和不信任感，这些都会导致心理压力的增加。

2. 社会文化环境 对性病患者的心理影响不容忽视。由于传统观念和社会舆论的影响，性病往往被视为不道德、不干净的疾病，这使得性病患者容易受到歧视和排斥。这种社会环境可能导致患者产生羞耻感、负罪感等负面情绪，进而影响到他们的心理健康。

3. 疾病本身的特点 也是导致心理问题产生的原因之一。性病通常具有传染性，患者需要面对疾病的治疗、预防复发及避免传染给家人或伴侣等多重压力。同时，性病的治疗过程可能较长，且存在一定的复发风险，这使得患者容易产生焦虑、恐惧等情绪。

（三）性病患者的心理干预

1. 心理健康教育 通过教育性病患者和他们的家属，让他们了解性病的传播途径、临床表现、治疗方法及预后，可以帮助他们树立正确的性观念，增强自我防护意识，减少疾病的传播风险。同时，也能使他们更加理性地看待疾病，减轻不必要的恐慌和焦虑。

2. 心理咨询和心理支持 性病患者往往面临着身体和心理的双重压力，他们可能会感到羞耻、恐惧、焦虑等。专业的心理咨询师可以通过倾听、理解和支持，帮助他们建立积极的心态，增强面对疾病的信心。同时，心理支持也可以帮助他们更好地应对生活中的困难和挑战。

3. 建立社会支持网络 性病患者往往因为社会歧视和误解而感到孤立无援。通过建立支持性的社交网络，如性病康复者互助小组等，他们可以与同样经历的人交流经验、分享感受，得到情感上的支持和理解。这种社会支持网络可以减轻他们的孤独感和焦虑情绪，帮助他们更好地应对疾病。

4. 个性化干预 每位性病患者的心理问题和需求都是不同的，因此需要根据他们的具体情况制定个性化的干预方案。例如，对于自卑感强的患者，可以通过心理辅导帮助他们建立自信；对于焦虑和恐惧情绪严重的患者，可以采用放松训练和认知行为疗法等方法来缓解他们的情绪压力。

案例分析

李先生，72岁，因晚期肺癌住进了一家提供临终关怀的医疗机构。他平时性格内向，不善于表达情感，但自从得知自己的病情后，变得越发沉默寡言，常独自坐在窗边发呆。家属反映，李先生在家中也经常表现出对死亡的恐惧和焦虑，不愿意与家人交流，且对治疗持消极态度。

1. 根据李先生的表现，分析他可能存在的心理问题，并提出相应的心理干预措施。

2. 在临终关怀过程中，医护人员应如何与李先生及其家属进行有效沟通，以缓解他们的心理压力并促进良好的医患关系？

本章习题

1. 阐述患者角色适应不良的类型
2. 影响患者求医行为的因素有哪些？
3. 如何提高患者的遵医行为？
4. 满足患者需求的方法有哪些？
5. 阐述患者心理冲突的类型
6. 如何帮助患者进行心理调适？
7. 帮助手术患者解决心理问题的方法有哪些？
8. 如何帮助癌症患者解决心理问题？

第 10 章　医 患 关 系

学习目标

1. 知识目标：理解医患关系的定义、知晓医患关系中的冲突、明确影响医患关系的因素、领悟医患关系的模式、理解医患沟通的定义、领悟医患沟通的形式。

2. 技能目标：能够预判医患关系中可能会出现冲突的情境、学会判断不同类型患者适用的医患关系模式、学会使用医患沟通的不同方法。

3. 思政目标：培养学生"医者仁心"的美好品德；引导学生树立良好职业道德和素养；引导学生思考在医疗活动中如何自我关照，如何爱己及人；强调医务工作者的伦理要求；引导学生重视医德医风建设，帮助学生分析医患矛盾背后的道德和风险问题；引导学生树立正确的医疗观念，增强责任心，提高医疗质量。

第 1 节　医患关系概述

一、医患关系的定义

（一）定义

医患关系是医疗活动中的人际关系，是人际关系在医疗情境中的一种具体化形式，即医务人员在为患者提供医疗服务过程中双方建立的相互关系。

医患关系有狭义与广义之分。广义的医患关系是指提供医疗服务的群体（包括医生、护士、医院管理人员、医技人员等）与接受医疗服务的群体（包括患者、患者家属、患者的朋友、患者的同事等）在医疗活动中建立起来的相互关系。狭义的医患关系是指医务人员与患者之间建立的人际关系。

（二）作用

1. 良好的医患关系有利于医疗活动的顺利开展　从诊断层面看，医生采集确切症状及病史资料需建立在良好医患关系基础之上。从治疗层面看，患者遵从医嘱是治疗成功的关键，而患者的依从性往往依赖于对医生的信任及良好的医患关系。同时采用新技术、新设备的治疗也需要患者密切配合，也需要以良好医患关系为基础。从疾病的防治层面看，预防和康复往往需要患者遵医嘱改变自己的生活方式，而患者的合作亦基于良好的医患关系。

2. 良好的医患关系本身已具备心理治疗的效果　对于患者来说，良好的医患关系不仅可以给患者提供宣泄的渠道，释放负面情绪，还可以降低由疾病所造成的心理应激，所以良好的医患关系本身就具备治疗效果。同时，对于医生来说，良好的医患关系、和谐的医疗氛围可以增加医生的工作投入度和奉献度，同时提升医生的成就感及职业幸福感，即良好的医患关系本身对患者和医生就是一种治疗手段。

二、医患交往中的冲突

（一）定义

医患交往中的冲突是指医护人员与患者在医疗实践中对某些医疗行为、方法、态度及后果因认知和理解上的分歧而产生的冲突。医患冲突的核心问题是利益冲突，与我国卫生资源分配不均衡、医疗卫生体制改革不深入、卫生法制不健全等因素相关。

（二）表现

1. 支配与服从的冲突 医患双方在医疗过程中的地位是不平等的，多数情况下医护人员处于权威，支配地位，拥有更多的权力；而患者则处于被动地位，需听从和接受医护人员的安排。因此，当医患沟通不畅，患者不接受、不服从医护人员的安排时，就可能会出现医患冲突。

2. 角色期待的冲突 医患双方对彼此的角色都有一定的期望，当对方未满足自己的心理预期，就会出现对角色的不良情绪，容易引发冲突。如医护人员期待患者完全执行医嘱，而患者期望医护人员利用精湛的技术为自己解除病痛并能爱护自己的尊严。此外，当患者的较大经济支出未能获得预期的“理想”医疗效果时，患者由于心态不平衡，也容易爆发医患冲突。

3. 心理应激的冲突 医患双方在医疗活动中有时处于心理应激状态。对患者而言，患病本身就会引起恐惧、焦虑、无助、抑郁等不良情绪，容易出现心理问题。而在求医的过程中，也容易产生强烈的情绪反应。处于强烈心理应激下的患者可能做出各种冲动反应，从而引发医患冲突。对医护人员而言，不仅需要对疾病作出正确的诊断和治疗，同时需要给患者提供安全、尊重、接纳的治疗空间，当医护人员能力不足，难以满足患者的需求，同时因面对巨大的医疗压力和复杂的医患关系时，容易出现心理紧张、产生医患冲突，影响和损害医患关系。

三、医患关系的模式

医患关系模式是医学模式在人际关系中的具体体现，国内外学者提出不同的医患关系模式，其中影响较大的是美国学者萨斯和荷伦德于 1976 年在论文《医患关系最基本模式》中提出的医患关系模式。根据患者所患疾病、患者的个体差异，以及医患双方在医疗情境中所扮演的角色及作用不同，将医患关系的模式分为主动-被动型、指导-合作型、共同参与型（表 10-1）。

表 10-1 医患关系模式

	主动-被动型模式	指导-合作型模式	共同参与型模式
医生的地位	主动、支配	指导、主动	合作、参与
患者的地位	被动、服从	合作、配合	合作、参与
模式特征	医生为患者做什么	医生告患者做什么	医生帮助患者自疗
模式原型	父母-婴儿	父母-儿童	成人-成人
适应证	昏迷患者、休克患者等	急性病患者；术前、术后、理疗患者	慢性病患者、精神障碍的康复期患者、心理咨询来访者

1. 主动-被动型模式（active-passibe mode） 在这种模式的“医患关系”中，医生处于权威性、主动性、主导型的地位，而患者处于服从、被动、依从的从属地位。该模式的特点是“医生为患者做什么”，并以医生的医疗服务为重点。该模式的原型是“父母-婴儿”模式。该模式适用于某些特殊患者，如昏迷患者、休克患者、意识障碍患者、婴幼儿患者、病情危重患者、智力低下患者及某些精神疾病患者。

2. 指导-合作型模式（guidance-cooperation mode） 在这种模式的“医患关系”中，医生仍处于权威和主导的位置，而患者也有一定的主动性，患者可以提出自己对疾病及治疗的态度和观点，可以提出对治疗的质疑、寻求解释，患者接受医生的指导，并密切配合。该模式的特征是“医生告诉患者做什么”，该模式的原型是“父母-儿童”模式。该模式适用于急性病患者；术前、术后、理疗患者。该模式下患者神志清醒，但病情严重，病程短，患者对疾病的治疗了解很少，要依靠医生的诊断和治疗，他们处在比较忠实地接受和执行医生劝告的地位，是一种较为普遍存在的医患关系模式。

3. 共同参与型模式（mutual-participatian mode） 在共同参与型模式的“医患关系”中，医生和患者是平等的，具有同等权利，医患双方在医疗活动中相互依赖，是协同和同盟的关系，双方共同参与医疗活动的决定与实施。该模式的特征是“医生帮助患者自疗”，该模式的原型是“成人-成人”模式。在该模式中医生尊重患者的自主性，给予患者充分的选择权，患者不仅能主动配合治疗，还可以和医生一起协商治疗目标、制订治疗计划等。医生将视患者为极具潜力、对健康负责的个体，充分相信他们，尊重他们的意见并对患者的自疗行为加以鼓励和给予相应的帮助。该模式适用于“久病成太医”的慢性病患者、精神障碍的康复期和对来访者的心理咨询中。

四、中医的医患关系

受到中国传统文化“医者仁心”的影响，中医的医患关系一直具有较好的口碑。唐代孙思邈在《大医精诚》中提道：“凡大医治病，必当安神定志，无欲无求，先发大慈恻隐之心，誓愿普救含灵之苦。若有疾厄来求救者，不得问其贵贱贫富，长幼妍媸，怨亲善友，华夷愚智，普同一等，皆如至亲之想”，这就是对中医良好医患关系最好的写照。

中医通过“望、闻、问、切”与患者建立身心的链接，中医的诊疗与调护过程本身就蕴涵着十分融洽的医患关系。当医生的手指轻轻触摸患者的手腕把脉时，暖暖的关爱之意随之在医患之间温暖流动，患者的畏惧、焦虑、恐惧等负性情绪随之烟消云散。中医大夫和蔼可亲的笑容，柔和肯定的语言、关心耐心的态度对患者来说是一剂良药，在一定程度上起到了心理暗示作用，极大激发了患者战胜疾病的勇气和潜能，为患者的痊愈与康复提供了可能。

中医文化在中华文化母体滋养下发展、成长，其中蕴含着丰富的人文思想价值和传统文化精髓，形成以“仁”为核心的职业道德。儒医文化作为一个特定的历史文化现象成为中医学乃至中国文化的一大特色。在中医学著作中很多医家用大量篇幅阐发伦理学问题，探讨医生的行为规范、医患之间的关系准则，中医文化经过长期积累形成特有的伦理价值和人文关怀。中医文化人格化趋向产生大批名医大家，如扁鹊、华佗、张仲景、孙思邈、李时珍等。这些都是我们应当向世人展示的文化财富，应该加以保护、挖掘、传承与发展。

中医文化关于医患关系的优秀思想集中表现在以下几点。①医者视患者如亲人，以医术济众生。“仁爱”是中华人文文化的核心，历代医家都是中华文化的忠实实践者，他们把对人的仁爱集中体现在对患者的关心和致力于民众健康的服务中。清代名医喻昌云：“医，仁术也。仁人君子必笃于情，笃于情，则视人犹己，问其所苦，自无不到之处”（《医门法律》）。和谐的医患关系首先要求医者对病苦中的人关心和爱护，只有医者牢牢地建立起以人为本、治病救人的理念，才能为和谐的医患关系打下坚实基础。②医者对患者一视同仁，患者有疾苦真心求医。疾苦是自然之事，不是人们愿望之事。对医者来说，无论求医者的身份是高官富商还是平民百姓，是亲朋好友还是陌生路人，只要有疾苦求于救治，当“普同一等，如至亲之想”。传统医德的崇高境界为历代医家所遵从，为现代医疗卫生事业的行为规范奠定了思想基础。③大医治病，不求经济利益。古代名医有铭训：“医者不得恃己所长，专心经略财物”（孙思邈《备急千金要方》），这是传统医疗道德的核心。古往今来的绝大部分从医者，反对从求医者身上收受不义之财，均以精求专业、一心赴救为目的，以最精的医术、最好的疗效、最少的费用、最小的毒副作用为民除病为行医原则。

知识链接 医患关系中的伦理原则

1. 尊重原则　医生应该尊重患者的人格尊严和自主权，不得侮辱、歧视、贬低患者。

2. 保密原则　医生应该保护患者的隐私权和个人信息，不得泄露患者的隐私信息。

3. 公正原则　医生应该公正对待每一位患者，不得因患者的种族、性别、宗教信仰等因素而歧视或偏袒。

4. 合作原则　医生应该与患者建立合作关系，尊重患者的意见和选择，共同制定治疗方案。

5. 安全原则　医生应该确保患者的安全，不得因为治疗而对患者造成伤害或损害。

6. 知情同意原则　医生应向患者充分说明诊断、治疗方案、风险和可能的后果，并征得患者的知情同意。

第2节　医患沟通

一、医患沟通的定义

医患沟通是医患双方以治疗疾病为目标，满足患者的健康需求为宗旨，在疾病诊治过程中进行的互动和交流，包括传递信息和情感交流两部分。医患沟通在医疗活动中有非常重要的作用，也是医生需要具备的专业技能。

医患沟通有广义和狭义之分。广义的医患沟通是指围绕医疗卫生和健康服务工作，各类医疗卫生行业人员与患者及社会各界进行的非诊疗形式的沟通和交流，交流的内容包括医疗卫生和健康服务的法律法规、政策制度、医学伦理、医疗技术、医学人才培养等医疗服务领域等活动。狭义的医患沟通是指提供医疗服务的群体（包括医生、护士、医院管理人员、医技人员等）与接受医疗服务的群体（包括患者、患者家属、患者朋友、患者的同事等）就患者的疾病诊断、治疗、健康等相关因素及诊疗服务方式进行的沟通和交流。

二、医患沟通的形式

（一）言语沟通

言语沟通有广义和狭义之分，广义的言语沟通是以自然语言为沟通手段进行的信息沟通和交流，自然语言包括口头语言和书面语言两个子系统，因此广义的言语沟通包括口头语言沟通和书面语言沟通两个方面。狭义的言语沟通也称晤谈，是用语言来传递信息的交往方式，主要指以口头语言的交往为主的沟通。言语沟通能准确地表达和传递信息，是医患间交流思想和感情的主要形式。

语言是思维的外壳，是信息交流和传递的载体和工具。肯定的语义、温和的语调、清晰的语音，对于患者犹如一剂良药。言语具有暗示和治疗功能，言语的暗示不仅能影响人的心理和行为，而且能影响人体的生理、生化过程。言语对人有良好的和积极的影响作用，表现在它使人明了事理，树立信心，安定情绪，变消极状态为积极状态，从而对人体的生理活动产生良好的影响。

医生的语言是患者重要的治疗工具，是医患沟通的重要载体。“良言一句三冬暖，恶语伤人六月寒”，医护人员应注意自己的语言修养，善于运用语言艺术达到有效沟通的目的，调动患者的主动性，积极配合治疗，早日康复。医生切不可在患者面前发表无把握的意见和无根据的解释，更不可有轻率的言辞。

（二）非言语沟通

1872年英国生物学达尔文（Darwin）在《人类与动物的情感表达》中首次对非言语沟通进行研究。非言语沟通又称非语言交流，是“通过非语言形式呈现的信息”，包括表情、声音、肢体语言等方面，即个体面部表情、手势动作、姿势、眼神、声调、人与人的位置、距离等。在通常情况下人们相互交往不可能全部用言语方式表达出来，人际沟通中80%的信息是以非语言的形式传递的，非语言交往形式较能表达个人内心的真实感受，可表达个人很多的情绪和感觉。在医疗活动中这种沟通成为医患间交往的重要形式。

1. 面部表情 是非常重要的非语言信息，它通过眼部肌肉、面部肌肉、口部肌肉的变化来表现多种丰富的情绪状态。一般来说，眼睛和口腔附近的肌肉群是面部表情最丰富的部分。眼睛是心灵的窗户，可以最直接、最完整、最深刻、最丰富地表现人的精神状态和内心活动。面部表情是世界共通的语言，在不同文化和国家，对面部表情的解释有高度一致性。

在医疗活动中，患者可以通过医护人员的面部表情，并将其与自己的疾病相联系，从而对疾病及治疗进行自我解读。因此，医护人员面对患者时，需要进行表情管理，避免出现惊慌、紧张、厌恶、无助、无力、害怕等面部表情，以免患者对自己的疾病作出严重化的错误判断，继而产生负性情绪影响疾病的治疗。

2. 肢体语言 又称身体语言，是指通过头、颈、手、肘、臂、身、胯、足等人体部位的活动来传递思想，表达感情的一种沟通方式。肢体语言丰富而微妙，是人们心际的显露、情感的外化形式，在医患双方的交往中起着不可估量的作用。例如，鼓掌表示兴奋，搓手表示焦虑，垂头代表沮丧，摊手表示无奈，捶胸代表痛苦、顿足代表愤怒。

此外，服饰也是信息传递的重要载体。医护人员若服装不洁，不修边幅，就会让患者有“这个医生看病不会太认真”的印象。医护人员若浓妆艳抹、高傲自负，则会给人以难以接近之感。反之，医护人员也会根据患者的仪表判断其身体状况，如重病患者没有精力和欲望修饰自己。

3. 语调表情 语调即说话的腔调，是言语快慢、轻重的配置和变化，包括说话的语调、音质、音量、声调、语速和节奏等。它是言语的一部分，却不是言语的词语本身，辅助语言与言语同时发生。它通过影响对语言的知觉起着调节沟通的作用，辅助语言有时也可以表达出不同的意思，借助它来传达某一方面的信息。说话人用语调表示的态度或口气，同样的句子，语调不同，意思就会不同，有时甚至会相差千里。因此，医护人员用温和轻缓的声调与患者交谈，就能减少患者的恐惧和不安全感。

三、医患沟通的方法

医患沟通是医患双方信息与情感的全面交流，包括言语沟通和非言语沟通两种方式。言语沟通可以提供更精确、更规范的信息，而非言语沟通则更能表达情感和意图。在医疗活动中，西医通过“视、触、叩、听”，中医通过“望、闻、问、切”进行医患沟通。医护人员需要学会积极沟通，需要运用言语和非言语沟通艺术、学会积极倾听，同时选择适合的沟通场所也会提升医患沟通效果。

（一）医患言语沟通的方法

1. 使用得体的称呼 亲切得体的称呼是沟通的基础，是建立良好医患关系的起点，医护人员对患者要尊敬，对患者的称呼可根据其职业、年龄、性别等情况进行尊称，避免直呼其名或用冰冷的床号统一称呼患者。

2. 善用口语沟通 医患沟通中医护人员需要考虑患者受教育水平参差不齐，在沟通中尽量对医学专业技术术语进行口语化解释，尽量采用患者易于理解和接受的通俗化语言进行表达。口语表达应清楚、精准、简洁，为帮助患者理解可以配合画图、使用模型、播放视频等具象化的方式呈现。

3. 创设轻松语境 患者因患病会有诸多压力和不良情绪，不利于疾病的治疗。在医疗情境中医护人员言语的表达对患者会有极大的影响，因此医护人员温暖的话语、积极的态度、乐观的精神、善意的鼓励会是患者的一针强心剂，能够帮助患者积极面对疾病，配合治疗。

（二）医患非言语沟通的方法

非言语沟通是在人际交往中“通过非语言途径传递信息交流情感”的交流过程，包括面部表情、目光接触、身体姿势、沟通的距离、沟通的场合等。

1. 得体的形象 美好的印象是医患交流和沟通的润滑剂，而外形往往反映了医护人员的精神面貌和工作状态，得体的外形会增加患者对医护人员的尊敬感和信任感。因此，医护人员需要做好自己的形象管理，需要保持服饰整洁，举止端庄、态度和蔼、谈吐大方。

2. 亲切的表情 面部表情是反映个体情绪情感的显示器，医护人员的面部表情是患者映射自己病情的一面镜子，因此医护人员要善于运用面部表情传递情感。与患者交流时需要有亲切的表情，同时要有柔和的目光接触来传递关爱、支持、理解的情感，顺利完成诊疗过程。

3. 温和的语气 医患交流中语音的高低、语速的快慢、语调抑扬顿挫能反映不同的感情色彩，也会影响交流的效果。医生可以通过患者的语调了解其心理状态，同时医生的语调表情也会给患者传递不同的信息，医患沟通时应多采用平缓的语气和温柔的语调。

4. 恰当的姿势 身体语言是医患沟通中传递情绪、沟通情感的重要纽带，肢体动作可以无意识地表达个体内在的心理状态。医护人员巧妙地运用肢体动作，可以促进患者的理解，使沟通更加顺畅。同时医护人员适当的身体接触也会让患者感到安全、温暖、支持和爱。

5. 合理的距离 人际距离反映了交往双方的心理距离，美国心理学家霍尔（S. Hall）将人际距离分为 4 种类型，0.5 米以内为亲密距离，0.5～1.2 米为个人距离，1.2～3.5 米为社交距离，3.5～7 米为公众距离。医患之间的距离因性别、年龄、亲疏关系等有所不同，在日常的沟通中以个人距离或社交距离为宜。

6. 合适的场所 医务人员应根据与患者沟通的目标和内容、沟通的人数、沟通内容的私密程度选择合适的沟通场所，沟通场所要与沟通内容相符合，因此选择合适的沟通场所和地点尤为重要。不同场所沟通包括门诊沟通、病房沟通、办公室沟通、接待室沟通、心理治疗室沟通等。

（三）学会积极倾听

真正的倾听不仅仅是听见声音，更是理解、尊重与接纳的表现。在医患沟通中，医护人员善于倾听是一种重要的智慧。真诚地倾听患者的想法，并觉察想法背后的感受，听到患者的情绪和渴望，患者就会感受到被尊重和理解，从而有利于良好医患关系的建立。

1. 全然倾听 这是一种全身心投入的倾听，身心合一听从患者的讲述，需要有对应的目光接触，以及语音语调、面部表情的配合，全然去感受患者的感受，全然地和患者在一起。

2. 非评判倾听 医护人员需要放空自己去倾听患者，放下所有的预判，包括自己的想法和判断，全神贯注跟从患者的表达，体会对方的情感和需要，并做出相应的回应。

3. 深度倾听 观察患者的非语言信息，听出表达背后的弦外之音，带着同理心去共情患者，试着进入对方的感受中，看见他们深层次的需要和渴望。

知识链接 医患沟通的六个原则

一个根本：诚信、尊重、同情、耐心。

两个技巧：倾听，多听患者或家属说几句话；介绍，多对患者和家属介绍病情及治疗。

三个掌握：掌握患者病情、治疗情况和检查结果；掌握患者医疗费用的使用情况；掌握患者的社会心理状况。

四个留意：留意患者的情绪状态；留意受教育程度及时沟通的感受；留意患者对病情的认知程度和对交流的期望值；留意自身的情绪反应，学会自我控制。

五个避免：避免强求患者及时接受事实；避免使用易刺激患者情绪的词语和语气；避免过多使用患者不易听懂的专业词汇；避免刻意改变患者的观点；避免压抑患者的情绪。

六种方式：预防为主的针对性沟通；交换对象沟通；集体沟通；书面沟通；协调统一地沟通；实物对照沟通。

知识链接 中医医患沟通的特点

1. 注重整体 在“天人合一”及医生必须“上知天文，下知地理，中知人事”的传统要求下，中医医生更加重视从人与自然要和谐、人体是一个有机整体、形神合一的角度与患者沟通与交流。

2. 注重自然 数千年来中医很多自然疗法及“医食同源”“药食同源”之说已深入人心，所采用的针灸、推拿、气功、药浴等治疗方法以其副作用很少且简便廉验而更易于被患者接受。

3. 注重养生 在中医学“上工治未病”的指导下，中医医生在治疗疾病的同时，大多对患者进行养生保健方面的指导和教育，这种方式深受患者欢迎，而使医患关系更加融洽，有利于沟通和交流。

4. 注重个性 “因时、因地、因人制宜”是中医学的基本治疗原则，在这一原则的指导下，中医医生对患者的诊疗过程呈现出个性化特征。

5. 注重接触 中医的治疗具有独特之处，推拿、按摩、针灸等都需要与患者较长时间的皮肤接触，这种建立在接触基础上的非言语沟通手段，非常有利于医生与患者建立信任关系，从而有利于医患之间的交流。

本章习题

1. 如何构建良好的医患关系？
2. 医患交往中的冲突是如何表现的？
3. 不同类型的医患模式适用于哪些类型的患者？
4. 中医的医患关系有何特征？
5. 如何进行有效的医患沟通？
6. 言语和非言语沟通在医患沟通中各自的作用是什么？
7. 医患双方如何通过非言语沟通良好的医患关系？
8. 请论述倾听在医患沟通中的内涵和重要意义？

第 11 章　中医心理学理论基础与实践

学习目标

1. 知识目标：知晓中医心理学理论的形成与发展概况，理解形神合一、心主神明等 6 个基本理论原理与内涵，能够说出中医常见情志病证的病因、病机、主要特点和中医心理常用疗法。

2. 技能目标：能够运用中医心理学基本原理进行心理问题的中医辨证，知晓 6 种中医心理学理论体系的理论及运用，识别常见的中医情志病证，并且学会运用中医常用心理疗法治疗临床中的心理病证。

3. 思政目标：通过本章学习，让学生了解中医学千百年来的智慧与现代医学结合的必然趋势，守正创新传承发展；培养学生对中医文化中蕴涵的心理学知识的热爱，增强其文化自信心；培养学生理论联系实际的能力，引导学生思考如何运用所学知识解决患者的心理问题，体悟“心病还需心药医”的真正内涵。

第 1 节　中医心理学发展源流

中医心理学思想源远流长，中医典籍中虽无中医心理学一词，但却蕴含着丰富的中医心理学思想，中医学强调“形神合一”“心身合一”，心与身密切相关的思想体现在中医的病因、病机、治疗和养生等各方面，与现代心理学的心身关系这一核心问题不谋而合。中医学中的“七情”与现代西方心理学中的“知、情、意”三大内容体系中的“情”大体一致。由此可见，中医心理学是在中医学理论指导下，结合当代心理学理论体系，根植于本土文化，研究人的心理活动规律及心理活动在疾病发生、发展、诊断、治疗、养生等过程中的作用的一门学科。

中医心理学作为新兴学科，于 1985 年在成都召开的首届中医心理学学术会议上首次被提出，2009 年，中医心理学被国家中医药管理局人事教育司纳入中医药学的二级学科（培育学科），标志着中医心理学得到了国家认可。2012 年，8 个中医心理学重点学科获国家中医药管理局人事教育司立项，中医心理学科得到进一步发展。2018 年国家卫生健康委员会、中央政法委等 10 个部门联合发布了《关于印发全国社会心理服务体系建设试点工作方案的通知》，鼓励中医医疗机构开设中医心理等科室，支持中医医师在医疗机构提供中医心理健康诊疗、咨询和干预等服务，首次提出了开设中医心理科室，提供中医心理健康服务。2020 年国家卫生健康委员会、国家发展和改革委员会等 7 个部门联合发布了《关于印发加强和完善精神专科医疗服务意见的通知》，进一步提到鼓励中医医疗机构加强中医心理科建设，中医心理学的理论和实践得到进一步的发展和推进。

一、萌芽时期

美国心理学家莫菲（Murphy）在《近代心理学历史导引》中指出："世界心理学的第一个故乡是中国。"大量蕴藏于中国古代哲学中的心理学思想与中医学相互渗透、相互影响，奠定了中医心理学的理论基础。正是传统文化中这些深厚的思想积淀，铺就了中医心理学的文化根基。追寻中医心理学源头，在远古的巫祝活动中，即蕴含着丰富的心理学思想，当时被巫医广泛采用的祝由术运用语言和行为等心理暗示为患者疗病去疾，可以看作是中医心理学的萌芽。

远古时期的人们对自身疾病缺乏正确的认识，往往认为是神灵惩罚或魔鬼作祟，因此治病一方面祈求神灵的宽恕和保佑，另一方面辟邪驱魔，驱离恶鬼。巫祝们用语言、行为、舞蹈等方式祈祷上苍、驱邪避鬼，用言语祝说疾病的缘由，所以称为祝由。《灵枢·贼风》分析了祝由术有效的原因，曰："其祝而已者，其故何也？岐伯曰：先巫者，因知百病之胜，先知其病之所从生者，可祝而已也。"以现代医学心理学的视角来看，祝由类似精神分析对心理疾病过去缘由的探寻，祝说出疾病的由来，即找到了病因，"先知其病之所从生者"，然后用语言、行为、舞蹈等仪式行为对患者加以心理暗示，其实质应该是安慰剂作用，旨在提升患者战胜疾病的信心和自主性，能够起效的疾病更多的应该是心身疾病及一些自愈的疾病。

二、形成时期

随着春秋战国时期百家争鸣，以儒、道为代表的墨、法、名、阴阳等各家学说对精神心理活动有着自成体系的认知，在学术思想上都不同程度地涉及了中医心理学的内容。儒家代表作《中庸》论述人的情绪状态"喜怒哀乐之未发，谓之中；发而皆中节，谓之和"，认为过犹不及，节制和适度才是最好的。孔子以自己为例，很好地概括了人在不同年龄阶段的社会心理发展，指出："吾十有五而志于学，三十而立，四十而不惑，五十而知天命，六十而耳顺，七十而从心所欲，不逾矩。"荀子是儒家思想的集大成者，在《荀子》一书中，后世至少解读出"物质心""情欲心""认知心""道德心""主宰心"等多重心理学意蕴，更是从唯物一元论的角度提出了"形具而神生"的形神观，认为形是神的物质基础，神即人的精神心理现象，不能脱离形体而存在。道家的一些理论观点对于中医心理学理论体系的形成影响尤为深刻。道家创始人老子提出修炼心性的方法是"致虚极，守静笃"，认为给人带来烦恼的是心中的种种贪念，因此必须"虚其心"，将心中的欲念和困扰统统放下，虚心静气，清静无为。只有虚静合一，才能调神养心。古代中医学家在各家学说影响下创立了精气神学说，对总体生命现象作出理性阐述，并对精、神、魂、魄、意、志、思、情、性、欲等心理活动分别作了详尽讨论，尤其对意、志、思等感知思维过程及喜、怒、忧、思、悲、恐、惊等情志活动进行了深入的阐发，这些理论紧扣五脏六腑、气血津液等生理功能展开，体现了形神、心身相关、形神合一等思想。

《黄帝内经》的成书可以看作中医心理学思想萌芽形成的标志，确立了整体观念和辨证论治在中医学中的指导性地位，构建了中医学的基本理论框架体系，提出了藏象、经络学说，阐发了病因病机，制定了诊治术法，蕴含了丰富的中医心理学思想，提出了"形、神、意、志、魂、魄、心、脑"等一系列中医心理学概念，其中对形神合一、心主神明、五脏情志、人格体质等方面的论述奠定了中医心理学的基本理论框架。在临床实践中，对心理疾病的病机、诊断、治疗及心理养生等都有原则性阐释。如《灵枢·本神》有认知过程的"德、气、生、精、神、魂、魄、心、意、志、思、虑、智"13个概念的命名，依次讨论生物学基础、本能、感知觉、记忆、注意、思维、想象、智慧等方面。《黄帝内经》中的“九气”“五志”是后世七情学说的基本依据，对睡梦等心理现象、个体身心发展的基本观点、心理过程、阴阳人格体质学说等一系列问题都形成了基本的认知；对四诊心法、心理病机、心理法疗、心理卫生等一系列中医心理学的临床问题都确立了基本内容。

三、发展时期

《黄帝内经》中的中医心理学思想对我国中医心理学的发展具有深远影响。后世众多医家除了在理论和实践上对其学术思想加以继承外，还提出了很多创新性理论。东汉末年，医圣张仲景在《伤寒杂病论》中的杂病部分《金匮要略》中提到了百合病、脏躁、惊悸、失眠等常见的心身疾病，完整论述了这些疾病的理、法、方、药。书中首次命名脏躁，并详细描述了其症状：“喜悲伤，欲哭，象如神灵所作，数欠伸”，即脏躁患者无故悲伤欲哭，常打哈欠，伸懒腰，像有“神灵附体”一般，与现代心理学中的癔症很类似，指出其病因多与情志刺激有关，并处方甘麦大枣汤进行治疗。

三国时期的名医华佗提出了“医心”说，指出：“夫形者神之舍也，而精者气之宅也，舍坏则神荡，宅动则气散。神荡者昏，气散则疲，昏疲之身心，即疾病之媒介，是以善医者先医其心，而后医其身。”《华佗神医秘传》则概括了情志的相应疗法：“忧则宽之，怒则悦之，悲则和之，能通斯方，谓之良医”，认为要想成为好医生，必须会分辨患者异常的情志状态，并给予相应的治疗。《三国志·魏志·华佗传》中记载华佗曾治疗一久病的郡守，就是用了情志相胜的心理疗法，使之盛怒，“吐黑血数升而愈”。

隋唐时期，受当时流行的儒、佛、道思想的深刻影响，人们对心理问题有了更深一层的关注，中医心理学思想也得到进一步的发展。巢元方和孙思邈均对推动中医心理学的发展起到了重要作用。隋朝巢元方的《诸病源候论》在《黄帝内经》关于个体身心发展阶段理论的基础上，首先提出了少儿身心发展的“变蒸”学说，指出：“小儿变蒸者，以长血气也。变者上气，蒸者体热。”32 日为一变，64 日为一蒸，用“变蒸”学说来概括出生后 576 日以内的婴幼儿的身心发展规律。唐朝孙思邈在《备急千金要方·少小婴孺方》中进一步概括：一变时“应和人”，二变时“能咳笑”，八变时“知欲学语”。他在《备急千金要方·心脏脉论》中将一些心理活动变化纳入脏腑辨证的体系，指出：“心气虚则悲不已，实则笑不休”，“愁忧思虑则伤心，心伤则苦惊、喜忘、善怒”。在治疗上，《备急千金要方·心虚实》指出：治“心实热，惊梦喜笑，恐畏悸惧不安”用竹沥汤方。孙思邈还以“养性”来概括养生之道，强调调神养心的重要意义。在《备急千金要方》中，“养性序”提出养生五难，其中有 4 条谈到精神心理学的调摄，他在“道林养生”中还提出“十二少”“十二多”，较为全面地涉及心理卫生的各个方面。

宋金元时期是中医心理学思想发展的高峰期，中医学家在早先认识的基础上，进一步探究了元神、识神、欲神等重要概念及其相互关系，并基于传统文化根基，提出了中医本能结构说及形神之间关系层次理论。儒学在宋代形成理学，并占据人们思想上的统治地位。理学对主体心灵的道德自律和生命的内在超越的追求，使当时的文化趋势由外张转向内敛，儒道思想都体现出个体对自身心性的自觉体认和反省，“心性之学本是宋代儒学复兴中最新颖与最突出的一环”。在这样的形势下，医家们从各种不同的条件和角度进行学术探讨，中医心理学得到了较大的发展。陈无择提出了著名的“三因论”，将各种致病因素概括为“内因、外因、不内外因”三种，其中“内因”即七情（喜、怒、忧、思、悲、恐、惊），并在此基础上提出了“七情学说”，详细列举了七情致病的各种病证，认为内因“七情”和外因“六淫”可交互致病。刘完素在阐释《素问·至真要大论》时指出：“五脏之志者，怒、喜、悲、思、恐也……若志过度，则劳伤本脏。凡五志所伤，皆热也。”张从正作为这一时期的代表，对中医心理学问题有着系统的见解，如对七情学说、心理病机、心身疾病、心理现象在疾病预后等方面都有许多精辟的议论。在其代表作《儒门事亲》中专辟“九气感疾更相为治衍”一节，集中体现了他的中医心理学思想。张从正指出：“然善治小儿者，当察其贫富贵贱治之……贫家之子，不得纵其欲，虽不如意而不敢怒，怒少则肝病少。富家之子，得纵其欲，稍不如意则怒多，怒多则肝病多矣。”《儒门事亲》记载有 18 例心理治疗医案，分别运用行为治疗、音乐娱乐治疗、情志相胜治疗、祝由暗示治疗、环境治疗和心身转移治疗等多种治疗方式。李东垣认为脾胃为元气之本，“百病皆由脾胃衰而生”，治疗上应以温补脾胃为先。他把脾胃受损的主要原因归为饮食不节、寒温不适、劳役过度及情志因素，其中情志因素往往为先导。他在《脾胃论·安养心神调治脾胃论》中说：“凡怒、忿、悲、思、恐惧，皆损元气。夫阴火之炽盛，由心生凝滞，七情不安故也。”在分析病因病机时，他认为：“饮食失节，寒温不适，脾胃乃伤。此因喜、怒、忧、恐，损耗元气，资助心火。火与元气不两立，火胜则乘其土位，此所以病也。”可见其对心理因素的重视。

明清时期，中医心理学思想有了进一步发展，其重要标志之一就是对心理活动的物质基础——大脑的认识较前人有了很大进步。李时珍的《本草纲目》中有“脑为元神之府”的说法；清代王清任在《医林改错·脑髓说》中提出“灵机记性不在心在脑”的观点，并指出脑与各器官之间的联系及脑髓生长与智能发展的关系，结合临床论述了脑的生理、病理与心理障碍的关系。吴又可的《瘟疫论》提出“戾气”学说，认为传染病的致病因素是一种“戾气”，这涉及心理因素对疾病抵抗力的影响。

明代张景岳明确提出七情致病说及治疗方法，《景岳全书·里证》指出：“七情内伤，过于喜者，伤心而气散，心气散者，收之养之；过于怒者，伤肝而气逆，肝气逆者，平之抑之；过于思者，伤脾而气结，脾气结者，温之豁之；过于忧者，伤肺而气沉，肺气沉者，舒之举之；过于恐者，伤肾而气怯，肾气怯者，安之壮之。”在治疗上，他还提出“以欺治欺”法治疗诈病。明清时期著名医家傅青主擅长妇科，他对女性的身心特点进行了详细论述，认为女性情志病较多，尤其是在女性“七七”（49 岁左右）阶段，情志致病尤为突出。清代陈士铎所著的《石室秘录》中提出了许多颇具匠心的心理治疗方法，如“意治法”“神治法”“劳治法”“逸治法”等。这些著作系统总结了中医心理学的理论和实践，为后世中医心理学研究提供了宝贵的资料。由此可见，中国古代医学中的中医心理学思想不断丰富发展，奠定了中医心理学的理论框架，促进了中医心理学理论体系的形成。

四、现状与展望

中医心理学在漫长的发展过程中，虽然是自成体系而客观存在于中医学之中，但一直未能明确分化出来形成一门独立的学科。自 20 世纪初至 1949 年的近半个世纪里，几乎没有中医心理学的相关研究，仅有少量论著及在一些报刊上发表的“论符禁咒治病”“祝由与由祝”“中国历代心理疗法”等文章。中华人民共和国成立后，一些研究者在学习苏联心理学的基础上，对中医心理学进行了积极探索。

20 世纪 80 年代初，王米渠教授在《成都中医学院学报》上发表了名为“中医心理学说初探”的文章，首次明确提出“中医心理学”（TCM psychology）这一学科术语。1985 年在成都召开的首届中医心理学学术会议，中医心理学从中医学中“分娩”出来，成为一门新兴学科，至此，中医心理学正式成为一门学科。此后，中医心理学的研究逐渐活跃起来，学术会议和研究成果不断涌现，中医心理学吸引了一批当代学者的研究兴趣，学者们纷纷从各个不同的角度对中医心理学的相关问题展开理论探索和临床实践。理论上，学者们对中医学理论中蕴含的心理学思想进行挖掘整理；对中国古代著名医家的中医心理学思想进行概括和提炼；对古代医经、医籍、医案中记载的心理学相关内容进行深入分析，与现代心理学相关理论进行对比研究；在中医学的理论指导下，参照现代西方心理学，进行中医心理学学科体系的构建。实践中，学者们积极开展中医心理学的临床实践、临床研究工作。中医心理学独具特色的实践模式使其在临床应用方面得到快速发展，在治疗一些心身疾病方面有着独特的临床疗效，展现出一定的比较优势。在全国范围内，一些中医院建立了中医心理科、神志病科、中医心身疾病专科等临床科室，中医心理学在治疗一些中医常见神志疾病（如癫、狂、郁、痴、不寐等），以及内外妇儿等各科的情志疾病方面均发挥着越来越重要的作用。随着中医心理学的学术研究和实践工作的深入，相关的学术活动也日益繁荣、人才培养也在蓬勃发展。

第 2 节 中医心理学理论体系

中医心理学是以中国传统文化为背景，以中医经典理论为主导，在医事保健活动中，研究情志心理因素与疾病或健康之间的网络关系，并用于指导实践的一门系统科学。在祖国医学中，心理学思想极其丰富，而且有相当的系统性，主要包括形神合一论、心主神明论、心神感知论、五脏情志论、人格体质论、阴阳睡梦论等。

一、形神合一论

形神关系是中医心理学基础理论中的首要问题。“形神合一”是中医学对于生命整体的重要认识，是对人的精神与躯体间关系最准确、最完整、最精辟的概括，几千年来一直指导着疾病的防治与养生保健，是中医心理学基础理论的核心组成部分。

在中医心理学中，形指人的形体，包括肌肉、血脉、筋骨、脏腑等组织器官，是物质基础；而神则指生命活动的精神方面，包括意识、思维、情感、意志等心理活动。形体和精神是相互依存、相互影响的，两者不可分割。形神合一论将两者的关系概括为两个方面：“形为神之本，神本于形而生”，即形是神的物质基础，神本于形而生，神的活动必须依附于形的存在，形的健康状态直接影响到神的活动，而神是形的功能活动的体现，即所谓“形质神用”；另外，更强调了神对形的反作用，也就是对形的主导作用，即“神能御其形”。

在中医心理学体系中，形神合一论始终贯穿在生理、病理、诊断、治疗和预防的各个方面。神为形之主，治形以疗神，中医心理学强调在治疗过程中要辨证论治、形神同调，即在治疗时不仅要考虑患者的生理状况，还要关注其心理状态和情绪变化，应用针、药等多种方法调节心身，安神定志，以达到形神共养、形神共治的效果。这种整体观念与现代心理学和医学的某些理念不谋而合，都强调了身心的统一和互动。

此外，形神合一论还涉及中医心理学对于健康和疾病的理解。中医认为，健康状态是形神和谐统一的结果，而疾病则是形神失调的表现。因此，中医心理学在治疗时会采用多种方法，如药物疗法、针灸疗法、音乐疗法、气功疗法等，旨在调和形神，恢复其统一和谐的状态。与之相对的西医心理学的治疗方法则侧重于心理治疗技术，如认知行为疗法、精神分析疗法等，以及药物治疗，主要针对心理症状进行治疗，侧重于局部，较少涉及生理层面的调整。这种对心身关系的独特认识方法，与西方心理学、西医学相比的确具有中医特色。它并不把心与身分割开来看，而是始终将两者作为有机联系、密不可分的整体来看，是将心理现象置于心身整体联系的背景上来研究的，这就冲破了西方善于将心理现象作为孤立现象研究的习惯，显现出中医心身思想的科学内涵。

形神合一论不仅是中医心理学的理论基础，也是中医文化的重要组成部分，它体现了中国传统文化中的整体观和生命观。随着中医心理学研究的现代化进程，形神合一论也在不断地与现代科学理念相结合，以期达到更好的治疗效果和科学化表达。

二、心主神明论

心主神明论是中医心理学中的核心理论之一。“心主神明”是中医学运用脏象学说一元化地阐述人体复杂生命活动规律的假说。它是基于中医学的整体观念和藏象学说，认为人的生命活动最高主宰是“心神”。这一理论认为，此处的心，远不只是血肉之心，更多的内涵属于精神活动的范畴，对人体全身及脏腑功能活动具有重要的调控作用。

心主神明论指出，人的生理活动和心理活动都统一在心神主导之下，心的功能正常是精神健旺、神志清楚的基础，反之则可能导致精神、神志异常，出现各种心理和情绪问题，甚至影响脏腑功能。在中医心理学中，心主神明的功能不仅涵盖了认知、情感、意志等心理过程，还包括了对外界事物的感知和反应，即心神感知。在临床实践中，中医心理学依据心主神明论对心理疾病进行诊断和治疗，采用调和心神、平衡情志的方法，如药物疗法、针灸疗法、音乐疗法等，以达到治疗和预防疾病的目的。

此外，现代心理学也认识到心理活动不仅局限于大脑，而是涉及整个身体系统，包括生理、情感、社会等多个层面。这与心主神明论中提到的心理与生理的统一性有一定的相似之处。与此同时，现代心理学的一些研究也开始关注情绪调节与身体其他系统，如免疫系统之间的相互作用，这与心主神明论中的心与五脏六腑之间的相互影响有一定的共通性。因此，尽管现代心理学和中医心理学在理论体系和研究方法上有所不同，但两者都试图解释和理解人类的心理活动，这为跨学科的研究和对话提供了可能性。

心主神明论是中医心理学理解人的心理现象和治疗心理疾病的理论基础，它体现了中医对心理活动与生理活动统一性的认识，为中医心理学的临床应用提供了重要的理论支撑。

三、心神感知论

心神感知论是在心主神明论的基础上发展而来的，它强调心神在人对客观世界的感知活动中的主导作用。心神感知论认为，心不仅是感知活动的中枢，而且负责对外界信息的接收、处理和反应。在中医心理学中，“心”被视为感知和认识活动的起点。《灵枢·本神》提到“所以任物者谓之心”，正因为神舍于心，心神是人类感知活动的中枢，所以脏象之心才成为反映所感知客观事物的处所，负责接收和处理来自外界的信息。心神感知论进一步阐释了心神如何通过五官接收外部信息，并在心神的主导下产生感觉和知觉。这一过程中，五官（目、耳、鼻、舌、口）被视为心神感知外部信息的“接收器”，其所获取的信息必须传导于心，由心神进行感知和判断。

此外，心神感知论还涉及心神与经络系统的关系。在中医理论中，经络系统是连接脏腑和感官的通道，通过经络系统，心神能够调控和协调五官的功能，使得感知活动得以正常进行。这些认识与现代心理学对感知过程的认识大体相同，也正是中医心理学对感知过程认识的特色。

心神感知论不仅在中医心理学的临床实践中具有重要意义，例如，在治疗五官感知失常的病症时，中医会考虑到心神的状态和功能，通过调和心神、疏通经络等方法来恢复感知功能的正常运作；

在临床上，对五官感知失常病症的辨证论治及提高治疗、缓解疼痛与提高针麻镇痛效果有重要意义。还可以应用到日常生活中的决策活动，例如，个体可以通过冥想、感官训练、情绪管理、积极的社交互动等来增强心神的感知能力，提高对外界信息的敏感度和处理效率，从而做出更明智的决策。

总而言之，心神感知论提供了一个独特的视角来理解人类如何通过心神来感知和认识外部世界，强调了心神在感知活动中的核心作用，并在中医的诊断和治疗中发挥着重要作用。

心理小课堂 《灵枢·本神》关于心神感知论的论述

黄帝问于岐伯曰：凡刺之法，先必本于神。血、脉、营、气、精神，此五脏之所藏也……何谓德、气、生、精、神、魂、魄、心、意、志、思、智、虑？请问其故。

岐伯答曰：天之在我者德也，地之在我者气也，德流气薄而生者也。故生之来谓之精，两精相搏谓之神，随神往来者谓之魂，并精而出入者谓之魄，所以任物者谓之心，心有所忆谓之意，意之所存谓之志，因志而存变谓之思，因思而远慕谓之虑，因虑而处物谓之智。

故智者之养生也，必顺四时而适寒暑，和喜怒而安居处，节阴阳而调刚柔。如是，则僻邪不至，长生久视。

是故怵惕思虑者则伤神，神伤则恐惧流淫而不止。因悲哀动中者，竭绝而失生。喜乐者，神惮散而不藏。愁忧者，气闭塞而不行。盛怒者，迷惑而不治。恐惧者，神荡惮而不收。

四、五脏情志论

情志，在中医学中是七情五志的统称。五脏情志论是中医心理学理论中的一个重要组成部分，它是基于形神合一论和心主神明论，进一步探讨了情志活动与人体内脏器官之间的密切关系。在心神主导下的情志活动与五脏密切相关，五脏情志论认为，人体的五种主要情绪（喜、怒、思、忧、恐）与五脏（心、肝、脾、肺、肾）相对应，并且情志的变化可以影响相应的脏腑功能，反之亦然。五脏与情志相关的理论，可很好地阐述情志产生的生理基础、情志疾病的病因病机，指导着临床诊断治疗和疾病预防、保健养生。正因如此，中医心理学将其归纳为“五脏情志论”。具体来讲，情绪与脏腑的关系如下。

1. 心在志为喜 心为五脏六腑之大主，精神之所舍，心主血脉。喜悦的情绪与心脏的活动紧密相关，若心气不足，则见精神恍惚，语无伦次；心生不安而常怀恐惧，或见悲伤欲哭等；而过度的喜悦可能会影响心脏的功能，导致心神失守，表现为心悸、失眠甚至昏厥、癫狂等症状。

2. 肝在志为怒 肝藏血，主疏泄，性喜条达而恶抑郁。愤怒的情绪与肝脏的活动相关联，当肝之疏泄不及时，易使肝气抑郁不畅，气机郁结，每见精神抑郁，闷闷不乐，而长期的愤怒或压抑可能导致肝气郁结，影响肝脏的正常功能，表现为胁肋胀痛、眩晕、耳鸣、头痛等。

3. 脾在志为思 脾为后天之本，气血津液生化之源，主运化水谷及水湿，系气机升降之枢纽。脾失健运，气机郁滞，痰气交阻，则见精神抑郁；思虑过度会影响脾脏的功能，导致脾气虚弱，可能表现为消化不良、食欲不振、腹胀、大便溏等症状。

4. 肺在志为忧 肺主气而司呼吸，为五脏之华盖。肺气虚临床常表现为悲忧不解，精神恍惚不安；忧虑、悲伤的情绪与肺脏有关，长期的忧虑可能导致肺气不足，表现为胸闷气短、喘息等症状。

5. 肾在志为恐 肾为先天之本，若先天禀赋不足，或后天调摄失宜，房劳伤肾，则见记忆力减退，思维混乱，语无伦次等；恐惧的情绪与肾脏的功能相关，过度的恐惧可能导致肾气不固，表现为大小便失禁，或遗精、滑精等症状。

五脏情志论的一个基本观点，就是认为人的情志变化是五脏气化活动的一种表现形式，具有脏腑气血的生理基础。但是，情志变化与五脏之间的关系不是单一的而是复杂的，必须在中医阴阳五行、脏象理论的指导下来认识，绝不能将五脏与五志简单地对号入座。在临床实践中，中医心理学依据五脏情志论来诊断和治疗与情绪相关的疾病，更应强调的是，在五脏与情志的关系中，心神始终发挥着重要的主导作用。通过调和情志、调节脏腑功能，以及采用中药、针灸、情志疗法等手段，旨在恢复和维持心神与脏腑之间的和谐关系，从而达到治疗疾病、促进身心健康的目的。

五、人格体质论

人格是指一个人的思维、情绪和行为的特征模式，包含有气质、性格等概念。体质是一个人在不同的时间、环境下表现出来的一致行为特点或行为倾向，体现了人与人之间的个体差异，是人格动态系统中的基本组成。人格体质的形成是先天遗传因素、后天环境因素及个人需要和动机因素的综合作用。人格体质理论是认识人的心理现象的重要方面，是心理学的重要内容之一，同时也是中医心理学理论中用来描述和分类个体差异的一个重要概念。中医学对人格体质的认识基于“形神合一”的整体观，将其与体质紧密结合在一起。基于中医的阴阳五行理论，将人的体质和人格特征与五脏（心、肝、脾、肺、肾）的功能状态相联系。中医认为，个体的体质和人格特征是由先天遗传和后天环境共同作用的结果，一定的人格与一定的体质存在某种关联，因此《黄帝内经》中也有很多篇章讨论了人格问题，如《灵枢·通天》说：“凡五人者，其态不同，其筋骨气血各不等。”阴阳五态人格分类根据个体自然禀赋的不同，以体内阴阳之气多少的差异为基础，把人群划分为太阴、少阴、太阳、少阳、阴阳平和等五种不同类型。这五种类型的人，他们的外在特征、形态结构、功能活动、心理特征、人格气质等方面各有差异，因而在治病和防治中也因人施治，各有其诊断方法和治疗法则。《灵枢·阴阳二十五人》说：“先立五形金木水火土，别其五色，异其五形之人，而二十五人具矣。”阴阳五行人格分类按五行属性，根据人的肤色、形体、举止、性格及其对气候的耐受能力等方面的差异，总结出木、火、土、金、水五种类型。在此基础上，又将五种类型的每一型根据禀气之偏正而分成一个具有典型特征的主型和 4 个亚型，共计 25 种类型。根据中医人格体质学说，不同的人在身体特性、心理特性、环境适应能力、病机特点、虚实补泻治则等方面都存在显著差异，因而表现出明显的临床实用性。

中医心理学的人格体质论在临床应用中，通过识别个体的体质类型和人格特征，可以为心理疾病的预防、诊断和治疗提供指导。例如，对于气虚体质的人，中医可能会建议采取增强体力、改善营养和调整生活节奏的方法；对于气郁体质的人，则可能会采用疏肝解郁、调节情绪的措施。

六、阴阳睡梦论

睡眠和梦与人的身心健康密切相关，因此古代医家很重视睡眠理论的研究。阴阳睡梦论是在中医整体观的思想指导下，特别是基于形神合一论与阴阳学说来阐释睡眠和梦的理论。这一理论认为，睡眠和梦境是人的正常生理心理现象，与人类心身健康密切相关。阴阳学说作为中医理论的核心，强调万物都由阴阳两种基本属性构成，并通过它们的相互作用和转化来维持生命活动的平衡和协调，人的精力充沛、心理活动正常则是机体阴阳协调的综合体现。在阴阳睡梦论中，睡眠即被视为一种阴阳交替的过程，“阳气尽则卧，阴气尽则寤”。这意味着，当人体的阳气衰退时，人进入睡眠状态；而当阴气衰退时，人则从睡眠中醒来。这一过程体现了阴阳学说中的昼夜节律，即人体的生理活动与自然界的阴阳变化相呼应，形成了睡眠与觉醒的周期性交替。

此外，中医心理学认为，脏腑气血的阴阳变化是睡梦形成的物质基础。在睡眠过程中，人体通过调整脏腑的功能状态和气血的流动，以达到休息和恢复的目的。良好的睡眠有助于恢复精力、解除疲劳，是身心健康的重要保证。

阴阳睡梦论还涉及梦的产生和意义。在中医心理学中，梦境被认为是睡眠状态下精神活动的一种表现，与脏腑气血的阴阳变化密切相关。梦境的多样性和复杂性反映了人体内部状态的变化，以及个体与外界环境的相互作用。梦境与脏腑阴阳盛衰也有密切联系，这一点在中医心理学中被广泛认可。梦境的分析可以作为疾病脏腑阴阳虚实辨证的参考，尤其是在某些疾病尚未明显表现之前，常常先有奇异怪梦作为先兆。通过阴阳五行、藏象理论的分析，可以早期发现疾病，从而有利于早期治疗。

在跨学科研究中，神经科学与中医心理学的阴阳睡梦论的结合主要体现在以下几个方面。

（1）理解睡眠与梦境的神经机制：神经科学研究通过探索大脑在睡眠过程中的活动模式，试图解析梦境产生的神经基础。这与中医心理学中阴阳睡梦论中关于睡眠和梦境的阴阳变化理论相呼应。例如，神经科学研究发现，快速眼动（REM）睡眠阶段与梦境产生密切相关，这可以与中医理论中的阴阳转化和五脏功能状态相联系。

（2）探索非药物疗法：神经调控技术作为一种非药物和非成瘾性治疗手段，已经在治疗神经系统疾病方面展现出潜力。这些技术包括电刺激、磁刺激等，它们可以改变特定神经部位的活动，从而影响睡眠和情绪等。这与中医心理学中通过调整阴阳平衡来治疗睡眠障碍和情绪问题的方法有相似之处。

（3）创新性神经调控技术的研发：神经科学研究正在开发基于声、光、电、磁、化学物质等手段的神经调控技术。这些技术的发展，与中医心理学中阴阳学说的创新性应用相契合，都旨在寻找更有效的治疗方法。例如，通过精确调控大脑的特定区域，可能会对改善睡眠质量和解析梦境内容产生积极影响。

（4）跨学科合作的推动：神经科学与中医心理学的结合需要多学科的合作，包括心理学、医学、生物医学工程、材料科学、计算机科学等领域的专家共同研究。这种跨学科的合作模式有助于从不同角度理解和应用阴阳睡梦论，推动中医心理学的现代化和科学化。

（5）神经调控技术的临床应用：神经调控技术在临床治疗中的应用，如治疗顽固性疼痛、帕金森病和抑郁症等，与中医心理学中通过调整阴阳平衡来治疗疾病的理念相符。这些技术的发展和应用，为中医心理学提供了新的治疗手段和研究途径。

通过这些方式，神经科学与中医心理学的阴阳睡梦论相结合，不仅有助于深化对睡眠和梦境现象的理解，还可能为开发新的治疗手段和提高临床治疗效果提供科学依据。

总之，中医心理学的阴阳睡梦论为我们理解睡眠和梦的生理心理机制提供了独特的视角，强调了阴阳平衡在维持健康睡眠模式中的重要性，并指导中医在睡眠障碍治疗和养生保健方面的实践。

随着现代科学技术的发展，中医心理学也在不断地与现代心理学和神经科学相结合，通过实证研究来验证和发展中医心理学的基础理论，其主要是采取以下方法和途径。

（1）跨学科研究方法：现代研究者将中医心理学的理论与现代心理学、神经科学的研究方法相结合，通过实证研究来探索中医心理学理论的有效性。例如，利用功能性磁共振成像（fMRI）等神经成像技术来研究中医心理学中的“心主神明”理论，观察大脑活动模式与中医理论中描述的心理活动之间的关联。

（2）量化研究工具的开发：研究者开发了一系列量化的心理测量工具，如中医五态人格量表，用以量化中医心理学中的人格体质理论。这些工具能够帮助研究者以更科学的方式收集数据，从而验证中医心理学的相关理论。

（3）系统生物学的应用：系统生物学关注生物系统中所有组成成分的相互作用。通过这一方法，研究者可以探索中医心理学中的“形神合一”理论，分析心理治疗技术对患者生理和心理状态的影响，以及这些影响如何在分子层面上表现出来。

（4）临床试验和疗效评估：现代研究通过设计严格的临床试验来评估中医心理治疗方法的疗效，如低阻抗意念导入疗法、中医认知疗法等。这些研究不仅关注治疗效果，还探讨治疗作用的神经生物学机制。

（5）定性研究方法：除了定量研究，定性研究方法也被用来深入探讨中医心理治疗过程中的个体化特征和治疗师与患者之间的互动。这些研究有助于揭示中医心理学理论在实际应用中的深层含义和作用机制。

（6）文化心理学的视角：考虑到中医心理学深植于中国传统文化，研究者通过文化心理学的视角来分析中医心理学理论，探讨不同文化背景下心理疾病的解释模型和治疗方法的适用性。

通过上述方法，现代研究正逐步验证中医心理学的理论，并探索其与现代心理学和神经科学的关联。这些研究不仅有助于中医心理学理论的现代化和科学化，也为心理健康领域提供了更为丰富和多元化的理论和实践资源。

心理小课堂 《素问 · 脉要精微论》关于阴阳睡梦论的论述

是知阴盛则梦涉大水恐惧，阳盛则梦大火燔灼，阴阳俱盛则梦相杀毁伤；上盛则梦飞，下盛则梦堕；甚饱则梦予，甚饥则梦取；肝气盛则梦怒，肺气盛则梦哭；短虫多则梦聚众，长虫多则梦相击毁伤。

第 3 节 中医常见情志病证

中医情志病学发展历史悠久，理论渊源可追溯至先秦时期的《黄帝内经》。《素问》奠定了中医情志病学的理论基础，提出“五志”与五脏的对应关系以及情志异常可伤及脏腑气机而致病的观点。汉代张仲景在《伤寒杂病论》中记载了情志病的病因病机、辨证论治，首创情志病辨证论治原则。东汉华佗《中藏经》则开辟了情志病脏腑论治的新思路。隋唐时期中医学得到快速发展，巢元方《诸病源候论》对情志致病的症状表现作了详细记述。孙思邈提出“十二少”养生原则，重视情绪管理。宋金元时期是中医情志病的繁荣阶段。金元四大家对情志病的病因病机和治疗有独到见解，如刘完素提出“五志过极皆为热甚”理论，张从正详述“九气”致病的症状表现，朱丹溪创“六郁”学说。南宋陈无择在《三因极一病证方论》中首次明确提出七情是疾病的内在致病因素。明清时期，中医情志病理论进一步深化，涌现大量医案。明代张景岳《类经》设“情志病”专篇，系统论述“情志九气”，强调移精变气法的治疗作用。李时珍《本草纲目》记载了诸多情志疾病的药物方剂。清代叶天士善用情志疗法，重视“七情之郁”的治疗，认为虽与五脏相关，但总由心而发，治疗应重在疏肝健脾和胃。

1949 年后，在国家政策支持下，中医情志病的研究得以继承和发展。现代中医情志学理论研究与实践应用都取得新的突破，如《现代中医情志学》提出脑-脏整体调节新假说，为情志病的病理机制和诊疗体系构建提供了新思路，中医情志病的诊断和疗效评价体系也在逐步建立健全。

一、情志致病的特点

“情志”是中医学的特有名词，为七情与五志的合称，是人精神活动的一部分，是脏腑精气对外界环境刺激的应激反应。

七情，是中医学对人基本情绪的认识，是以喜、怒、思、悲（忧）、恐（惊）为代表的人正常的情志活动，是《黄帝内经》中“五志”的外延。陈无择《三因极一病证方论·三因论》提出：“七情者，喜怒忧思悲恐惊是也。”七情是日常生活里机体的正常情绪表达，本身无有过或不及，无有其伤，并非致病因素。

五志，是指喜、怒、思、忧、恐，源于《素问·阴阳应象大论》，其将五志按五行学说原理配属五脏，指出肝“在志为怒”、心“在志为喜”、脾“在志为思”、肺“在志为忧”、肾“在志为恐”。中医理论认为五志以五脏气血为基础，是五脏与生俱来的本能。因此，五志是五脏功能的外在表现，是人对外界事物作出不同的情志反应，是人体五种情绪以及心理状态的基本表达。

情志致病具有以下主要特点。

1. 病因以情志因素为主　情志致病的核心病因是情志因素，即喜怒忧思悲恐惊七情内伤。《素问·举痛论》指出：“百病生于气也，怒则气上，喜则气缓，悲则气消，恐则气下，寒则气收，炅则气泄，惊则气乱，劳则气耗，思则气结。”说明情志变化会导致人体气机紊乱，进而引发疾病。虽然情志致病也可兼有其他病因如饮食失调、劳倦内伤、外感等，但情志因素始终是其主要致病因素。若无情志方面的异常变化，仅有其他因素，一般不会引起情志病。

2. 病位多在心、肝、脾　情志活动与五脏功能密切相关。《素问·阴阳应象大论》指出“怒伤肝”“喜伤心”“思伤脾”“忧伤肺”“恐伤肾”，说明不同脏腑与特定情志相对应。《素问·宣明五气》也提到：“精气并于心则喜，并于肺则悲，并于肝则忧，并于脾则畏，并于肾则恐，是谓五并。”临床上，情志致病的病位多在心、肝、脾三脏。心主神明，为君主之官，情志变化多先影响心神；肝主疏泄，怒则气逆则肝失疏泄；脾主思，思虑过度则脾失健运。故临床上常见心悸、失眠、胸闷、胁痛、纳差、便溏等心肝脾症状。

3. 病机以气机失调为主　《灵枢·寿夭刚柔》曰：“忧恐忿怒伤气，气伤脏，乃病脏”。情志变化会导致人体气机紊乱，进而影响脏腑功能。情志致病多由郁怒伤肝、思虑伤脾、惊恐伤肾等导致肝郁气滞、脾失健运、心肾不交等气机失调证候。气为血之帅，气机失调则可进一步影响血行，导致血行不畅、瘀血内停等病理改变。同时，情志异常也可影响津液代谢，导致痰湿内生。故临床上常同时见到气滞、血瘀、痰湿等病理产物。

4. 临床表现多样　由于情志致病可影响多脏腑，因此其临床表现十分多样。轻者可表现为胸闷、胁痛、咽部异物感、失眠、心悸等，重者可出现癫狂、谵妄等精神异常。不同证型临床表现各异，如肝郁气滞可见胸胁胀痛、善太息、乳房胀痛；心肾不交可见心悸怔忡、失眠多梦；脾失健运可见纳差呕恶、大便溏薄等。同时，由于情志因素影响全身，故其临床表现可涉及各个系统，如兼有头痛、月经失调、消化不良等表现。

5. 病情反复　许多情志病如梅核气、百合病等，病程迁延，反复发作，这与其特殊的致病因素有关。情志刺激往往难以彻底去除，患者长期处于应激状态，容易导致旧病复发。同时，由于情志异常，致气机失调、脏腑损伤，机体抵抗力下降，也为疾病反复埋下隐患。一旦情志再受刺激，或劳倦、饮食不当等，则旧病易于复发。故临床上许多情志病常呈迁延反复的病程，如梅核气动则气逆、咽中如有异物，静则症状减轻，但往往难以根治，病情时轻时重。

6. 治疗需重视情志调摄 情志致病的治疗，既要辨证施治，又要重视情志因素的消除与心理的疏导。临床常采取疏肝解郁、补益心脾、安神定志等治法，常用逍遥散、归脾汤、甘麦大枣汤等方。但单纯的药物治疗往往不能从根本上解决问题，还需配合情志调摄。《素问·阴阳应象大论》云："治病必求于本。"故治疗时需嘱咐患者保持心情舒畅，避免情绪波动，可采取导引、太极拳、音乐疗法等帮助缓解压力、放松身心。对情志刺激难以排除的患者，可采取心理疗法，疏导其郁结之情，化解心理矛盾。

7. 预后与机体正气有关 情志致病的预后，与患者的体质、正气、对疾病的态度密切相关。《素问·刺法论》云："正气存内，邪不可干。"正气充沛、乐观开朗的患者，抵抗力强，疾病不易发生，即使罹患情志病，在积极治疗后也容易恢复；而体虚多病、性情抑郁的患者，正气不足，容易受到情志刺激而致病，且疗效欠佳，迁延难愈。同时，患者对疾病的态度也影响预后。对疾病持乐观态度，积极配合治疗，则病情容易好转；反之悲观失望，消极对待，则常因情志再伤而加重病情。

8. 易伴有其他疾病 情志因素可通过影响气机、神志等，进而影响人体多个系统的功能，故许多情志病常伴有其他疾病。如梅核气可伴有胃脘痛，百合病可伴有月经失调等。在辨证论治时需统筹考虑，理清其主次缓急。治疗时可兼顾其他疾病，在疏肝解郁的同时佐以和胃降逆，或在补益心脾的基础上兼以调经止带等。

9. 病因常与社会环境相关 心身疾病的发生与社会环境密切相关。现代社会生活节奏加快，工作压力大，人际关系复杂，婚姻家庭矛盾等，都可能成为诱发或加重心身疾病的社会心理因素。《黄帝内经》中多处论述了社会因素与疾病的关系。如《素问·疏五过论》指出"尝贵后贱"，"尝富后贫"会导致"气郁发之"而致病。现代研究表明，长期处于应激状态，交感神经持续兴奋，可引起心血管、消化、内分泌等多系统功能紊乱。同时，应激还会通过下丘脑-垂体-肾上腺轴，影响免疫功能。因此，不良的社会心理因素可导致机体内环境稳态失衡，是心身疾病的重要病因。

10. 预后与心理因素密切相关 心身疾病的预后转归，与患者的心理状态密切相关。积极乐观的心态有助于改善预后，而悲观抑郁则可加重病情，延缓康复。《素问·举痛论》云："怒则气上，喜则气缓，悲则气消，恐则气下，寒则气收，炅则气泄，惊则气乱，劳则气耗，思则气结。"说明不同情绪会引起气机升降出入的变化，进而影响疾病转归。现代研究发现，心身疾病患者常伴有焦虑、抑郁等负性情绪，且病情严重程度与负性情绪呈正相关。而良好的医患关系和社会支持，能缓解患者的心理压力，增强治疗依从性，有利于疾病康复。

二、情志致病的病机

情志致病的病机主要有以下几个方面。

1. 情志导致气机紊乱 七情过极，均可导致气机升降出入失常。例如，喜则气缓，肺气宣发无权，可见气短喘促；怒则气上，肝气上逆犯肺，可见咳嗽、哮喘；悲则气消，肺气耗散，可见气短乏力；恐则气下，肾气下陷，可见遗精、尿频；惊则气乱，心气紊乱，可见心悸怔忡；思则气结，脾失健运，可见纳呆食少。长期情志不遂，气机郁滞，气滞则血瘀，气滞则痰凝，气滞则化火，病理产物进一步影响气机，加重病情。

2. 情志导致阴阳失调 情志过极，可直接伤及脏腑，导致脏腑阴阳失衡。例如，喜伤心阳，心阳暴脱，可见心悸气短，四肢厥冷；恐伤肾阴，水不涵木，肝阳上亢，可见头晕目眩，耳鸣耳聋；思伤脾阳，运化乏力，湿困中焦，可见倦怠纳呆，肢体困重；怒伤肝阴，肝失疏泄，肝火上炎，可见头痛眩晕，目赤耳鸣；悲伤肺阴，肺失清肃，宣发不利，可见咳嗽气喘，鼻塞声嘶。

3. 情志导致脏腑功能失调　《素问·举痛论》指出："怒则气逆，甚则呕血及飧泄，故气上矣。喜则气和志达，营卫通利，故气缓矣。悲则心系急，肺布叶举，而上焦不通，营卫不散，热气在中，故气消矣。恐则精却，却则上焦闭，闭则气还，还则下焦胀，故气不行矣。寒则腠理闭，气不行，故气收矣。炅则腠理开，营卫通，汗大泄，故气泄矣。惊则心无所倚，神无所归，虑无所定，故气乱矣。劳则喘息汗出，外内皆越，故气耗矣。思则心有所存，神有所归，正气留而不行，故气结矣。"由此可见，情志活动异常，可影响脏腑功能。例如，喜则心神舒畅，心主血脉，心气通则血行和畅；怒则肝气横逆，疏泄无权，肝主疏泄，肝失条达则气机不利；思则脾气郁结，运化失司，脾主运化，脾失健运则水谷精微输布不及；悲则肺气收敛，肃降无权，肺主宣发肃降，肺失宣肃则气机郁滞；恐则肾气下陷，纳气不固，肾主纳气，肾气虚则固摄无权。

4. 情志导致气血津液代谢失常　《素问·阴阳应象大论》指出："喜怒不节，寒暑过度，生乃不固。"情志异常，可影响气血津液的代谢。如：喜则心气缓，血行缓慢，瘀阻脉络；怒则肝气横逆，血随气上，瘀阻胸胁；悲则肺气耗散，金不生水，津液亏虚；恐则肾气下陷，水不济火，阴精暗耗；惊则心气紊乱，血脉失常，心悸怔忡；思则脾气郁结，聚湿生痰，脾失健运。

5. 情志导致正气亏虚，邪气乘虚而入　《素问·刺法论》指出："正气存内，邪不可干"，《素问·评热病论》曰："邪之所凑，其气必虚。"正气充沛，邪不能侵；正气亏虚，邪乘虚而入。久郁伤肝，肝失疏泄，气机郁滞，湿热内生，易感受湿热之邪而发病；思虑伤脾，运化失司，痰湿内生，易感受痰湿之邪而发病；忧愁悲伤，肺气虚耗，卫外不固，易感受风寒之邪而发病。

6. 情志导致痰火内生　《素问·至真要大论》指出："诸痛痒疮，皆属于心。"七情过极，气机郁滞，痰火内生。例如，怒则肝火上炎，熏灼心包络，可见胸痛彻背，甚则吐血；喜则心火亢盛，可见口舌生疮，咽喉肿痛；思则气结痰凝，痰火扰心，可见心烦失眠，咽干口苦；恐则肾气不固，水不涵木，肝火暗炽，可见胁肋疼痛，口苦咽干。

7. 情志导致气血亏虚　情志异常，日久则耗伤气血。例如，喜则气散血瘀，心气亏虚，可见心悸气短，面色无华；忧则气结血瘀，肝血亏虚，可见眩晕耳鸣，爪甲不荣；思则气滞血瘀，脾失统血，可见肌肤甲错，便血崩漏；悲则气消血涸，肺气不布，可见气短声低，皮毛枯槁；恐则气陷血脱，肾精亏虚，可见腰酸遗精，须发早白。

8. 情志导致心神失养　情志过度可导致心神失养。《素问·灵兰秘典论》云："心者，君主之官，神明出焉。"心主神明，情志活动过度，则心神受损，心神失养。喜乐过度，心气不和，荣卫不利，气机紊乱，心神失养。喜乐过度，心气不和，荣卫不通，气血失和，心神失养。《灵枢·本神》曰："心怵惕思虑则伤神，神伤则恐惧自失，破䐃脱肉，毛悴色夭，死于冬。"思虑过度，心神受伤，出现恐惧、健忘等症状。

9. 情志失调导致阴阳失衡　《素问·阴阳应象大论》曰："喜怒伤气，寒暑伤形；暴怒伤阴，暴喜伤阳。"情志过极，可伤阴阳，阴阳一旦失衡，可导致疾病的发生。不同的情志活动对气机升降出入的影响不同，但都会导致气机紊乱，进而影响阴阳的平衡。

10. 情志内伤损伤脏腑　《素问·阴阳应象大论》指出："东方生风，风生木，木生酸，酸生肝，肝生筋，筋生心。"说明情志内伤可损伤脏腑，导致疾病的发生。《灵枢·本神》曰："肝悲哀动中则伤魂，魂伤则狂忘不精，不精则不正当人，阴缩而挛筋，两胁骨不举。"悲哀伤肝，肝魂受损，可见狂躁健忘，肢体拘挛等症。

总之，情志内伤是心身疾病的重要致病因素，情志失调可导致气机逆乱、阴阳失衡、心神失养、脏腑损伤等多种病理改变，是心身疾病发生发展的主要病机。因此，在心身疾病的防治过程中，应高度重视情志因素，通过调摄情志、疏导情绪等方法，维护机体气机升降出入的正常，阴阳气血的平衡，心神的安养，脏腑的和谐，从而达到防治疾病的目的。

三、常见情志病证

常见的中医情志病证有以下几种。

1. 不寐 多由思虑过度、忧思不解所致。病机为肝郁化火，心神不宁。治则为疏肝解郁，养心安神。常用方如甘麦大枣汤、酸枣仁汤、归脾汤等。

2. 郁证 多由情志内伤，气机郁滞所致。病机为肝气郁结，气机不畅。治则为疏肝解郁，理气开郁。常用方如柴胡疏肝散、丹栀逍遥散等。

3. 癫狂 多由情志内伤，肝风内动所致。病机为肝风上扰，神志失常。治则为平肝熄风，养心安神。常用方如镇肝熄风汤、天麻钩藤饮等。

4. 惊悸 多由惊恐伤肝，心神不宁所致。病机为心神失养，心悸不安。治则为养心安神，疏肝解郁。常用方如安神定志丸、珍珠母丸等。

5. 百合病 多由情志不遂，精神刺激所致。病机为阴血亏虚，心神失养。治则为滋阴养血，宁心安神。常用方如百合地黄汤、百合知母汤等。

6. 梅核气 多由情志内伤，肝郁气滞，痰凝喉间所致。病机为肝气郁结，痰气交阻。治则为疏肝理气，化痰散结。常用方如半夏厚朴汤、旋覆代赭汤等。

7. 奔豚气 多由惊恐忧思，肝气郁结所致。病机为肝气郁滞，气机逆乱。治则为疏肝理气，调理肝脾。常用方如逍遥散、四逆散等。

8. 脏躁 多由情志内伤，肝气郁结化火所致。病机为肝郁化火，扰动心神。治则为疏肝泻火，养心安神。常用方如甘麦大枣汤、酸枣仁汤等。

9. 痫病 多由惊恐忧思，肝风内动所致。病机为肝风上扰，痰火扰神。治则为平肝熄风，化痰开窍。常用方如定痫丸、涤痰汤等。

10. 卑惵 多由恐惧伤肾，心神失养所致。病机为肾气不足，心神失养。治则为补肾安神，养心宁神。常用方如安神定志丸、天王补心丹等。

11. 虚烦 多由思虑过度，心脾两虚所致。病机为心脾气血亏虚，心神失养。治则为益气养血，健脾安神。常用方如归脾汤、养心汤等。

12. 健忘 多由思虑过度，心脾两虚，精神失养所致。病机为心脾气血亏虚，神志失养。治则为益气养血，健脾养心。常用方如归脾汤、养心汤等。

情志病多由七情内伤，气机失调，脏腑功能紊乱所致。临床辨证时，应注意情志致病的特点，抓住病机要点，分清主次。治疗当以疏肝解郁，理气开郁为主，兼以养心安神，调理脏腑。用药多选用疏肝解郁，理气开郁之品，如柴胡、郁金、香附、川芎等；养心安神之品，如酸枣仁、远志、合欢皮等；健脾益气之品，如黄芪、白术、茯苓等。

此外，情志病的治疗还应注重心理疏导，缓解患者的不良情绪。可采取情志相胜、移精变气等方法，调畅情志，使之安然无恙。如《素问·举痛论》云："怒伤肝，悲胜怒，喜伤心，恐胜喜，思伤脾，怒胜思，忧伤肺，喜胜忧，恐伤肾，思胜恐。"说明可以用一种情志克制另一种情志，达到治疗目的。

总之，情志病证的辨证论治，应当以脏腑辨证为主，兼顾病因病机，采取疏肝解郁，理气开郁，养心安神，调理脏腑等治法，并注重心理疏导，标本兼治，方能收到良好的疗效。

第 4 节　中医心理常用疗法

一、芳 香 疗 法

（一）概述

芳香疗法是一种利用植物精油通过嗅觉、触觉或味觉作用于人体的治疗方法。精油是通过蒸馏或机械压榨植物提取的天然物质，含有丰富的挥发性成分。

芳香疗法的主要作用机制是通过精油中的成分与细胞受体结合，影响神经系统和身体其他系统。它可以调节情绪，缓解焦虑、抑郁和失眠；改善认知功能，增强记忆力和注意力；减轻疼痛，缓解炎症和肌肉酸痛；促进睡眠，提高睡眠质量；增强免疫力，抵御感染。

芳香疗法通常通过吸入、按摩或局部涂抹的方式进行。吸入法是通过香薰、手帕吸入等方式，让精油分子经鼻腔吸入，作用于大脑边缘系统。按摩法是将精油稀释后，通过按摩的方式渗透皮肤，进入血液循环。局部涂抹法是将精油直接涂抹在患处，发挥局部治疗作用。

虽然芳香疗法是一种安全、有效且经济的补充替代疗法，在临床应用中具有广泛的潜力。然而，需要注意的是，芳香疗法并非万能，不同精油的功效和禁忌证也不尽相同。在使用芳香疗法之前，应咨询专业芳香疗法师或医护人员，以确保安全性和有效性。

（二）芳香疗法的机制

芳香疗法的机制主要有以下几个方面。

1. 药理生理机制　精油中的成分可以通过嗅球或血液进入中枢神经系统，与细胞受体结合，产生生理效应。不同精油的成分具有不同的药理活性，如镇静、抗焦虑、抗炎、镇痛等。精油成分与受体结合后，会触发一系列生化反应，影响神经递质的释放和信号传导，从而调节情绪、缓解疼痛和炎症。

2. 心理生理机制　吸入精油香气可以改变个体的心理状态，引起情绪化反应。这种心理或情绪上的改变与边缘系统间接相关。边缘系统参与调解人的本能和情感行为，当受到精油信号刺激时，会释放内啡肽、血清素和去甲肾上腺素等化学物质，产生镇静、放松或兴奋等情绪反应。

3. 免疫调节机制　部分精油成分具有抗菌、抗病毒和抗炎作用，可以增强免疫系统功能。精油通过刺激免疫细胞的活性，促进抗体产生和吞噬作用，从而增强机体抵抗感染和炎症的能力。

4. 其他机制　①皮肤渗透：局部涂抹精油可以促进精油成分经皮肤渗透，进入血液循环，发挥全身作用。②芳香分子与蛋白质结合：精油中的芳香分子可以与血浆蛋白结合，形成复合物，延长精油在体内的停留时间，增强其作用效果。③嗅觉神经刺激：嗅觉神经与大脑边缘系统和下丘脑等区域相连，吸入精油香气可以刺激这些区域，影响激素分泌和自主神经活动。

需要注意的是，芳香疗法的具体作用机理因精油种类、使用方式和个体差异而异。

（三）芳香疗法的应用原则

1. 选择合适的精油　根据不同的治疗目的和个体需求，选择具有相应功效的精油。

2. 稀释精油　精油浓度过高可能会引起皮肤刺激或其他不良反应，因此需要用载体油（如基础油、乳液）稀释精油。

3. 选择合适的给药方式　芳香疗法可以通过吸入、按摩、局部涂抹等方式进行，应根据精油的特性和治疗目的选择合适的给药方式。

4. 控制使用剂量 不同精油的用量不同，应严格按照精油说明书或专业芳香疗法师的指导使用。

5. 注意使用禁忌 某些精油可能存在禁忌证，如孕妇、儿童、有特定疾病的人群等，使用前应咨询专业人士。

6. 避免长期使用 长期使用同一种精油可能会导致身体产生耐受性，降低疗效。

7. 注意精油的质量 选择纯正、高品质的精油，避免使用合成香精或劣质精油。

8. 咨询专业人士 在使用芳香疗法之前，建议咨询专业芳香疗法师或医护人员，以确保安全性和有效性。

具体使用的方法有以下这几种。①吸入法：将精油滴入香薰机、扩香石或手帕中，通过嗅觉吸入精油香气。②按摩法：将精油稀释后，与载体油混合，用于按摩身体特定部位。③局部涂抹法：将精油稀释后，直接涂抹在患处或穴位上。④沐浴法：将精油滴入浴缸中，通过皮肤吸收和嗅觉吸入精油。⑤湿敷法：将精油稀释后，用纱布或毛巾浸湿，敷在患处。

（四）芳香疗法在心理疾病方面的应用

芳香疗法在心理疾病方面的应用主要包括以下几个方面。

1. 焦虑症 薰衣草、洋甘菊、佛手柑等精油具有镇静、抗焦虑的功效，可以帮助缓解焦虑症状。

2. 抑郁症 佛手柑、玫瑰、檀香等精油具有抗抑郁、改善情绪的作用，可以帮助缓解抑郁症状。

3. 失眠症 薰衣草、洋甘菊、缬草等精油具有镇静、助眠的功效，可以帮助改善睡眠质量。

4. 情绪失调 精油可以通过影响边缘系统和神经递质释放，帮助调节情绪，改善情绪失调。

5. 认知功能障碍 迷迭香、柠檬等精油具有改善认知功能、增强记忆力的功效，可以帮助缓解认知功能障碍。

6. 创伤后应激障碍（PTSD） 薰衣草、乳香等精油具有镇静、抗焦虑的功效，可以帮助缓解PTSD症状。

7. 注意力缺陷多动障碍（ADHD） 迷迭香、柠檬等精油具有改善注意力、减少多动症的功效，可以帮助缓解ADHD症状。

8. 孤独症谱系障碍（ASD） 薰衣草、洋甘菊等精油具有镇静、抗焦虑的功效，可以帮助缓解ASD症状。

需要注意的是，在使用芳香疗法时，应遵循安全原则，避免滥用或不当使用。建议在专业芳香疗法师或医护人员的指导下使用芳香疗法。

二、气功疗法

（一）概述

健身气功是一种以调身、调息、调心为主要运动形式的民族传统体育项目，具有悠久的历史和广泛的群众基础。近年来，随着人们对身心健康愈发重视，健身气功在心理治疗领域的应用也逐渐受到关注。

1. 改善心理健康状况 研究表明，长期、规律的健身气功练习可以改善各类人群的心理健康状况，降低焦虑水平，减轻抑郁情绪，提高情绪调节能力。这是因为健身气功通过调身、调息、调心，可以调节人体的神经系统，促进内分泌平衡，从而改善心理健康。

2. 提高注意力，改善睡眠质量 健身气功练习时要求参与者将身体置于放松状态，专注于意念活动，有助于减少机体的能量消耗，大脑皮质神经细胞得到充分休息，使注意力充分集中。同时，健身气功中的某些动作需要配合意识活动，如易筋经中的“三盘落地势”要求两手下按、上托时如托千斤，“倒拽九牛尾势”塌腰收臀如倒拽牛尾等，这些动作有助于提高注意力和集中力。

此外，健身气功练习中的深长呼吸和放松技巧，可以促进副交感神经兴奋，抑制交感神经活动，从而改善睡眠质量。

3. 调节情绪，促进心理健康　健身气功作为中国传统导引养生与保健功法，能对人体脏腑、气血、经络进行整体调节，具有保精养气存神的作用；同时运动过程中的自我控制有利于心神宁静，对提高自身心理素质、调整情绪起到积极作用。健身气功要求练习者注重“调心”“调息”，即控制大脑意识活动，调整呼吸节律，使得迷走神经兴奋性提高，交感神经活动减弱，产生类似于冥想的心理状态调节机制。此外，健身气功每种功法都配以优美、流畅的传统民族音乐，为练习者营造一个优雅恬静的氛围，流动的音符与舒缓的动作相互交融，达到“动静相兼”，使练习者做到“意、气、形”和谐统一，也能有效改善心理状态。

4. 改善个体社会适应能力　健身气功在促进人体的生理和心理健康的同时，也使练习者获得了良好的社会适应能力。一方面健康状况的改善使得练习者的生活自理能力和基本劳动能力得到提升，心境随之好转，对社会的接纳程度也得以提高；另一方面研究过程中的健身气功集体练习是人际交往的有利时机，练习者们在锻炼身体的同时不可避免与他人进行主动或被动的交流，也锻炼了社会交往能力。

综上所述，健身气功在心理治疗方面具有多方面的作用，可以改善心理健康状况，提高注意力，改善睡眠质量，调节情绪，促进心理健康，以及改善个体社会适应能力。因此，健身气功可以作为一种辅助治疗手段，应用于心理疾病的治疗和康复中。

（二）健身气功在心理治疗方面的应用原则

健身气功在心理治疗方面的应用原则主要有以下几点。

1. 长期规律练习原则　长期、规律的健身气功练习可以改善各类人群的心理健康状况，因此健身气功要发挥心理治疗作用，需要长期坚持规律练习。

2. 调身调息调心并重原则　健身气功通过“调身、调息、调心”三调并重，可以调节人体神经系统，促进内分泌平衡，从而改善心理健康。因此练习时要同时注重形体动作、呼吸节律和意念活动。

3. 放松专注原则　健身气功要求练习者将身体置于放松状态，专注于意念活动，有助于减少能量消耗，使大脑得到休息，集中注意力。因此练习过程中应保持身心放松，专注投入。

4. 动静结合原则　健身气功讲究“动静相兼”，动作与意识相结合，形体与呼吸相协调。练习时既要完成一定的形体动作，又要通过意念引导达到内心平静，做到动中有静。

5. 因人而异原则　不同人群的身心状况不同，练习健身气功时应根据自身条件，选择适合的功法，把握好运动量和练习时间，循序渐进，避免急于求成。

6. 集体练习原则　集体练习健身气功有助于人际交往，可以在锻炼身体的同时，与他人交流，改善社会适应能力。因此在条件允许的情况下，采取集体练习的方式更有益于心理健康。

（三）健身气功在心理治疗的应用

1. 抑郁症　八段锦、易筋经、太极养生杖等健身气功功法可以通过调节气血、疏通经络、平衡阴阳等方式改善抑郁症患者的情绪状态。长期规律地练习健身气功可以有效降低抑郁症患者的抑郁评分，改善他们的心理健康状况。

2. 焦虑症 健身气功六字诀、导引养生功十二法等健身气功功法可以通过调节呼吸、放松身心、缓解压力、有效降低焦虑症患者的焦虑评分、提高心理健康水平，从而改善焦虑症患者的焦虑情绪。

3. 失眠症 健身气功五禽戏、太极拳等健身气功功法可以通过调节气血、改善睡眠质量、缓解压力、有效缩短失眠症患者的入睡时间等方式改善失眠症患者的睡眠状况。

4. 慢性疼痛 健身气功八段锦、易筋经等健身气功功法可以通过调节气血、疏通经络、缓解疼痛等方式改善慢性疼痛患者的疼痛症状。健身气功可以有效减轻慢性疼痛患者的疼痛评分，提高他们的生活质量。

5. 心血管疾病 健身气功导引养生功十二法、太极拳等健身气功功法可以通过改善心血管功能、降低血压等方式改善心血管疾病患者的心血管健康状况。

6. 癌症 八段锦、太极拳等健身气功功法可以通过增强免疫力、缓解压力等方式改善癌症患者的康复状况。研究表明，练习健身气功可以有效提高癌症患者的免疫力，减轻他们的治疗副作用，改善他们的生活质量。

三、五 音 疗 法

（一）概述

五音疗法是中国传统医学中的一种音乐疗法，起源于《黄帝内经》，将五音（宫、商、角、徵、羽）与五脏（脾、肺、肝、心、肾）、五志（思、忧、怒、喜、恐）相对应。五音疗法认为，不同的音调对应不同的五行元素和情绪，通过聆听特定的音调，可以调节情绪，疏通经络，调和脏腑，从而达到治疗疾病的目的。

《素问·阴阳应象大论》提出："东方生风……在脏为肝，在色为苍，在音为角……北方生寒……在脏为肾，在色为黑，在音为羽。"这段话阐述了五方、五脏、五色、五音等的对应关系。汉代《淮南子》进一步发展了五音疗法，提出"五音应四季"的理论，五音与四季的对应关系是通过将五音与五行相对应，再将五行与四季相联系来体现的。例如，角音对应春季和木行，徵音对应夏季和火行，宫音对应季夏和土行，商音对应秋季和金行，羽音对应冬季和水行。魏晋南北朝时期五音疗法得到进一步发展，出现了专门的音乐治疗机构。如《三国志·魏书·方伎传》记载，曹魏太医令吉本擅长音乐治疗，曾用音乐治愈了曹操的偏头痛。隋唐时期五音疗法被纳入官方医学体系，成为宫廷医疗的重要组成部分。唐代孙思邈的《千金要方》中收录了大量的五音疗法方剂。到宋元时期，五音疗法开始与道教和佛教相结合，出现了新的音乐治疗流派。如道教的"云笈七签"中记载了多种音乐治疗方法。近代五音疗法一度衰落，但随着现代医学的发展，五音疗法又重新受到重视。20 世纪 80 年代，中国学者开始将现代音乐治疗理论与五音疗法相结合，形成了现代五音疗法。

1. 五音与五脏的对应关系 宫音属脾，调理脾胃，舒缓情绪。商音属肺，调理肺气，宣发郁闷。角音属肝，疏肝理气，缓解压力。徵音属心，调理心神，安神定志。羽音属肾，滋养肾气，益精补髓。

2. 五音与五志的对应关系 宫音对应思，缓解忧思过度。商音对应忧，疏解忧郁烦闷。角音对应怒，平息暴怒冲动。徵音对应喜，调节喜悦过度。羽音对应恐，安抚恐惧不安。

（二）五音疗法的应用原则

五音疗法应用时应遵循以下原则。

1. 辨证施治　根据患者的体质、病症、情绪等因素，选择合适的五音进行治疗。

2. 循序渐进　音乐治疗应从轻柔舒缓的音乐开始，逐渐过渡到激昂振奋的音乐。

3. 持之以恒　音乐治疗需要长期坚持，才能达到较好的效果。

4. 因人而异　不同的人对音乐的反应不同，应根据患者的喜好和耐受程度选择音乐。

5. 动静结合　音乐治疗可以与其他治疗方法相结合，如针灸、推拿等。

（三）五音疗法在心理治疗方面的应用

五音疗法的具体使用过程一般为聆听音乐时，应选择安静舒适的环境，全身放松，闭上眼睛，用心感受音乐的旋律和节奏。每天聆听音乐 30～60 分钟，坚持一段时间才能显示治疗效果。根据患者喜好和病情，选择合适的五音调式音乐。如果在聆听音乐的过程中出现任何不适，应立即停止并咨询专业人士。

五音疗法在心理治疗方面有广泛的应用，可以用于治疗多种心理疾病。

1. 焦虑症　选择徵音调式的音乐，如《高山流水》《渔舟唱晚》等，有助于缓解焦虑情绪，使人心情平静。

2. 抑郁症　选择商音调式的音乐，如《梅花三弄》《阳春白雪》等，有助于疏肝理气，缓解抑郁情绪，振奋精神。

3. 失眠症　选择宫音调式的音乐，如《平沙落雁》《春江花月夜》等，有助于安神助眠，改善睡眠质量。

4. 强迫症　选择羽音调式的音乐，如《渔舟唱晚》《关山月》等，有助于平肝潜阳，缓解强迫症状。

5. 精神分裂症　选择角音调式的音乐，如《十面埋伏》《霸王卸甲》等，有助于疏肝理气，缓解精神分裂症的阳性症状，如幻觉、妄想等。

需要注意的是，五音疗法只是一种辅助治疗手段，不能替代药物治疗或其他医疗手段。在使用五音疗法时，应咨询专业的中医师或音乐治疗师，根据个体情况制定合适的治疗方案。

四、运动疗法

（一）概述

运动疗法是心理治疗的一种形式，认为身体和心理是相互关联的，身体活动可以对情绪、认知和行为产生积极影响，可以利用有规律的身体活动来改善心理健康。

运动疗法在心理治疗方面的历史可以追溯到古希腊时代。希波克拉底认为，运动对于身体和心理健康都是必不可少的。他提出："如果我们希望保持身体健康，我们必须锻炼它；如果我们希望保持心理健康，我们也必须锻炼它。"在 19 世纪，运动疗法开始被用于治疗精神疾病。1841 年，德国医生约翰·克里斯蒂安·雷尔（Johann Christian Reil）创立了第一家具有现代精神病学治疗特征的专门医疗机构，其中包括运动疗法作为治疗计划的一部分。雷尔认为，运动可以帮助精神疾病患者改善他们的身体和心理健康。在 20 世纪，运动疗法继续被用于治疗各种心理健康状况，包括抑郁症、焦虑症和精神分裂症。研究表明，运动疗法可以有效地减少这些疾病的症状并改善患者的生活质量。

今天，运动疗法被广泛认为是心理治疗的一个重要组成部分。它被用于治疗各种心理健康状况，并且已被证明可以改善身体和心理健康。

（二）运动疗法在心理治疗方面的作用

1. 改善身体形象和自尊 运动疗法可以通过增强身体能力、改变身体成分、促进积极的身体体验、获得社会支持等多种方式改善身体形象和维持自尊。

2. 增强应对技能 运动疗法可以帮助人们增强应对技能，包括压力管理、情绪调节、问题解决、目标设定。

3. 促进睡眠质量 运动疗法可以通过调节昼夜节律、减少压力和焦虑、增加褪黑激素的产生等多种方式促进睡眠质量。

4. 减少炎症 运动疗法可以释放抗炎细胞因子、改善心血管健康、减少氧化应激从而减少炎症及其相关反应。

5. 改善心血管健康 运动疗法可以增强心脏功能、增加血管弹性、降低血压、改善胆固醇水平等方式改善心血管健康。

总的来说，运动疗法可以通过多种机制对身体和心理健康产生积极影响，包括改善身体形象和自尊、增强应对技能、促进睡眠质量、减少炎症和改善心血管健康。

（三）运动疗法在心理治疗中的应用

运动疗法在心理治疗中使用的具体方式因治疗师和患者而异。但总体来说，以下各种训练方式有助于减轻心理障碍水平，在心理治疗中有较多使用。

1. 有氧运动 如跑步、游泳和骑自行车，可以帮助减少压力和焦虑，改善情绪，并增加能量水平。

2. 抗阻训练 如举重和使用弹力带，可以帮助增强力量和肌肉质量，改善身体形象，并增加自信心。

3. 柔韧性训练 如瑜伽和太极拳，可以帮助改善灵活性、平衡和协调性，并减少压力和紧张。

4. 团体运动疗法 可以提供一个支持性的环境，让人们与有类似目标的人联系。这可以帮助他们感觉更被接受和理解，并增加他们的动力。

运动疗法可以在以下常见疾病中开展治疗。

1. 抑郁症 运动疗法已被证明可以有效减少抑郁症的症状，包括悲伤、绝望、无价值感和兴趣丧失。运动疗法通过释放内啡肽和血清素等神经递质，改善情绪和认知功能。

2. 焦虑症 运动疗法可以有效减少焦虑症的症状，包括紧张、焦虑和惊恐发作。运动疗法通过调节神经系统，减少皮质醇水平，从而缓解焦虑。

3. 精神分裂症 运动疗法可以改善精神分裂症患者的症状，包括幻觉、妄想和社交退缩。运动疗法通过改善认知功能、减少阳性症状和改善社交技能，从而改善精神分裂症患者的预后。

4. 创伤后应激障碍（PTSD） 运动疗法可以帮助减少创伤后应激障碍（PTSD）的症状，包括闪回、噩梦和回避。运动疗法通过调节神经系统，减少应激激素水平，从而缓解 PTSD 症状。

5. 进食障碍 运动疗法可以帮助改善进食障碍患者的症状，包括暴饮暴食、厌食和贪食症。运动疗法通过改善身体形象、调节情绪和减少冲动行为，从而改善进食障碍患者的预后。

6. 物质使用障碍 运动疗法可以帮助对乙醇、毒品、药品发生物质使用障碍患者改善相关症状，包括成瘾、戒断和复发。运动疗法通过释放内啡肽，减少对物质的渴望，并改善整体健康状况，从而帮助物质使用障碍患者戒除成瘾。

7. 整体生活质量　运动疗法还可以改善心理健康患者的整体生活质量。通过改善情绪、认知功能和身体健康，从而提高心理健康患者的生活质量。

本章习题

1. 中医心理学理论体系主要包括哪些方面？
2. 中医情志疾病的病机有哪些？
3. 中医情志致病特点有哪些？
4. 简要论述中医常用心理疗法。

参考文献

贝克，2013. 认知疗法：基础与应用[M]. 2 版. 张怡，孙凌，王辰怡，等，译. 北京：中国轻工业出版社.
伯格，2020. 人格心理学[M]. 8 版. 陈会昌，译. 北京：中国轻工业出版社.
楚更五，秦竹，2004. 医学心理学[M]. 昆明：云南人民出版社.
戴海琦，2010. 心理测量学[M]. 北京：高等教育出版.
戴晓阳，2015. 常用心理评估量表手册[M]. 2 版. 北京：人民军医出版社.
董湘玉，2001. 中医心理学[M]. 贵阳：贵州科技出版社.
何裕民，吴爱勤，2021. 中华医学百科全书（医学心理学与心身医学二）[M]. 北京：中国协和医科大学出版社.
胡真，李光英，2021. 医学心理学[M]. 3 版. 北京：人民卫生出版社.
季建林，2020. 医学心理学[M]. 上海：复旦大学出版社.
姜乾金，2010. 医学心理学（第 2 版 / 八年制）[M]. 北京：人民卫生出版社.
姜乾金，2012. 医学心理学：理论，方法与临床[M]. 北京：人民卫生出版社.
科里・杰拉德，2022. 心理咨询与治疗经典案例：7 版. 中文 2 版[M]. 谭晨，译. 北京：中国轻工业出版社.
孔军辉，2016. 医学心理学[M]. 2 版. 北京：人民卫生出版社.
劳拉・E. 伯克，2022. 伯克毕生发展心理学——从 0 岁到青少年[M]. 陈会昌，译. 北京：中国人民大学出版社.
李光英，张斌，2023. 医学心理学[M]. 3 版. 北京：中国中医药出版社.
理查德・格里格，菲利普・津巴多，2016. 心理学与生活. 19 版[M]. 王垒，等，译. 北京：人民邮电出版社.
吕薇，2017. 人格特质、应激与身心健康[M]. 西安：陕西师范大学出版总社.
蒙天，2016. 人文医学中的人本主义心理学要素[J]. 中国医学人文，2（8）：9-11.
彭聃龄，2019. 普通心理学[M]. 5 版. 北京：北京师范大学出版社.
秦竹，马定松，王显，2014. 中西医结合医学心理学[M]. 北京：北京大学出版社.
施旺红，杨群，2018. 临床心理学[M]. 北京：第四军医大学出版社.
孙学礼，2013. 医学心理学[M]. 北京：高等教育出版社.
汪向东. 1999. 心理卫生评定量表手册[M]. 北京：中国心理卫生杂志社.
王甦，汪安圣，2006. 认知心理学. 重排版[M]. 北京：北京师范大学出版社.
许燕，2020. 人格心理学[M]. 2 版. 北京：北京师范大学出版社.
严进，路长林，刘振全，2008. 现代应激理论概述[M]. 北京：科学出版社.
杨凤池，崔光成，2013. 医学心理学[M]. 3 版. 北京：北京大学医学出版社.
杨小丽，孙宏伟，2015. 医学心理学[M]. 北京：科学出版社.
姚树桥，杨彦春，2013. 医学心理学[M]. 3 版. 北京：人民卫生出版社.
姚树桥，杨艳杰，2018. 医学心理学[M]. 7 版. 北京：人民卫生出版社.
余毅震，2020. 医学心理学[M]. 武汉：华中科技大学出版社.
张理义，耿德勤，2018. 临床心理学[M]. 5 版. 郑州：河南科学技术出版社.
张萍，2019. 认知行为疗法对青少年癌症患者负性情绪及免疫功能影响的研究[D]. 重庆：重庆医科大学.
赵旭东，2022. 心身医学[M]. 北京：人民卫生出版社.
朱金富，林贤浩，2016. 医学心理学[M]. 北京：中国医药科技出版社.

Atkinson A，Trinder C，Maynard A，et al.，1983. Parents and Children：Incomes in Two Generations[J]. London Eng，20（21）：3325-3331.

Beck A T，1964. Thinking and depression：Ⅱ. Theory and therapy[J]. Archives of General Psychiatry，10（6）：561-571.

Bexton W H，Heron W，Scott T H，1954. Effects of decreased variation in the sensory environment[J]. Revue Canadienne de Psychologie，8（2）：70-76.

Goldstein I L，1980. Training in work organizations[J]. Annual Review of Psychology，31：229-272.

Gratton G，Coles M G，Donchin E，1992. Optimizing the use of information：strategic control of activation of responses[J]. Journal of Experimental Psychology：General，121（4）：480-506.

Maslow A H，1943. A theory of human motivation[J]. Psychological Review，50（4）：370-396.

Zhuo B X，Chen Y，Zhu M Q，et al.，2021. Response variations can promote the efficiency of task switching：electrophysiological evidence[J]. Neuropsychologia，156：107828.

